I0528137

IM PRESS

Книга Яна Красицкого, автора многих замечательных работ по русской религиозной мысли, наполнена подборкой исследований о «бездне идей» Фёдора Достоевского. Красицкий демонстрирует огромную эрудицию, но всё это преподносится читателю так, что создаётся впечатление лёгкости, и нет перегруженности балластом авторитетов. И хотя на некоторых страницах сносок больше, чем текста, они настолько интересны, что сами по себе составляют с книгой единое целое.

Произведения Ф. Достоевского, которые не вполне поддаются философской интерпретации, как таковые, несомненно, являются оригинальной и нетрадиционной формой философии, требующей использования специфических категорий, таких как, например, «бездонность». Настоящими и в то же время самыми главными героями «романа идей» Достоевского являются именно идеи. «Каждая идея имеет свою судьбу», — читаем мы в первой главе книги Красицкого.

Анализируя некоторые из великих произведений Достоевского, Ян Красицкий уделяет особое внимание роману «Идиот». В князе Льве Мышкине (в самом имени которого сталкиваются противоречия мужества и смирения) он видит ядро противоположностей, разрывающих одного и того же человека на части. Прозвище «идиот», данное герою посредственными людьми и призывающее общество отречься от князя, в то же время делает Мышкина каким-то необыкновенным, особенным. Кульминацией этого переплетения становится непереводимый на другие языки русский термин «юродивый».

Настоящая книга воспринимается и переживается как своего рода «эсхатологическая детективная история», происходящая в сфере отношений Бога и человека. И Ян Красицкий принимает живое участие в этой «детективной истории». Как свидетель и как вовлечённый участник.

Ядвига Мизиньска, профессор, Институт философии
Университета Марии Кюри-Склодовской в Люблине

«...МОНУМЕНТАЛЬНАЯ ФИГУРА ДОСТОЕВСКОГО ВОЗВЫШАЕТСЯ НАД веками. Однако она рождается из повседневности», — так начинает свою книгу «Достоевский как лаборатория идей» профессор Ян Красицкий. Скажем сразу: превосходная книга, втягивающая вас прямо в драму человека, который хотел видеть в других только (а может быть, и прежде всего) братьев. С самого начала чтения мы понимаем, что Достоевский, родившийся в 1821 году (как Бодлер или Флобер), — человек, как бы разорванный на две личности: духовную, стремящуюся углубиться в мир идей, и материальную, связанную с «нечестивой» сферой, в которой русский писатель мог похвастаться многочисленными «успехами», полученными от европейских игорных домов.

Для Красицкого Достоевский — писатель, одержимый идеями. Мы видим, как его сжигает внутренний огонь. Его интеллектуальная жизнь так же важна для него, как и повседневные дилеммы и сомнения. Кажется, что работа с идеями — главное содержание его жизни. Был ли Достоевский философом? По мнению Красицкого, этот вопрос должен оставаться открытым, поскольку автор «Братьев Карамазовых» — «среди вопрошающих, а не среди учителей, он постоянно говорит со своими героями, ведёт диалог, никогда не занимая позицию различия, никогда не будучи правым, никогда не зная, как обстоят дела на самом деле». Достоевский бесконечно задаёт вопросы. Возможно, наиболее остро он задумывается над вопросом, возможен ли Бог в мире, который больше не нуждается в нём. Что происходит с человеком, когда Бог умирает в его сознании? <...>

Несомненно одно: у Достоевского невозможно мыслить человека без Бога, как невозможно мыслить Бога без человека: «Присутствие Бога в творчестве Достоевского так же близко, как воздух, который мы не видим, но которым дышим. Настолько близко, что его Бог кажется совершенно отсутствующим. Его Бог слишком далёк, потому что он слишком близок...»

Бартош Сувиньский,
поэт, прозаик, литературный критик

Jan Krasicki

DOSTOJEWSKI
I LABORATORIUM IDEI

WIĘŹ · 2020

Ян Красицкий

ДОСТОЕВСКИЙ
КАК ЛАБОРАТОРИЯ ИДЕЙ

Перевод с польского Елены Твердисловой

БОСТОН • **2024** • BOSTON

Ян Красицкий Достоевский как лаборатория идей

Перевод с польского Елены Твердисловой
Редактор Елена Левицкая
Корректор Валентина Шолудько

Jan Krasicki Dostoyevsky as a Laboratory of Ideas

Translation from Polish by Elena Tverdislova
Edited by Elena Levitsky
Proofreading by Valentina Sholud'ko

ISBN 978-1960533203 (pbk)

Published by M·Graphics | Boston, MA
✉ mgraphics.books@gmail.com
🖥 mgraphics-books.com

Book Design by M·Graphics © 2024
Cover Design by Larysa Studinskaya © 2024

При подготовке издания использован модуль расстановки переносов русского языка **batov's hyphenator**™ (www.batov.ru)

Printed in the USA

Памяти брата Юлиуша

От автора

Habent sua fata libelli: «Книги имеют свою судьбу» — так звучит латинская пословица. И та книга, которую мы предлагаем читателю, — тоже. Она — не типичная научная работа: некоторые её части носят характер, скорее, эссеистский, другие же тяготеют к академической модели. Так или иначе, даже если они отмечены чертами научного дискурса, собранные вместе они создают подобие экзистенциальной встречи автора данного труда с автором «Идиота» и его произведениями.

Восприятие разнообразного мира и личности Достоевского всегда сталкивалось с трудностями. И сегодня оно попадает к читателю в непростое время, когда возникают новые, неизвестные дотоле преграды в его понимании. Делясь своим опытом общения с жизнью и трудами Достоевского, автор хотел бы выразить убеждение в том, что и в периоды массовых идеологических запретов, вопреки специальным указам, слово русского писателя — как это было во все времена — и сегодня служит рассеиванию тьмы, раскрывает человеческие сердца и помыслы даже тем, кто от всего замыкается.

Судьба этой книги на русском языке тесно связана и с личностью её переводчика — Елены Твердисловой. Без её заинтересованного участия в осуществлении перевода и его издания книга о специфике философии Достоевского никогда не увидела бы свет. Елена не просто провела огромную переводческую работу, но выказала небывалое упорство и стойкость в подготовке этой книги именно для читателя русскоязычного, знакомого с творчеством Достоевского по оригиналам, вложив в этот труд частичку себя.

За это автор хотел бы её от всего сердца поблагодарить.

От переводчика

Ян Красицкий — автор книги «Достоевский как лаборатория идей» — профессор Института философии Вроцлавского университета (Польша). Ему принадлежит более сотни монографий и статей на разных языках: польском, английском, немецком; русскоязычному читателю он известен работами: «Бог, человек и зло. Исследование философии Владимира Соловьёва» (2009); «Разум и Другой. Опыты по русской и европейской мысли» (2015).

Предлагаемая читателю книга показывает, что Красицкий — учёный необычный и смелый, это подтверждает сам его подход к вопросу: в чём своеобразие философии Достоевского? И есть ли в его произведениях она вообще? Эту непростую задачу более столетия стремятся решить исследователи всего мира.

Вопрос действительно не праздный. Достоевский не был, строго говоря, философом, и не имел специального образования, однако как никакой другой писатель он оказал влияние именно на философскую мысль XX века.

Сегодня это трюизм.

Красицкий не ставит перед собой задачи непременно доказать причастность русского писателя к области философии. Он пошёл по совершенно иному пути: сосредоточился на его идеях. И тут, надо сказать, этот подход оказался чрезвычайно плодотворным. Прежде всего, потому что позволяет выявить, раскрыть и обосновать — на основе анализа его идей — своеобразие самой философии писателя, характеризующей его художественность. И от неё неотделимой.

Подобная реконструкция идейного потенциала романов Достоевского определила структуру предлагаемой книги: от идеи к идее. Путь к её освоению и переводу был медленным и скрупулёзным: Ян Красицкий выявил целую лабораторию идей писателя, которым, кажется, нет конца. И вот так, идя от частного к общему, от конкретного к последующему построению своей теории, он обнаружил у Достоевского много общего с развитием мировой и русской мысли, что свидетельствует о его огромном влиянии на развитие философии в целом. Метод польского исследователя интересен ещё и как способ работы с материалом, причём, именно художественным, который, казалось бы, подразумевает совсем другой подход: литературоведческий, что, в свою очередь, сближает, обогащая, обе области гуманитарных знаний: науку о литературе и философию.

Должна признаться, что для меня как переводчика это была непосильная работа (так мне казалось): умение автора обнаружить конкретную идею в ворохе исследовательских открытий совершенно разных учёных — от русских до зарубежных — требовало привлечения огромного количества источников, многие из которых или не переводились на русский язык (надо отдать должное Польше: тут по-прежнему переводится всё), или просто недоступны — вроде бы существуют в электронном виде, но либо они не открываются, либо открываются пустыми страницами. Это называется «кухня», которую можно было бы миновать, будь открыты библиотеки. Однако пандемия...

Но есть тут и чисто стилистические каверзы: русский язык нетерпим к тому, чтобы в его фразу, мысль, предложение вклинивалась, продолжая или полемизируя, чужая мысль, тогда как польский язык подобную «эквилибристику» делает легко и изящно. Не считаться с этими законами тоже было невозможно.

О том, какое число работ, начиная с монографий — целыми сериями, и заканчивая статьями на разных языках, просмотрел и проанализировал Ян Красицкий, свидетельствуют сноски. Стоит на них обратить особое внимание: здесь много ценных замечаний и дополнений. И, как на ладони, — библиография.

За цитатами стоят конкретные имена и в сумме они составляют весомую область современной науки (и не только о Достоевском, но ещё и о как таковом тексте и способах его прочтения, интерпретации на разных языках, в разных странах, разными поколениями), в которую невольно погружается читатель, знакомясь с огромной информационной системой. Это ещё одна удача автора — философа Яна Красицкого.

Завершая своё очень краткое знакомство русского читателя с книгой о Достоевском, хочу отметить безусловный человеческий дар пана Яна: во всяком случае, у меня установились с ним очень близкие доверительные отношения (мы быстро перешли на «ты»), и сейчас мне трудно поверить, что были минуты, когда в отчаянии я готова была отступить.

Я благодарна Яну Красицкому за веру в то, что я справлюсь, за его терпение — первоначально работа шла очень медленно и трудно, и за его отзывчивость на любые мои советы и предложения. Русская версия нуждалась в своём индивидуальном подходе.

В заключение мне хотелось бы выразить благодарность тем, кто мне помогал и поддерживал на протяжении этих лет:

Елене Левицкой, сразу заявившей о готовности редакторски вычитывать мой текст в его многочисленных версиях именно с точки зрения правил русской грамматики, лексикологии, стилистики;

Кларе Эльберт, вице-директору Иерусалимской городской русской библиотеки, которая помогала мне в поисках источников и цитат;

Галине Зерниной, фотохудожнику, сделавшей нам — мне и автору — несколько вариантов фотографии обложки для нашей книги, чтобы отразить не только название работы, но и символическое присутствие Достоевского, для чего изъездила Петербург в поисках именно мест писателя;

Елене Лошаковой, специально, по моей просьбе, отправившейся в Стокгольмскую библиотеку, чтобы проверить точность одного обозначения по первоисточнику;

Руслану Лошакову, открывшему мне широкий спектр проблем «вокруг Достоевского» именно в области философии;

Марии Михайловой, помогавшей мне в поисках имён и дат;

Терезе Оболевич, с неизменной активностью, мгновенно высылавшей мне искомые материалы и поддерживавшей меня на протяжении всей работы;

Наталье Прозоровой — за её содействие в поисках «петербургского колорита» в течение всего времени моей работы;

Станиславу Сиесс-Кишишковскому и его жене **Дануте**, откликавшихся на все мои вопросы, просьбы и поиски нужных источников;

Сергею Владимировичу Теплоухову (библиографу I категории отдела справочно-информационного обслуживания ГПНТБ СО РАН) и **Вере Рудольфовне Черкашиной,** а также другим сотрудникам Библиотеки РАН за поиски для меня цитат, за отзывчивость и понимание;

Надежде Трубкиной, моему «классику», которая помогала мне в переводе рассредоточенных по тексту в обилии латинских и древнегреческих слов, выражений и пословиц;

Татьяне Щедриной — за проявленное внимание к теме и сделанные конкретные, существенные предложения.

И, конечно, моим ближайшим родственникам:

Гасану Гусейнову — за ценные подсказки в выработке точности перевода слов, терминов и названия;

Чингизу Гусейнову — моему мужу, безропотно терпевшему мою занятость, погруженность в материалы и внимательное выслушивание всех сложных отрывков, которые я ему первоначально читала. К сожалению, готовую книгу он уже не увидит и в руках не подержит.

Оглавление

Истинно, истинно говорю вам:
если пшеничное зерно, пав в землю,
не умрёт, то останется одно;
а если умрёт, то принесёт много плода.

Ин 12:24

Деньги и идея

(вместо предисловия)

«Деньгами же я не буду богат»

Монументальная фигура Достоевского возвышается над веками. Вместе с тем своё начало она берёт в повседневности. Писателя волновали не только идеи, но и проблемы будничного бытия. Их было предостаточно, однако на первый план выбивается тема денег. Когда в 1844 году он вышел в отставку и решил посвятить себя литературе, его внимание, в основном, поглощала мысль о том, какой гонорар получают другие писатели, а какой — он. После успеха «Бедных людей», о которых, как пишет он брату Михаилу, «говорит уже пол-Петербурга» и благодаря которым его сравнивают с Гоголем,[1] его *тщеславие*, по словам философа Константина Мочульского, достигло апогея.[2] «А у меня, — заявляет он с энтузиазмом, — будущность преблистательная, брат!».[3]

В то же время в ином письме, в котором он также извещает о славе и успехах, появляется совсем другая интонация, а потому, рисуя перед братом перспективы литературной славы и заработков пером, тут же с грустью констатирует: «Деньгами же я до сих пор не богат».[4] Трудно поверить, чтобы Досто-

1 *Достоевский Ф. М.* Письма 1834–1881 < 55 от 8 октября 1845 г. и 57 от 1 февраля 1846 г.> // Полное собр. соч. в 30 т. — Л.: Наука. Ленингр. отд., 1985. — Т. 28, кн. 1, с. 113 и 118.

2 «Письма брату этого периода (зима 1845 года и весна 1846 года) полны безграничного тщеславия и ребяческого хвастовства». См.: *Мочульский К.* Достоевский. Жизнь и творчество. — Париж: YMCA-Press, 1980, с. 38.

3 *Достоевский Ф. М.* Письма 1832–1859 / Указ. соч. — Т. 28, кн. 1, с. 118.

4 *Там же.* С. 115.

евский, который буквально «жил в литературе»,[5] в то же время говорил главным образом... о деньгах. Подумать только, в письме от 30 сентября 1844 года, в котором он пишет брату о завершённых литературных делах и расходах, на двух страницах он расписывает свои расчёты нескольких сумм в рублях.[6] При всём общем минорном тоне письмо заканчивается оптимистично, Достоевский сообщает брату: «Я кончаю роман в объёме „Eugénie Grandet“ (речь идёт о первой редакции „Бедных людей“. — Я. К.). <...> Получу, может быть, руб. 400, вот и все надежды мои».[7] Что бы он собой представлял без денег? Обыгрывал свои собственные слова из «Бесов» (полное угрызений совести признание Верховенского Ставрогину): без них «ведь как Колумб без Америки».[8] На славу и популярность не проживёшь. О его навязчивых или действительных горестях написано немало. Поражает, однако, нечто иное. То, что не может укрыться от внимания читателя и представляется самым существенным в понимании не только предпосылок, содержавшихся в цитируемом письме, но и в личности писателя, — это то, что в первой же фразе, открывающей текст письма, говорится не о деньгах, а о *замыслах*, или, скорее, *идеях* («У меня бездна идей»[9]), то есть не о как таковых литературных замыслах, которые, кажется, должны бы в нём бродить (*замыслы* есть у многих писателей), а именно об идее. Вот эти две вещи, или, скажем прямо — две мании: деньги и идеи, будут идти в его жизни рука об руку, став ключом к пониманию его биографии и творчества. Деньги — один из самых главных символов Достоевского. Это его отчаяние и надежда. Образ жизни в так называемом *Женевском Дневнике* Анны Григорь-

---

[5] *Мочульский К.* Достоевский. Жизнь и творчество, с. 8.

[6] *Достоевский Ф. М.* Письма 1832–1859 / Указ. соч. — Т. 28, кн. 1, с. 99–101.

[7] *Там же.* С. 100.

[8] *Достоевский Ф. М.* Бесы / Указ. соч. — Т. 10, с. 324; Выражение «Колумб без Америки» Достоевский позаимствовал у Герцена. Этими словами им был охарактеризован Бакунин в «Былом и думах» (дословно: «Колумб без Америки и корабля»). См.: *Герцен А. И.* Былое и думы. Часть 5. *Н. И. Сазонов // Герцен А. И.* Собр. соч. в 9 тт. — М.: Гос. изд-во худ. лит., 1956. — Т 5, с. 576.

[9] *Достоевский Ф. М.* Письма 1832–1859 / Указ. соч. — Т. 28, кн. 1, с. 116.

евны Достоевской[10] показывает супругов в муках неустанных материальных терзаний и борьбе за деньги.

Прав прот. Василий Зеньковский, который полагает, что автор «Идиота» «принадлежит к тем творческим умам, которые **страдают от** изобилия, **а не от недостатка идей**» (выделено *В.З.*).[11] Избыток идей и отсутствие денег — что сделать, чтобы одно с другим поладило? При избытке идей стремление иметь деньги было у писателя столь мощным, что близкие видели в нём своеобразного «папашу Горио», человека «скупого»,[12] считающего каждый грош. Такой облик вырисовывается не только из воспоминаний и записок Анны Достоевской, чему мы хотим сейчас предоставить как можно больше места, но и других свидетельств.

«РУЛЕТЕНБУРГ»

Когда в 1867 году Фёдор Достоевский вместе с Анной приняли решение ехать за границу, — вовсе не из желания побывать тут с праздными целями (причиной, конечно, было и это), но прежде всего — чтобы убежать от кредиторов. Ибо

---

[10] *Достоевская А. Г.* Дневник 1867 года. <№ 391> / Издание подготовила С. В. Житомирская. — М.: Наука, 1993. Серия: Литературные памятники.

[11] *Зеньковский В. В.* История русской философии. — Ростов-на-Дону: Феникс, 1999, с. 474.

[12] Тему романа определяет отношение писателя к пасынку Павлу Исаеву. См.: *Кутзее Джон Максвелл.* Осень в Петербурге / Перевод С. Ильина. — М.: Эксмо, 2019. Герой книги Сергей Нечаев, член революционной организации «Народная расправа», которого Достоевский встретил в Петербурге (он оказался там якобы в связи со смертью пасынка Павла, тоже члена группы), требовал от писателя денег и упрекал его в том, что тот был «жадным» («скупым») в отношении пасынка. А кроме того, он — «азартный» человек и ещё «игрок». — Там же, глава 8.

Стоит иметь в виду, что избранный Джоном Максвеллом Кутзее жанр романа — достаточно свободный, допускающий не только вольность толкований образа русского писателя, но и его личной биографии в которой многих эпизодов не существовало и быть не могло. Отсюда сложность интерпретаций его фэнтези: это — не историческая, не философская и не литературоведческая работа, а умелое вписывание в текстуальную панораму Достоевского некоего выдуманного варианта, но в стиле писателя. С этим связана и вполне объяснимая — очень близкая к сути — характеристика Достоевского. — *Прим. переводчика.*

они постоянно жили в долгах, о чём до занудства пишет Анна в своих «Дневниках» и «Воспоминаниях», и без конца брали в долг.

Существует, однако, другая сторона медали. Монотонный и кажущийся бесконечным словоток Анны Григорьевны в её «Дневнике 1867 года» о долгах, деньгах, залогах у кредиторов прерывает неожиданная запись: «Сегодня он начал программу своего нового романа»[13] (имеется в виду «Идиот» — *Я. К.*). Идеи его не отпускают даже в ситуации, полной безнадёжности, следуют за ним всюду. Не отступают от него ни на шаг и в полной безнадёжности следуют за ним, где бы ни находился — в России или за границей. Беспрерывно толкутся в его голове. Они с ним на собрании петрашевцев, где в присутствии семи наиболее его радикальных членов (кружок Сергея Ф. Дурова) он зачитывает знаменитое письмо Белинского Гоголю (что стало главным поводом на его процессе, после которого он был приговорён к смерти, но приговор по царской милости ему заменили на 4-летнюю каторгу в Сибири); в годы каторги; в салонах Петербурга, где закомплексованный молодой литератор, инженер по образованию, добивается признания и восхвалений; в Женеве, на сборище русской политической эмиграции: именно тут остановились они с Анной Григорьевной; в Дрезденском музее, в котором его внимание привлекла Сикстинская Мадонна Рафаэля; в Музее искусств в Базеле, когда уже на следующий день после знакомства с Гансом Гольбейном Младшим и его «Мёртвым Христом в гробу» (1521–1522) он испытает сильнейший приступ эпилепсии; наконец, в тех местах, где играл в рулетку...

Вот подлинные остановки на Крестном пути их супружества. Висбаден и Баден-Баден в Германии, Саксон-ле-Бен в Швейцарии, куда направляется поездом, чтобы отыграть и таким образом расплатиться с долгами, забрать вещи у кредитора, заложенные в ломбарде, и выслать деньги, чтобы под-

---

[13] *Достоевская А. Г.* Дневник 1867 года <19 сентября>. — Кн. 3,. с. 275. Эта запись и сделанная к ней сноска (№ 53) позволяют уточнить дату начала работы над романом, то есть 1 октября (19 сентября) 1867 года, и в какой тетради находятся записи, сделанные Достоевским к этому роману. — См.: *Там же. С. 439.*

держать семью брата Михаила или своего сына Павла — пасынка от первого брака с Марией Исаевой. В отношении этой ситуации «виделся ему лишь один выход: писать как можно больше и быстро, чтобы заработать так сейчас необходимые деньги».[14] Когда же ни сил, ни времени не доставало, предлагала себя рулетка. Поездка в «Рулетенбург».[15] Однако в отеле оставалась не одна только Анна, но и *жемчужина* его связи с Анной — болеющая дочечка Соня. Ей не было ещё и месяца, когда он отправился на игры в рулетку, в Саксон-ле-Бен. Она умерла 12 мая, прожив всего три месяца.

В Бадене он проиграл в рулетку последние деньги, взяв в долг даже у самого Ивана Тургенева, своего бывшего «кумира»[16] да к тому же и большого его соперника (писатель Кармазинов в «Бесах»[17]), того самого Тургенева, который, используя неповторимую возможность, не забыл его столь элегантным и учтивым образом унизить при даме: «Господин... э-э, — он сделал небольшую паузу, словно не мог сразу вспомнить имени, — господин Достоевский, бывший инженер, а ныне петербургский литератор».[18] Пропасть разверзалась на каждом шагу, с ним она везде, и, как приговор, звучат после очередной игры его слова: «Всё проиграл»...

14 *Зёрнов Н. М.* Достоевский / *Н. М. Зёрнов.* Три русских пророка: Хомяков А. С., Достоевский Ф. М., Соловьёв В. С. / Перевод с англ. Ю. Табака. — С-Пб.: Русская симфония, 2010, с. 198.

15 *Dostojewski F. Gracz / F. Dostojewski.* Notatki z podziemia. Gracz. — London, 1992, s. 113. «Название придумано. Имеется в виду, конечно, Висбаден. Достоевский бывал там в 1862-м, 1863-м, 1865-м годах» (сноска № 1).
  В 1932 году Леонидом Гроссманом была проведена работа по возрождению первоначального заглавия романа Достоевского «Игрок». Так возник «Рулетенбург. Роман-биография», название которого было изменено на «Игрок» по настоянию книгоиздателя Ф. Т. Стелловского, чему Достоевский вынужден был подчиниться. Книга вышла в издательстве «Захаров» в 2002 г. См.: https://www.zakharov.ru/knigi/katalog/ruletenburg-roman-biografiya.html (*примечание переводчика*).

16 *Цыпкин Л.* «Лето в Бадене» и другие сочинения. — М.: Новое Литературное Обозрение, 2005, с. 80.

17 *Долинин А. С.* Тургенев в «Бесах» / *А. С. Долинин.* Достоевский и другие. Статьи и исследования о русской классической литературе. — Л.: Худ. лит. Ленигр. отд., 1989, с. 15.

18 *Цыпкин Л.* «Лето в Бадене» и другие сочинения... с. 85.

И хотя в письме брату от 16 ноября 1845 года он бахвалится: «У меня будут деньги»,[19] — не так уж часто и успешно они у него бывают, как он об этом заранее оповещает. Стоит, однако, заметить, вполне возможно, не будь у него этого постоянного отсутствия денег, его идеи и замыслы оставались бы только в его голове. Но выходило иначе. Всю жизнь Достоевский жаждал финансовой стабильности и всю жизнь делал всё, чтобы таковой не было. Он хотел, чтобы у него были деньги, рядом — словно на расстоянии протянутой руки, и они вдруг от него улетали. Их постоянно не хватало. Он избегал трагедии, но та, о которой писал Лев Шестов, отпустить его не хотела.

Своим каторжным писательским трудом он зарабатывал не только на содержание своей семьи. Он покрывал очередные долги, отдавал их, потом снова... играл! Поясняя свои намерения, он просил у друзей и знакомых взаймы деньги, теряя порой всякий стыд.[20] В Женеве он сдавал в ломбард одежду, вещи — свои собственные и жены, и даже отдал в залог обручальные кольца.

Запись, сделанная реалистически, потрясает силой переданных в ней переживаний, что составляет так называемый *Женевский дневник* Анны Достоевской. Его жена пишет о своих израненных мужем чувствах не только потому, что он мог изменять ей со своей бывшей возлюбленной Аполлинарией Сусловой, кричал на неё,[21] оскорблял и унижал, но ещё и потому, что он был неверным в другом смысле: главной его страстью оставалась рулетка. Он уходил играть чаще всего один, а проиграв, долго и с болью переживал это в одиноких раздумьях. В одной из своих записей Анна замечает: «Сегодня, когда рассчитали наши деньги, то Федя сказал, откладывая 100 франков в стол: „А вот на эти я отправлюсь в Саксон-ле-Бен“. У него есть решительное намерение отправиться туда, ведь вот странный человек; кажется, судьба так сильно наказывает, так много раз показала ему, что ему не разбогатеть на рулетке, нет, этот чело-

---

[19] *Достоевский Ф. М.* Письма 1832–1859 / Указ. соч. — Т. 28, кн. 1, с. 116.

[20] См., напр.: *Достоевский Ф. М.* Письмо Аполлону Майкову <Женева, 16(28) августа 1867 г.> / Указ. соч. — Т. 28, кн. 2, с. 203–215.

[21] *Достоевская А. Г.* Дневник 1867 года <Запись от 30 августа (11 сентября)>. — Кн. 3, с. 249–250.

век неисправим, он всё-таки убеждён, и я уверена, что всегда убеждён, что непременно разбогатеет, непременно выиграет, и тогда может помочь своим подлецам».[22]

Поразительно, но в семье, глава которой — один из самых оригинальных умов мира, относительно своего финансового положения господствовал несносный стереотип, с раздражающей регулярностью повторяющий одни и те же ситуации и манеру поведения: «Федя куда-то отправился, чтобы выкупить кольца и платье. <...> Утром Федя сходил и, наконец, выкупил своё пальто и наши кольца».[23] Слова и ситуации можно лишь множить и множить, а сколько раз повторяются «ссуда», «кредитор», «франки» и самое запретное — «рулетка». В Женеве, где они прожили 1867 год, Анна Григорьевна вспоминает: «Мне ещё никогда не случалось так тосковать, даже в Бадене при наших огромных проигрышах».[24] В очередной раз, оказавшись в подобной ситуации, она вспоминает: «Тут мы рассудили с ним, что теперь делать и у кого просить денег».[25]

Мысль о большом выигрыше не оставляет Достоевского, ибо, как он пишет в письме к Аполлону Майкову, датированном

---

[22] Там же. <Запись от 18/6 сентября>. — Кн. 3, с. 257. Речь идёт о семье умершего брата писателя Михаила (Эмилии Достоевской и её детях), а также о пасынке Достоевского — Павле Исаеве, который, будучи на содержании писателя, не хотел ни учиться, ни взяться за работу. Анна Григорьевна, не стесняясь в выражениях, называет их «подлецами»: «Надо прежде долги все отдать и этих подлецов успокоить» (См.: *Достоевская А. Г. Дневник 1867 года*. — С. 274). Збигнев Подгужец, комментируя Примечания, сопровождающие записки А. Г. Достоевской, поясняет: «В то время в России закон предполагал наказание долговой тюрьмой за неуплату долгов. Именно из страха перед кредиторами, с которыми писатель был не в состоянии расплатиться в срок, причём, не за свои долги, а за оставшиеся после смерти брата (писатель все обязательства взял на себя), Достоевский вынужден был вместе с женой в начале 1867 года уехать за границу, откуда при посредничестве тёщи и Аполлона Майкова следил за оплатой самых срочных счетов» (См.: *Dostojewska A. Dziennik genewski (fragmenty). Przełożył Z. Podgórzec*. — Kraków, 1984. — S. 235. — Przypis 25.) «Отмена долговых тюрем» (для тех, кто не в состоянии справиться с долгами, о чём пишет Анна Григорьевна) могла означать для Достоевского возможность немедленного возвращения в Россию» (*Достоевская А. Г. Дневник 1967 года*. — Кн. 3, прим. 39, с. 438), что было, замечает Подгужец, «мечтой Достоевского» (*Dostojewska A. Dziennik genewski*. — Ibid).

[23] *Достоевская А. Г. Дневник 1867 года*. — Кн. 3, с. 236, 238.

[24] *Там же. С. 284.*

[25] *Там же.*

16(28) августа 1867 года, это «ведь лёгкая и возможная возможность поправить всё!»,[26] и что «Кроме собственного выигрыша, ежедневно видишь, как другие берут по 20 000, 30 000 франков. (Проигравшихся не видишь.)».[27] И риторический вопрос: «Чем они святые? мне деньги нужнее их». Финал, как всегда, предсказуем: «рискнул дальше и проиграл», однако в его версии проигрыш — это «бес тотчас же сыграл со мной штуку».[28]

В одном он не обманывался: как он признаётся в уже цитируемом письме Майкову, «я до последнего предела дохожу»,[29] говоря, что, когда оказался недалеко от Бадена, мучила его соблазнительная мысль: «пожертвовать 10 луидоров, и, может быть, выиграю хоть 2000 франков лишних, а ведь это на 4 месяца житья, со всем, со всеми петербургскими».[30]

ДЕНЬГИ И ЛАБОРАТОРИЯ ИДЕЙ

В целом, Достоевский не столько читал, сколько размышлял, и очень сильно всё переживал, даже чересчур, согласно его отцу, который за это ему выговаривал, а порой и наказывал. Такими, во всяком случае, были его невесёлые воспоминания детства и юношеских лет. Его раздирали не мысли как таковые, а мысли-образы, они невыносимо его преследовали, исчерпывая его диалектику идей. Это были отнюдь не идейные концепты и не идеи, вычитанные из философских сочинений, а нечто более глубокое, страстное, обсессивное, бездонное. Об идеях так не писал ни один философ и ни один так ими не загорался.

Творчество Достоевского, увиденное в этом аспекте, показывает, что путь по направлению глубоких проблем — философских и философичных идей, не пролегает по дороге вымышленных концептов; что абстракции не могут идти нога в ногу с идеями. Новое и творческое даны первоначально в образе,

[26] *Достоевский Ф. М. Письма 1860–1868 / Указ. соч. — Т. 28, кн. 2, с. 208.*
[27] *Там же.*
[28] *Там же. С. 207.*
[29] *Там же.*
[30] *Достоевский Ф. М. Письма 1860–1868 / Указ. соч. — Т. 28, кн. 2, с. 207.*

предчувствии, воображении, в интуитивном ощущении. Эти понятия — лишь выражение того, что приходит неясным образом и возникает из мрака. В творческой манере писателя вначале проявляют себя интуиция и видение, и только потом возникают понятия.

Достоевский, которому не откажешь в великих идеях, и который поднимал важные философские вопросы, не прибегал к понятийному анализу или знаниям философии, свои задачи он осуществлял за счёт реализации собственных предчувствий, интуиции, образов. Ярким примером может служить образ Кириллова из романа «Бесы», своеобразный alter ego писателя (как и Достоевский, он по профессии был инженер), им в прямом смысле владела одна-единственная идея — идея Бога. Кириллов говорил о себе: «Всякий думает и потом сейчас о другом думает. Я не могу о другом, я всю жизнь об одном. Меня бог всю жизнь мучил».[31]

В действительности «идеи» мучили писателя. По его мнению, люди, то есть конкретные личности, одарены собственным, а не универсальным разумом, «есть разум Иванов, Петров, Густавов»,[32] «а чистого разума совсем не бывало», ведь «это только неосновательная выдумка восемнадцатого столетия».[33] Его герои, впрочем, как и он сам, живут ради идеи и умирают за неё. Идея, а не философская абстракция, их питает и уничтожает, снабжает крыльями и притягивает на землю, а бывает, что и затягивает на самое дно преисподней.

В своём творчестве Достоевский работает в некоей лаборатории идей и совершает, по выражению Н. Бердяева, своеобразные «антропологические эксперименты»,[34] исследует влияние идей на людей и общество, опытно сверяет истинность формулы Платона, утверждавшего, что не человеческие личности, а идеи, которые признаются, и жертвами которых становятся, управляют миром. Более того, словно учёный девятнадцато-

---

[31] *Достоевский Ф. М.* Бесы / Указ. соч. — т. 10, с. 94.

[32] *Достоевский Ф. М.* Зимние заметки о летних впечатлениях / Указ. соч. — Т. 5, с. 78.

[33] *Там же.*

[34] *Бердяев Н. А.* Откровение о человеке в творчестве Достоевского / *Н. А. Бердяев.* Смысл творчества. — М.: АСТ Москва, 2007, с. 339.

го века, «мученик» науки, если можно так сказать, рискующий здоровьем и собственной жизнью, писатель подвергает себя их влиянию. Прежде чем они покинут стены лаборатории, он поставит эксперимент на самом себе.

А потому, если у Платона, существуя в идеальной, трансцендентной сфере, они кажутся лишёнными телесной формы, у Достоевского, напротив, они будто воплощаются телесно, становятся живыми существами, сущностями из крови и кости. Насколько же правдиво утверждение русского учёного Георгия Фридлендера, который пишет, что согласно Достоевскому, «с идеями нельзя шутить. Идеи — это тоже своего рода живые существа, одарённые кровью и плотью. Они могут быть благотворны, но могут стать и ядовитыми трихинами, разрушительной силой в жизни и отдельного человека, и общества в целом. В своих романах Достоевский постоянно испытывал на прочность не только различные типы людей, но и распространённые в его время или рождавшиеся на его глазах системы идей».[35]

И дальше мы читаем у него: «Романы Достоевского и являются, в сущности, каждый раз грандиозной художественной лабораторией», где проверяются разные абстрактные идеи — их тоже признают за «абсолютные» (Гегель).[36] В числе проводимых писателем экспериментов «раскрываются не только их явные, но и скрытые потенции, их „pro" и „contra", их благотворность для человечества или их способность служить орудием зла в руках фанатика или „обманутого обманщика" — категория, к которой принадлежат многие из его трагических героев».[37] И поскольку они остаются неким образом воплощёнными телесно, но иначе, чем в философии Платона, не покоятся в трансцендентной сфере, а остаются в непрестанной борьбе с собой, трудно ухватить как таковую философскую идею писателя.

Мученики идей, такие как Достоевский, словно бы подтверждают, что великие идеи ходят своими особыми дорогами и тропами, их не приговаривают к академическому трибуналу,

[35] *Фридлендер Г. М. В борьбе идей (Достоевский в современном мире) / Г. М. Фридлендер. Достоевский и мировая литература.* — М.: Худ. лит., 1979, с. 17.

[36] *Фридлендер Г. М. Достоевский и мировая литература*, с. 17–18.

[37] *Там же*, с. 18.

и что глубоко философская мысль идёт путём внутреннего опыта и переживаний, а не умозрительного и абстрактного анализа, что можно ставить и решать самые глубокие философские проблемы, даже не легитимируя их научным цензом.

Писатель точно так же насмехался над философией, как ей предавался. Семнадцатилетний Достоевский в письме брату от 9 августа 1838 года ссылается на известную мысль Паскаля, что протестовать — это философствовать: «Кто протестует против философии, тот сам философ». И добавляет: «Жалкая философия!».[38] И вместе с тем в годы сибирской каторги просит присылать ему философские сочинения. А позднее, будучи уже великим и известным, слушает лекции по философии, которые ему читает отец русской философии и друг дома Достоевских Владимир Соловьёв.

Для нашего времени — с его увяданием философии и утратой философского эроса — Достоевский представляется чем-то вроде своего рода извращения, скандала. Он — тот, кто, как пишет современный философ Владимир Кантор, «изображая, понимал».[39] Кантор неслучайно вынес эту формулу в заголовок, ибо считает, что в творчестве этого писателя невозможно отделить философское мышление от художественного его выражения.

В сочинениях Достоевского мысль неотрывна от чувств и непосредственно пронизывает тело. Макар Девушкин в романе «Бедные люди» пишет Вареньке, что у него «мысли-то такие чудные, как будто и они тоже болят».[40] Как отмечает западный исследователь Роберт Л. Джексон: «Мысль в произведениях Достоевского обнаруживает себя сама как интегральная часть чувств и эмоций».[41]

При этом заставляет задуматься, если не возмутиться, сам факт того, что, создавая свои философские романы, Достоев-

38 *Достоевский Ф. М.* Письма / Указ. соч. — Т. 28, кн. 1, с. 50.
39 *Кантор В. К.* Изображая, понимать, или Sententia sensa: философия в литературном тексте. — Ин-т науч. информации по обществ. наукам РАН. — М.: ЦГИ Принт, 2017 (Российские Пропилеи).
40 *Достоевский Ф. М.* Бедные люди / Указ. соч. — Т. 1, с. 21.
41 *Jackson R. L.* Dostoevsky Today and for All Times. — Dostoevsky Studies. New Series, 2002, vol. VI, p. 11.

ский почти не читал философских сочинений… Почему? Его ежедневным чтением было Евангелие и труды восточных отцов Церкви, особенно св. Исаака Сирина (ок. 640 — ок. 700 гг.). И тем не менее, с самых ранних лет он купался в море мыслей. Терзавшие его идеи, собственно говоря, были и не идеями вовсе, а его собственными детьми.

И не потому ли в его сочинениях куда больше жара и мощи, чем во многих философских трактатах? И не потому ли — в отличие от бесчисленных философских книг, которые спят спокойным сном в библиотеках всего мира, его «бездна идей» столь притягательна и так много вбирает в себя даже сегодня, в наши дни? Может быть, всё это происходит потому, что, да, был «литератором», как его когда-то представил Тургенев некой молодой даме, явно желая таким образом его, по крайней мере, сконфузить, но был и в недооценённом ныне значении этого слова *писателем*? Может быть потому, что жил, как писал, то есть жизнью своих мыслей, жизнью мыслей телесных, воплотившихся, пронизывающих человека до мозга костей, объемля всё его существование.

И хотя на тему произведений Достоевского написано немало, и ещё будут создаваться очередные толстенные тома различных научных исследований и диссертаций, сам он, если можно так сказать, не имел ни малейшего понятия о мире философских положений и концепций. В то же время, никто не станет отрицать, что его творчество заключает в себе могучий философский заряд, и casus Достоевского красноречиво свидетельствует, что там, где нет философского эроса и философского страдания, нет и философии. Ибо из страдания рождаются сила и мощь его произведений, и то, что он показывает, — это реализм, почерпнутый из собственных испытаний, насыщенный его личными пристрастиями и наклонностями до такой степени, что, отдавая свои идеи, он, в итоге, отдавал нам себя.

Константин Мочульский справедливо утверждает — хоть и предостерегает от того, чтобы сказанное воспринимать слишком поверхностно: «Все романы Достоевского в глубоком смысле автобиографичны».[42] Борис Бурсов, в свою очередь,

---

[42] *Мочульский К.* Достоевский. Жизнь и творчество. С. 12.

замечает, что все его герои, даже если они в нравственном смысле крайние ему противоположности, постоянно анализируют проблемы, которые всю жизнь поглощали писателя.[43] Достоевский весь из своих героев, и его герои — это он, «кость от кости». Он — это они все, и каждый из них в отдельности. Он и Раскольников, и Кириллов, братья Карамазовы и Ставрогин, Мышкин и Голядкин, ибо всегда шёл с ними рука об руку. Его «двойник» проглядывает не только со страниц «петербургской поэмы», но из каждого его сочинения,[44] и задолго до того, как он обозначил себя в строках этой повести, он уже являлся ему в те годы, когда писатель был студентом Главного инженерного училища. Чтобы испытать, что значит быть «сумасшедшим», он собирался для этого, согласно его собственным признаниям в письме к брату, даже «сделаться сумасшедшим», «взбеситься».[45]

Прежде чем в своей прозе подарить «подполье» герою «Записок из подполья», писатель сначала сам осмотрел его закамарки, и, как пишет русский исследователь Николай Зёрнов, «о Достоевском можно образно сказать, что он неожиданно обнаружил в хорошо знакомом доме множество комнат, коридоров, чуланов, о существовании которых и не подозревали владельцы дома. Он был способен проникнуть в самые потаённые уголки человеческой души»,[46] о наличии которых не знали даже жильцы, «куда никогда не заглядывали до него ни писатели, ни учёные».[47] Л. Н. Столович считает, что глубокие философские идеи своих героев Достоевский почерпнул не только из учения своих предшественников, но и из самых недр собственной личности,[48] вызревавших в ней переживаний, идей и мыслей.

---

43 См.: *Бурсов Б.* Личность Достоевского. — М.: Советский писатель, 1974.

44 См. напр.: *Ермакова М. Я.* «Двойничество» в «Бесах» // Достоевский. Материалы и исследования / Ред. Г. М. Фридлендер. — Л.: Наука. Ленинградское отд., 1976, т. 2.

45 *Мочульский К.* Достоевский. Жизнь и творчество. С. 19.

46 *Зёрнов Н. М.* Достоевский / Н. М. Зёрнов.Три русских пророка. С. 202–203.

47 *Зёрнов Н. М.* Три русских пророка. С. 203.

48 *Столович Л. Н.* История русской философии. Очерки. — М.: Республика, 2005. С. 153.

По мнению Мочульского, «сюжет „Двойника“ <...> развивает тему „Записок сумасшедшего“ Гоголя». Тогда как «мотив раздвоения сознания внушён другим рассказом Гоголя „Нос“».[49] Всё это верно, однако в истоке одного из наиболее глубоких психологических генезисов двойника, пишет современный русский комментатор мысли Достоевского Валерий Подорога,[50] лежала двойственная натура самого писателя и соединившиеся вместе разные черты его личности.[51] Прежде чем наделить раздвоением личности Голядкина, это раздвоение он испытал на себе сам. Его двойник до воплощения в Голядкина возник в нём самом, он его питал собственной кровью, и на свет явился уже в его личной раздвоенности.

А потому, когда Николай Страхов в оскорбительной форме нравственного порицания пишет в письме Л. Толстому (и заметим, уже после смерти Достоевского), что «лица, наиболее на него похожие, — это герой „Записок из подполья“, Свидригайлов в „Преступлении и наказании“ и Ставрогин в „Бесах“»,[52] — в свете вышесказанного эти слова можно и следует прочитывать как похвалу, а не как порицание. Ибо такова цена таланта, каким бы жестоким он ни был. Такова цена искусства.

А в произведениях можно встретить не только «лиц, на него похожих» (по выражению Страхова), но и его самого, а также сцену с «соблазнением девочки» в бане в одной из глав «Бесов», шокировавшую Страхова, которую, как пишет обличитель писателя, «„Катков не хотел печатать“, а Достоевский здесь её

---

[49] *Мочульский К.* Достоевский. Жизнь и творчество, С. 42.

[50] *Подорога В. А.* Рождение двойника. Логика психомимесиса и литература Ф. Достоевского / *В. А. Подорога.* Материалы по аналитической антропологии литературы в 2 тт. — М.: Культурная революция, Ин-т философии РАН, Логос, Logos altera, 2006. — Т. 1. — Н. Гоголь, Ф. Достоевский.

[51] *Бурсов Б.* Личность Достоевского, с. 629–631.

[52] *Достоевская А. Г.* Воспоминания. — М.: Художественная литература, 1971, с. 396. Цитата взята из главы «Ответ Страхову», где А. Г. Достоевская, в частности, пишет о том, что ей приходится «выступить в защиту светлой памяти» мужа против «гнусной клеветы, взведённой на него человеком, которого муж мой, я и вся наша семья десятки лет считали своим искренним другом». — *Там же,* с. 395. Она приводит оскорбительное и вызвавшее большой скандал письмо Н. Н. Страхова Л. Н. Толстому от 28 ноября 1883 года, но опубликованное только в октябрьском номере «Современного мира» за 1913 год.

читал многим».[53] Ясности и норме, как закону «дважды два — четыре», в его мире всегда соответствует темнота и подполье, а «двойственность» и «двойничество» становятся прямо «идеологией».[54] Такое отношение писателя к идеям и их литературному воплощению не было выражением взгляда того, кто смотрит со стороны, с позиции наблюдателя, это был взгляд человека, который сам участвует в драме идей и свидетельствует, что люди — не только субъекты и творцы идей, но и её жертвы, что идеи не остаются безнаказанными, и у всякой воплощённой идеи есть не только интеллектуальная, но и нравственная, а также экзистенциальная история, как, впрочем, и цена. Есть своя судьба.

Эти слова находят подтверждение в письме Л. Толстого Страхову: «Какая огромная разница между таким философствованием, при котором играешь словами, и таким изложением мысли, при котором готовишься жить и умереть на основании тех слов, которые высказываешь».[55]

Тысячи томов, содержащих философские научные труды и диспуты, почивают в архивах философии, тогда как сочинения Достоевского по сегодняшнюю пору продолжают сохранять своё инспирирующее значение. Творческим воображением Достоевский мыслит и философствует как мало кто, и одно это говорит о том, что самые высокие идеи являлись ему в обыденной жизни, как тогда в поезде, в котором, как обычно, погруженный в свои размышления, он держал путь в салоны игры в рулетку, в Саксон-ле-Бен...

---

[53] Речь идёт о главе «У Тихона», известной как «Исповедь Ставрогина», которая, по замыслу писателя, должна была войти в роман после главы «Иван Царевич». — *Там же*, с. 397.

[54] *Яковенко Б. В.* История русской философии / Перевод с чеш. М. Ф. Солодухиной. — М.: Республика, 2003, с. 308.

[55] *Толстой Л. Н.* Полное собр. соч. (юбилейное) в 90 тт. — М. — Л.: Худ. лит., 1953, с. 266–267.

ЭПИЛОГ

Свои романы писатель нередко заканчивал эпилогом. Есть он и у нашей истории. Как писала Анна Григорьевна Достоевская, несмотря на то, что в Европе закрывались дома для игры в рулетку, и Рулетенбург себя завершил, искус игры продолжал делать своё дело.[56] Автор «Дневника 1867 года» при всех отрица-

---

[56] «Фёдор Михайлович так часто говорил о несомненной „гибели" своего таланта, так мучился мыслью, чем он прокормит свою всё увеличивающуюся и столь дорогую для него семью, что я иногда приходила в отчаяние, слушая его. Чтобы успокоить его тревожное настроение и отогнать мрачные мысли, мешавшие ему сосредоточиться на своей работе, я прибегла к тому средству, которое всегда рассеивало и развлекало его. Воспользовавшись тем, что у нас имелась некоторая сумма денег (талеров триста), я завела как-то речь о рулетке, о том, отчего бы ему ещё раз не попытать счастья, говорила, что приходилось же ему выигрывать, почему не надеяться, что на этот раз удача будет на его стороне, и т.п. Конечно, я ни минуты не рассчитывала на выигрыш, и мне очень жаль было ста талеров, которыми приходилось пожертвовать, но я знала из опыта прежних его поездок на рулетку, что, испытав новые бурные впечатления, удовлетворив свою потребность к риску, к игре, Фёдор Михайлович вернётся успокоенным, и, убедившись в тщетности его надежд на выигрыш, он с новыми силами примется за роман и в две-три недели вернёт все проигранное. Моя идея о рулетке была слишком по душе мужу, и он не стал от неё отказываться. Взяв с собою сто двадцать талеров и условившись, что, в случае проигрыша, я пришлю ему на выезд, он уехал в Висбаден, где и пробыл неделю. Как я и предполагала, игра на рулетке имела плачевный результат и вместе с поездкою Фёдор Михайлович издержал сто восемьдесят талеров — сумму, для нас тогда очень значительную. Но те жестокие муки, которые испытал Фёдор Михайлович в эту неделю, когда укорял себя в том, что отнял деньги от семьи, от меня и ребёнка, так на него повлияли, что он решил, что более никогда в жизни не будет играть на рулетке. Вот писал мне мой муж от 28 апреля 1871 года: „Надо мною великое дело совершилось, исчезла гнусная фантазия, *мучившая* меня почти десять лет (или, лучше, со смерти брата, когда я вдруг был подавлен долгами); я всё мечтал выиграть; мечтал серьёзно, страстно. Теперь же всё кончено! Это был вполне *последний* раз. Веришь ли ты тому, Аня, что у меня теперь руки развязаны; я был связан игрой; я теперь буду об деле думать и не мечтать по целым ночам об игре, как бывало это".
Конечно, я не могла сразу поверить такому громадному счастью, как охлаждение Фёдора Михайловича к игре на рулетке. Ведь он много раз обещал мне не играть и не в силах был исполнить своего слова. Однако счастье это осуществилось, и это был действительно последний раз, когда он играл на рулетке. Впоследствии, в свои поездки за границу (1874, 1875, 1876, 1879 гг.) Фёдор Михайлович ни разу не подумал поехать в игорный город. Правда, в Германии вскоре были закрыты рулетки, но существовали в Спа, Саксоне и в Монте-Карло. Расстояние не помешало бы мужу

тельных сторонах в общем балансе положительно оценивает их четырехлетнее пребывание за границей. Прежде всего, с точки зрения внутренней перемены мужа, который благодаря этому стал «мягче, добрее и снисходительнее», но главное, избавился от азарта.[57]

И хотя шёл он *долиною смертной тени* дурной привычки, не убоялся зла (Пс: 23 (24), 4). Показательна сцена в ссылке, когда писателя, лежащего на нарах в «разваливающемся бараке» («Записки из Мёртвого дома»),[58] посреди преступников, с их драками, ссорами, пьянством и падением нравственности, вдруг посещают светлые воспоминания детства и то, как его напугало слово «волк», услышанное в крике кого-то «волк бежит», а мужик Марей, который в этот момент в поле пахал со-

---

съездить туда, если б он пожелал. Но его уже более не тянуло к игре. Казалось, эта «фантазия» Фёдора Михайловича выиграть на рулетке была каким-то наваждением или болезнию, от которой он внезапно и навсегда исцелился». — См.: *Достоевская А. Г.* Воспоминания, с. 196–197.

[57] «Заканчивая обзор нашего более чем четырехлетнего пребывания за границей, скажу о внутреннем значении нашей столь долго уединённой жизни. Несмотря на бесчисленные заботы и всегдашние денежные недостатки и иногда угнетающую скуку, столь продолжительная уединённая жизнь имела плодотворное влияние на проявление и развитие в моём муже всегда бывших в нём христианских мыслей и чувств. Все друзья и знакомые, встречаясь с нами по возвращении из-за границы, говорили мне, что не узнают Фёдора Михайловича, до такой степени его характер изменился к лучшему, до того он стал мягче, добрее и снисходительнее к людям. Привычная ему строптивость и нетерпеливость почти совершенно исчезли. Приведу из воспоминаний Н. Н. Страхова [„Биография и письма“, стр. 294. (Прим. А. Г. Достоевской.)]: „Я совершенно убеждён, что эти четыре с лишним года, проведённые Фёдором Михайловичем за границей, были лучшим временем его жизни, то есть таким, которое принесло ему всего больше глубоких и чистых мыслей и чувств. Он очень усиленно работал и часто нуждался; но он имел покой и радость счастливой семейной жизни и почти всё время жил в совершенном уединении, то есть вдали от всяких значительных поводов оставлять прямой путь развития своих мыслей и глубокой душевной работы. Рождение детей, забота о них, участие одного супруга в страданиях другого, даже самая смерть первого ребёнка, — всё это чистые, иногда высокие впечатления. Нет сомнения, что именно за границей, при этой обстановке и этих долгих и спокойных размышлениях, в нём совершилось особенное раскрытие того христианского духа, который всегда жил в нём». — *Там же.* С. 200–201.

[58] *Эриксон Я.* «Кто-то посетил мою душу». Духовный путь Достоевского / Перевод со швед. Л. П. Олдыревой-Густафссон. — Екатеринбург: Изд-во Урал. ун-та, 2010, с. 22.

хой, успокаивал его словами: «Христос с тобой!».[59] Испытание зла, что признаёт и главный обличитель Достоевского Страхов, не погасило, а даже усилило в нём внутренний свет — тот самый, что зажигался в одной из комнат его родного дома в Москве, во флигеле Мариинской больницы для бедных.[60]

[59] *Там же,* с. 23. (Обращает на себя внимание «разваливающийся барак» — так звучит в оригинале. У Достоевского в «Записках из Мёртвого дома» нет слова «барак», употребляются «казарма», «острог», тогда как «барак» в этом значении — более позднего, советского происхождения. — *Прим. переводчика.*)

[60] «В одной из комнат перед иконой горит лампада, и первое детское воспоминание связано у Фёдора с этим углом его родного дома. Ему три года, и он вместе со своей няней Алёной Фроловной становится на колени и читает молитву: „Владычица Царица Небесная! Ты мне упование и прибежище, покров, и заступление, и помощь". Эта молитва сопутствует ему всю жизнь, а лампадой, горящей перед иконой, освещены его жизнь и творчество. Лампада горит порой, едва мерцая, но она горит, и горение её тем сильнее вселяет надежду, чем безысходней кажется сама жизнь». — *Там же,* с. 22. (Надо заметить, что безысходной жизнь Достоевскому не казалась никогда. Даже в остроге он жил надеждой на возвращение, и в отчаяние впадал по-настоящему только в одном случае — проиграл большие деньги, а они нужны — на содержание семьи брата, пасынка...).

Достоевский и философия

ФЕНОМЕН ДОСТОЕВСКОГО

На тему «философскости» и «российскости» русской мысли написано немало, Достоевский — весьма характерный пример её специфики. Вопрос о том, что «русские не дураки», и у них есть своя философия — проблема особая.[61] Посмотрим, однако, на неё с иной стороны. Парадоксально, но писатель, который «не изучал философию в школе и в университете»,[62] не был академическим философом и сегодня вызывает интерес своей философией больше, чем признанные академики. Сам факт того, что идеи Достоевского так и не были проговорены в философском дискурсе, не только не снижает их философской ценности и значимости, но и, представляется, поднимает их на уровень, подчас не доступный научным исследованиям. Слитность мысли и формы приводит к тому, что философское содержание, выраженное художественными средствами, обретает краски, которые напрасно искать в философских трактатах. Вот некоторые из них: драматургичность, диалектика идей, эмоциональное и интеллектуальное напряжение. Достоевский был романистом, однако главной особенностью его романов является не их фабульность, а драматургичность. Драматургичен и мир его мыслей. Сергей Булгаков заметил, что «хотя Достоевский не написал ни одной страницы в драматической форме,

---

[61] *Goerdt W.* Historia filozofii rosyjskiej / Przełożył J. Antkowiak. — Kraków: Wydawnictwo WAM, 2012, s. 32–39.

[62] *Krasicki J.* «Europejskość» i «rosyjskość» filozofii rosyjskiej / *J. Krasicki.* Granice Europy — granice filozofii. Filozofia a tożsamość Rosji / Red. W. Rydzewski, L. Augustyn. — Kraków: Wydawnictwo Uniwersytetu Jagiellońskiego, 2007.

тем не менее, в своих больших романах он является и великим трагиком».[63]

Точно определяет романы Достоевского как «философские драмы» польский филолог, достоевсковед Халина Бжоза.[64] Верно также и суждение русского исследователя Бурсова, что, задавая философские вопросы, писатель оставляет их без ответа, как бы в неопределённости: независимо от того, какая им развивается тема, он всегда исходит из собственных духовных поисков, стремясь углубить проблемы, которые являются именно его проблемами, понимая, впрочем, что никогда ему их не разрешить.[65] Литературоведы считают Достоевского одним из представителей «романа идей» (к этому направлению причисляют Т. Манна и Г. Гессе), и действительно, нельзя отрицать тот факт, что все романы Достоевского так или иначе вращаются вокруг философских идей. Высказываниям его героев по философским проблемам может быть недостаёт понятийной точности, но не философской глубины.

Американский русист и историк философии Джеймс Скэнлан считает, что «даже самый суровый критик должен признать, что Достоевский при всей своей удалённости от академической философии был одним из самых философских писателей».[66] Сложившаяся ситуация сама по себе становится неким вызовом, и знаменательно замечает Георгий Флоровский, что Достоевский — «одновременно и философ, и философская проблема».[67]

Уже при жизни Достоевского предпринимались попытки — прибегнем к выражению Чеслава Милоша — разными способами его «проглотить», это происходит и поныне, а желающие найдутся как «справа», так и «слева». Из писателя пытались сде-

---

[63] *Булгаков С. Н.* Русская трагедия / С. Н. Булгаков. Тихие думы. — М.: Республика, 1996, с. 6.

[64] *Brzoza H.* Dostojewski: myśl a forma. — Łódź: Wydawnictwo Łódzkie, 1984, s. 14.

[65] *Бурсов Б.* Личность Достоевского. С. 631.

[66] *Скэнлан Д.* Введение. Философия Достоевского / Д. Скэнлан. Достоевский как мыслитель / Перевод Д. Васильева и Н. Киреевой. — СПб.: Академический проект, 2006, с. 9.

[67] Цит.: *Там же*, с. 10. См. также: *Florovskii Georgii.* On Studying Dostoevsky / Russian Studies in Philosophy, 1996–1997, Vol. 35, № 3, p. 30.

лать то пророка, то апологета православия, заступника «бедных людей», «униженных и оскорблённых» и т.д., — всё это наблюдается и сегодня. И как актуально в данном контексте звучат слова Михаила Михайловского, автора известного определения «жестокий талант», который, заметив тогдашнее желание видеть в Достоевском «духовного вождя русского народа и пророка»,[68] быстро подвёл черту «под этим вздором»: «Достоевский просто крупный и оригинальный писатель».[69] Последнее утверждение, особенно в контексте его применения, если учесть, во что превращали творчество писателя по разным случаям и в разных обстоятельствах, таким очевидным вовсе не покажется. Подразумевая это высказывание, Владимир Кантор подчёркивает, что для Михайловского Достоевский был только писателем,[70] но такой подход, по его мнению, обедняет его сочинения. Однако сам вопрос, поставленный Михайловским, пожалуй, не выглядит таким уж упрощением задачи и вызывает иной вопрос: а можно ли быть «крупным и оригинальным писателем»,[71] не будучи писателем «великих мыслей».[72]

Великая литература всегда есть пространство для великих мыслей. И эта правда со всей исключительностью относится к Достоевскому. Ибо Достоевский — прежде всего мысль. Представляемый им мир заполняют люди и их идеи. В этом мире,

---

[68] *Михайловский Н. К.* Литературно-критические статьи. — М.: ГИХЛ, 1957, с. 8.

[69] *Там же.*

[70] *Кантор В. К.* Изображая, понимать или Sententia sensa... С. 23–24.

[71] *Михайловский Н. К.* Литературно-критические статьи, с. 8.

[72] Весьма поучительны слова Чеслава Милоша, который говорит: «Читая Достоевского, я склонен предположить, что каждый гений должен заплатить свою цену за порчу. И в то же время я думаю, что всякие „реализмы“ — ребячество там, где нет мощной философской мысли, как это есть у Достоевского». См.: Dostojewski dzisiaj. Ankieta przygotowana przez Zbigniewa Podgórca // Znak. — Kraków, 1981, № 1–2(319–320), s. 20. В приведённой анкете журнала «Знак» современный польский писатель Мариан Пилот, отвечая на вопрос: «Какую мораль можно извлечь из чтения Достоевского?» — полагает, что «литература — это вещь высшего значения и значимости; что в её пространстве могут решаться вопросы самые для человека насущные; что она — средство для исследования правды о человеке и распространения этой правды; что она требует сосредоточения всех духовных сил и абсолютной беспощадности в отношении себя самого; тогда и только тогда слово может иметь силу даже для спасения другого человека». — См.: *Ibid.* S. 21.

считает русская исследовательница Татьяна Касаткина, главным образом мыслится и «много говорится».[73] Как писал, в свою очередь, Стефан Цвейг о Достоевском в своей книге «Три мастера»: «Его космос — не мир, а только человек. Он глух для музыки, слеп к картинам, равнодушен к ландшафту: ценой неимоверного безразличия к природе, к искусству куплено его непостижимое, несравнимое знание человека».[74]

И как глубоко звучат здесь же другие слова Цвейга: «На двадцати тысячи страницах его сочинений нигде не сказано, как сидит кто-нибудь из его героев, как ест, пьёт: они только чувствуют, говорят и борются. Они не спят (иногда лишь грезят в ясновидении), не отдыхают, они пребывают в постоянной лихорадке, постоянно размышляют. Они никогда не прозябают, как растения, как звери, — всегда они в движении, всегда возбуждены, напряжены и всегда бодрствуют: всегда они пребывают в превосходной степени своего бытия. Они все обладают душевной дальнозоркостью Достоевского, все они ясновидящие, телепаты, духовидцы, все — пифические люди и все пропитаны до последних глубин существа психологическим знанием».[75]

Достоевский — своеобразный и неповторимый феномен не только в литературе, но и в философии. Поэтому так трудно найти для него аналогии, а отыскать сходство на больших отрезках повествования представляется делом совсем уж бесплодным. Фредерик Коплстон, например, сопоставляет его творчество с творчеством Габриэля Марселя, который сначала проблему схватывал художественно и лишь потом объяснял её в отвлечённых понятиях.[76] Однако он тотчас замечает, что «случай Достоевского», разумеется, — особый. Ни в одном из его романов нет никаких абстрактных рассуждений по поводу поставленных в них проблем. Но коль скоро художественные

---

[73] *Касаткина Т. А.* Характерология Достоевского. Типология эмоционально-ценностных ориентаций. — М.: Наследие, 1996, с. 3.

[74] *Цвейг Стефан.* Достоевский / *Стефан Цвейг.* Три мастера. Бальзак — Диккенс — Достоевский. Триумф и трагедия Эразма Роттердамского / Перевод с нем. М. С. Харитонова, П. С. Бернштейн. — М.: Республика, 1992, с. 116.

[75] *Там же*, с. 118.

[76] *Коплстон Фредерик Ч.* Философия в России (от Герцена до Ленина и Бердяева) // История философии. — М.: ИФ РАН, 1998, № 2, с. 155–164.

произведения Марселя можно по сути своей признать философскими, это точно так же применимо и к философским романам Достоевского.[77]

И правда, Достоевский не обладал академическим философским образованием, тем не менее, философствовал он страстно. В тогдашней России это не было исключением.[78] Более того, по мнению польского философа Михала Бохуна, в отношении к русской мысли это не так уж и важно. Подобного образования не получило большинство русских мыслителей, да и философия в России XIX века не стала ещё ни предметом изучения, ни университетской дисциплиной. Скорее, это был стиль жизни: любили пофилософствовать просвещённые россияне — в салонах, в редакциях... Порой их мысль запечатлевалась в виде статьи, книги, речи, но чаще высказывалась в личном письме. Сохранились лишь их выдающиеся следы... Философия как стиль жизни — это также, а, может, и прежде всего, — бесконечные разговоры о Боге, России, истории и всех тех «проклятых вопросах».[79]

Поначалу Достоевского в сложности академической философии посвятил Белинский,[80] а впоследствии — один из основоположников понимания философии как системы — Владимир Соловьёв, частый гость в доме Анны Григорьевны и Фёдора Михайловича, который несмотря на разницу лет (Достоевский родился в 1821 году, а Соловьёв — в 1853-м), испытывал к юному другу огромное уважение и искреннюю симпатию. Не владея научной подготовкой в понимании философских направлений, Достоевский затрагивал наиболее значительные философские проблемы, какие поднимались в истории человеческой мысли.

[77] *Там же.*

[78] *Лаут Р.* Философия Достоевского в систематическом изложении / Перевод с нем. И. С. Андреевой. — М.: Республика, 1996, с. 19. Другой пример — салон Анны Шерер или беседы Андрея Болконского и Пьера Безухова в романе Л. Толстого «Война и мир».

[79] *Bohun M.* Dostojewski i filozofia / *M. Bohun.* Dostojewski i idea upadku cywilizacji zachodniej. — Katowice, 1996, s. 19. На тему философии как стиля жизни см.: *Красицкий Ян.* Польская и русская философия глазами друг друга // Вестник Русской Христианской Гуманитарной Академии. — М., 2014, т. 7, № 1, с. 183 и далее.

[80] *Лаут Р.* Философия Достоевского... С. 19.

Как пишет Василий Зеньковский, именно это сделало его великой фигурой в русской и даже мировой философии.[81] «В истории русской мысли Достоевский занимает совершенно исключительное место. Первоклассный художник, он был в то же время очень глубоким и оригинальным мыслителем, гениально проникавшим в самые сложные тайны человеческого духа; человек глубокой и пламенной веры, пророк православной культуры и один из самых крупных создателей её...».[82] Говоря словами Владимира Кантора, Достоевский — «центр русской философской мысли».[83]

В приведённых мнениях по справедливости признаётся философское величие писателя. Вместе с тем, насколько может быть дискуссионным сам вопрос о подобном величии, свидетельствует тот факт, что если одни авторы в своих справочниках по русской философии рассматривают философию Достоевского наравне с работами русских философов, другие — более академической и строго научной направленности, напротив, её вовсе не упоминают.[84] Достоевский жил в свою эпоху, но своей

---

[81] *Зеньковский В. В.* История Русской философии в 2 тт. — Ростов-на-Дону: Феникс, 1999, т. 1, с. 474.

[82] *Зеньковский В. В.* (протоирей). Русские мыслители и Европа. Критика европейской культуры у русских мыслителей. Изд. второе. — Париж: YMCA-PRESS, 1955, с. 226.

[83] Этой теме посвящена одна из последних работ исследователя, которая так и называется. См.: *Кантор В. К.* Достоевский как центр русской философской мысли: https://www.hse.ru/data/589/621/1239/Dostoevskij%20 kak%20centr%20russkoj%20mysli.doc В другой своей работе Кантор пишет о Достоевском: «Он видел в России отсутствие опоры для мысли и духа. Эту опору он и искал с сумасшедшей энергией. Россия не знала Тертуллиана и Августина. Их роль сыграл в России Достоевский — более, чем другие религиозные мыслители. Разумеется, он учитывал всю европейскую культуру, наследником которой себя считал, наследником „страны святых чудес"». См.: *Кантор В. К.* Достоевский, Владимир Соловьёв, Августин / *В. К. Кантор.* Изображая, понимать, или Sententia sensa. С. 50.

[84] В. Зеньковский, подчёркивает Ф. Коплстон, посвящает Достоевскому около двухсот страниц в своём труде по «Истории русской философии», тогда как в аналогичной книге русского философа Николая Лосского имя Достоевского появляется, правду сказать, на многих страницах, однако специально места ему не отводится, и даже имя его как философа среди других имён русских философов просто не фигурирует. (Подобным образом выглядит эта проблема и в трудах Льва Шестова, которому автор посвятил неполных полстраницы). См.: *Лосский Н. О.* История русской философии. — М.: Советский писатель, 1991. Сложившееся

мыслью он переступал её пределы, а потому его сочинения надлежит рассматривать в двойной перспективе: читать их глазами его времени и, как бы это выразиться, sub specie aeternitatis (лат.) — *в форме вечности*. Румынский и французский философ Эмиль Чоран считал Достоевского писателем, превосходившим Шекспира.[85] Георгий Фридлендер, известный исследователь и издатель сочинений Достоевского, в 1980-е годы, через сто лет после смерти автора «Идиота», писал, что «Достоевский остался для нас современником»,[86] сохраняя своё влияние на протяжении всего XX века на литературу и духовную культуру человечества. Томас Манн утверждал, что Л. Толстой был для XIX века, тогда как Достоевский — для вечности. Выдающийся современный американский русист Роберт Л. Джексон полагает: Достоевский — «на сегодня и навсегда».[87]

В свою очередь сербский св. Преподобный Иустин (Попович) пишет, что «Достоевский не всегда был современным, но всегда был со-вечным».[88] Достоевский — человек нового времени,

---

положение Коплстон объясняет тем, что Достоевский не был как таковым философом и не претендовал на то, чтобы называться философом именно в сугубо академическом смысле. Герцен написал, как минимум, одну философскую работу: «Письма об изучении природы», но при этом не раз ставил философские вопросы, хотя более известны его письма, посвящённые общественным и политическим проблемам. Трудно взваливать на Лосского вину за его игнорирование Достоевского в «Истории русской философии». Стоит обратить внимание и на предостережение американского исследователя, когда он пишет: «Из нашего справедливого сопротивления тому, чтобы признать в Достоевском философа, вовсе не вытекает, что он не выдвигал идей, важных для философии». См.: *Коплстон Фредерик Ч.* Философия в России... С. 131–132, а также: *Dobieszewski J.* Copleston o filozofii rosyjskiej / J. Dobieszewski. Syntezy i niuanse. Studia i szkice z filozofii rosyjskiej. — Kraków: TAiWPN Universitas, 2019.

85 Rozmowy z Cioranem. Przeł. na pols. I. Kania. — Warszawa: KR, 1999, s. 219.

86 *Фридлендер Г. М.* В борьбе идей (Достоевский в современном мире) / Г. М. Фридлендер. Достоевский и мировая литература. — М.: Худ. лит., 1979, с. 7.

87 *Jackson R. L.* Dostoevsky Today and of All Time. — Dostoevsky Studies. New Series, Vol. VI, 2002.

88 «Достоевский не всегда был современным, но всегда был со-вечным. Он со-вечен, когда размышляет о человеке, когда бьётся над проблемой о человеке, ибо страстно бросается в неизмеримые глубины его и настойчиво ищет всё то, что бессмертно и вечно в нем, он со-вечен, когда решает проблемы зла и добра, ибо не удовлетворяется решением поверхностным, покровным, а ищет разрешение сущностное, объясня-

нового эона, он смотрит на проблемы того мира глазами апокалиптика, и действительность, как сказал бы Герцен, предстаёт ему «с другого берега».

Освальд Шпенглер, сопоставляя Л. Толстого и Достоевского в контексте идей XIX и XX вв., отмечает: «Толстой — это всецело великий рассудок, „просвещённый" и „социально направленный". Всё, что он видит вокруг, принимает позднюю, присущую крупному городу и Западу форму проблемы. <...> Ненависть Толстого к собственности носит политэкономический характер, его ненависть к обществу — характер социально-этический; его ненависть к государству представляет собой политическую теорию. Отсюда и его колоссальное влияние на Запад. Каким-то образом он оказывается в одном ряду с Марксом, Ибсеном и Золя. Его произведения — это не Евангелия, но поздняя, духовная литература. Достоевского не причислишь ни к кому, кроме как к апостолам первого христианства. <...>Такая душа смотрит поверх всего социального. Вещи этого мира представляются ей такими маловажными, что она не придаёт никакого значения их улучшению. Никакая подлинная религия не желает улучшить мир фактов. <...> Что за дело душевной муке до коммунизма? Религия, дошедшая до социальной проблематики, перестаёт быть религией. Однако Достоевский обитает уже в действительности непосредственно предстоящего религиозного творчества. Его Алёша ускользнул от понимания всей литературной критикой, в том числе и русской; Его Христос, которого он неизменно желал написать, сделался бы подлинным Евангелием, как и Евангелия прахристианства. <...> Христианство Толстого было недоразумением. Он говорил

ющее вечную, метафизическую сущность проблемы; он со-вечен, когда мудрствует о твари, о всякой твари, ибо спускается к корням, которыми невидимо укореняется в глубинах вечности; он со-вечен, когда исступлённо бьётся над проблемой страдания, когда беспокойной душой проходит по всей истории и переживает её трагизм, ибо останавливается не на зыбком человеческом решении проблем, а на вечном, божественном, абсолютном; он со-вечен, когда по-мученически исследует смысл истории, когда продирается сквозь бессмысленный хаос её, ибо отвергает любой временный, преходящий смысл истории, а принимает бессмертный, вечный, бого-человеческий». — Попович Иустин, преподобный. Введение / Иустин Попович (преподобный) Философия и религия Ф. М. Достоевского / Перевод с серб. И. А. Чароты. — Минск: Д. В. Харченко, 2007, с. 6.

о Христе, а в виду имел Маркса. Христианство Достоевского принадлежит будущему тысячелетию».[89]

И всё же, если говорить о его месте в философии, даже с учётом того, что в 1920 годы Аарон Штейнберг признавал в авторе «Бесов» «народного философа России»,[90] нельзя не видеть, что Достоевский с точки зрения философского восприятия своих сочинений не был столь же удачливым, как его с ним *вражеский брат* (или *несовместимый брат*) — Фридрих Ницше, с которым его часто сравнивают и сопоставляют. Французский католический богослов, кардинал, иезуит Анри де Любак дал обоим своё определение: «братья-враги».[91] Автор «Утренней зари...» ещё много лет после публикации своих сочинений оставался как философ непризнанным и неоценённым, а его философское творчество всерьёз и по-философски сообща трактовали как некий вид художественного творчества. Только в конце 1920-х годов, а потом и в последующие годы он обрёл своих промоторов-философов в лице Ясперса и Хайдеггера. Последний, утверждает итальянский мыслитель Витторио Поссенти, интерпретировал мысль Ницше мастерски и таким способом, что тот стал «по-новому присутствовать в новом времени»,[92] однако до этого «не нашлось никого, кто был бы в состоянии вот так же использовать огромный антинигилистический потенциал мысли Достоевского, успевшего обрисовать свою антинигилистическую философию к тому времени, когда Ницше только подыскивал форму своему проекту».[93] Цель, обозначенная Поссенти, представляется верной не только потому, что итальянский философ воспринимает творчество русского писателя как опыт

[89] *Шпенглер Освальд*. Закат Западного мира. Очерки морфологии мировой истории. Полное издание в одном томе / Пер. с нем. и прим. И. И. Маханькова. — М.: АЛЬФА-КНИГА, 2010, с. 653–655.

[90] *Штейнберг Аарон*. Система свободы Ф. М. Достоевского. — Берлин: Скифы, 1923, с. 8.

[91] *Де Любак Анри*. Драма атеистического гуманизма. — М.: Христианская Россия, 1997. — Часть третья: Достоевский — пророк. Противостояние Ницше.

[92] *Possenti V.* Filozofia po nihilizmie. Spojrzenie na przyszłość filozofii / Przełożył na pol. J. Merecki. — Lublin: RW KUL, 2003, s. 55.

[93] Ibid.

«преодоления нигилизма»,[94] определяя его мысль как «новый завет» будущей философии,[95] но и сквозь призму той целостности воззвания, какое всё ещё продолжает сохранять для философии его роман «Братья Карамазовы».

Стоит обратить внимание на оценку, данную Ницше русскому писателю как «психологу», с которой не согласен Семён Франк, протестуя против такой мнимой «похвалы»: по его мнению, она обедняет смысл написанного Достоевским. Если иметь в виду глубинный характер творчества Достоевского, его духовную, а не просто психологическую многоплановость, «протест» Франка совершенно справедлив. Его «типы», персонажи — это «символы», а не только живые люди. «Большая ошибка, — считает он, — воспринимать Достоевского в качестве психолога в привычном смысле. Типы — не эмпирические образы, скорее, символы». Однако замечает, что Достоевский лишь в некоторых местах гениален как психолог, там, где речь идёт о Последнем. Психологию повседневного нужно учить у Толстого».[96]

Добавим, что под заметным и существенным влиянием мысли Достоевского сформировались такие философские направления, как ницшеанство, фрейдизм, психоанализ и неопсихоанализ, экзистенциализм, феноменологическая антропология, персонализм, диалектическая теология, теология «смерти Бога»... Направлений и соединяющих их между собой имён привести можно множество. Если говорить о как таковых именах, остановимся на самых известных: Фридрих Ницше, Зигмунд Фрейд, Альфред Адлер, Карл Густав Юнг, Энрико Ферри, Чезаре Ломброзо, Рафаэли Гарофало, Бертран Рассел, Карл Барт, Дитрих Бонхёффер, Карл Ясперс, Анри Бергсон, Пауль Наторп, Пьер Гиро, Жан Поль Сартр, Альбер Камю, Тадеуш Котарбиньский, Альберт Эйнштейн, Карен Хорни, Карл Либкнехт, Роза Люксембург, Дьёрдь Лукач.

---

[94] *Rarot H.* Od nihilizmu do chrześcijaństwa. Historia i współczesność idei filozoficzno-religijnego przezwyciężenia nihilizmu. — Lublin: Wydawnictwo Uniwersytetu Marii Curie-Skłodowskiej, 2011.

[95] *Possenti V.* Filozofia po nihilizmie... S. 57.

[96] *Оболевич Т., Резвых Т. Н., Цыганков А. С., Франк С. Л.*: Лекции об антропологии Ф. М. Достоевского (к 200-летию со дня рождения писателя). — Философский журнал, 2021, т. 14, № 3, с. 110–130.

С точки зрения наших исследований самым парадоксальным, однако, оказывается тот факт, что у истоков идей и концепций Достоевского лежит не изучение философии, а тот феномен, который Бердяев определил как «экзистенциальный опыт».[97] Верность этому глубоко внутреннему испытанию и обусловила то, что собственной интуиции, предчувствию и видениям писатель придал неповторимый и вместе с тем универсальный смысл, опережая порой идеи и понятия эпохи, в которую жил. И это тем более показательно, что за четыре года каторги его единственным чтением был Новый Завет. Да, он познал столько идей и стольким из них позволил высказаться в своих сочинениях, однако, оставаясь верным своему, глубоко внутреннему опыту, не поэтому ли он не стал заложником ни одной из них?

ХУДОЖЕСТВЕННОСТЬ И ФИЛОСОФИЯ

Одна из наиболее важных категорий, помогающих понимать Достоевского, — его художественность.

В данном случае она представляется понятием по-настоящему ключевым, и забыть об этом факте чревато известной prima falsa (лат.) — *первой ложью*, нередко принимающей в последующем исследовании характер ошибки.

Достоевский хорошо отдавал себе отчёт в том, какова значимость эстетического в его текстах при воплощении его идей, и писал по этому поводу: «Художественностью пренебрегают только лишь необразованные и туго развитые люди, художественность есть главное дело, ибо помогает выражению мысли выпуклостью картины и образа, тогда как без художественности, проводя лишь мысль, производим лишь скуку, производим в читателе незаметливость и легкомыслие, а иногда и недоверчивость к мыслям, неправильно выраженным, и людям из бумажки».[98]

---

[97] *Бердяев Н. А.* О назначении человека / Н. А. Бердяев Опыт парадоксальной этики. — М.: АСТ, 2003, с. 25–422.

[98] *Неизданный Достоевский*: Записные книжки и тетради. (1860–1881 гг.) / АН СССР. Ин-т мировой лит. им. А. М. Горького. — М.: Наука, 1971, т. 83, с. 376.

Его мышление, выражая философские идеи, сохраняло при этом свою образность: им использовались средства, свойственные именно художественной речи, в отличие от средств философского дискурса с его интерсубъективным характером, оперирующим абстрактными понятиями и подчиняющимся определённым методологическим правилам. Образность и мысль, искусство и философия составляют у Достоевского неразрывное целое; невозможно отделить одно от другого, как и понять одно без другого. Полагают, что форма его высказывания и есть форма его мысли.[99] В творчестве Достоевского «мысль лежит в языке»,[100] а тот факт, что Достоевский говорит художественно, придаёт сказанному ценность не только эстетическую, но и философскую. В подтверждение такого положения можно привести в пример известного русского литературоведа-формалиста Виктора Шкловского, обратившего внимание на фатальные последствия, какие для языка речи имеет его *окаменение*, когда «слово теряет форму»,[101] более того, его *закованность* в абстрактную понятийную форму, полезную для науки, оказывается убийственной для искусства и, добавим, точно так же для философии.

Величие и философская оригинальность художественного сочинения вдохновляет, но вместе с тем и настораживает: взятое в своей целостности и специфике, громоздит оно перед исследователем литературы трудности в интерпретациях, которые редко встречаются там, где мы имеем дело со стандартными философскими сочинениями. Свою философскую идею Достоевский выражает и как художник, и как мыслитель, точнее — художник-мыслитель, а потому прочитывать философское послание его сочинений следует, исходя из понимания

---

[99] *Brzoza H.* Dostojewski — myśl a forma… S. 6–7. Там же приводится список литературы по эстетике и поэтике писателя. См.: с. 21–22, сноска 1. На эту тему см. также: *Jazukiewicz-Osełkowska L.* Słowo wstępne / *L. Osełkowska*. Fiodor Dostojewski w twórczości Stanisława Brzozowskiego i Stefana Żeromskiego. — W-wa, 1980, przypis 4.

[100] *Brzoza H.* Myśl w języku. Symboliczna przestrzeń tekstu a antropologia / *H. Brzoza*. Dostojewski. Między mitem, tragedią, apokalipsą. — Toruń: Wydawnictwo Uniwersytetu Mikołaja Kopernika, 1995, s. 187.

[101] *Шкловский В.* Воскрешение слова. — С.-Петербург: Типография Э. Соколовскаго, 1914, с. 16.

его идейного содержания в рамках художественного произведения.[102] Подчеркнём ещё раз: при всей философичности высказывание Достоевского сохраняет свою эстетику, вот почему трудно переложить его на чисто философский язык, причём, традиционным способом. В данном случае научный подход вынужден оперировать иными, по сравнению с принятыми, техниками философского анализа, чтобы не допустить неточности в отношении деликатной художественной ткани его текста. В этом смысле представляется верным мнение Татьяны Касаткиной: при значительном числе научных работ о мысли писателя большинству из них можно предъявить упрёк в академическом схематизме.[103] И вытекает это вовсе не из отсутствия профессионализма у специалистов или вследствие их некомпетентности, а из того, что именно так они понимают методы и специфику академической философии. Как пишет Юрий Лотман, первоначальным принципом развития культуры является динамика идей и ценностей, антитетичность и «взрыв»,[104] а не статика и инерция, как идейная и аксиологическая апатия, в результате чего изъятые искусственно из произведений писателя его идеи, втиснутые в понятийный корсет, измеряемый общим академическим аршином, утрачивают свою возбуждающе взрывную силу.

Татьяна Касаткина считает, что с точки зрения художественного способа высказывания не существует непосредственного «доступа»[105] к богословию и философии писателя, и в их ана-

---

[102] «Художественное произведение, являющееся определённой моделью мира, некоторым сообщением на языке искусства, просто не существует вне этого языка, равно как и вне всех других языков общественных коммуникаций. Для читателя, стремящегося дешифровать его при помощи произвольных, субъективно подобранных кодов, значение резко исказится, но для человека, который хотел бы иметь дело с текстом, вырзанным из всей совокупности внетекстовых связей, произведение вообще не могло бы быть носителем каких-либо значений. Вся совокупность исторически сложившихся художественных кодов, делающая текст значимым, относится к сфере внетекстовых связей. Но это вполне реальные связи». — *Лотман Ю. М.* Понятие текста. Текст и внетекстовые структуры / Ю. М Лотман. Структура художественного текста. — М.: Азбука, 2015, с. 72.

[103] *Касаткина Т. А.* Священное в повседневном: двусоставный образ в произведениях Ф. М. Достоевского. — М.: ИМЛИ РАН, 2015.

[104] *Лотман Ю. М.* Культура и взрыв. — М.: Гнозис, 1992.

[105] *Там же.*

лизе филология «неизбежна».[106] По её мнению, философию и богословие нельзя у Достоевского просто так «изъять» из его сочинений в виде готовых формулировок. Они интегрально включены в структуру художественного высказывания, и их прочтение требует соответствующего для такого высказывания интерпретационного подхода. Внутренняя связь способа высказывания, того, «что» и «как» говорится, — основополагающая в понимании философского содержания сочинений творцов, которые свои идеи проявляли художественно, — таких, как Ницше, Сартр и Камю. В отличие от них у Достоевского эта связь обретает своеобразный характер, обусловленный тем, что идеи писателя пронизывает внутренняя и органично присущая им антиномичность, в них нет объединяющего начала, все они, по утверждению Коплстона, «впряжены в диалектику», «здесь мы имеем постоянно представляемые разные идеи, порой противоречивые».[107] «Поэтому, — пишет о. Сергей Булгаков, — и систематизация отдельных суждений Достоевского в цельное мировоззрение есть задача трудная, имеющая в себе нечто искусственное и, в известной степени, насильственное».[108]

Не удивительно, что, встретившись с философским отождествлением сочинений писателя, исследователь сталкивается с неминуемыми сложностями. В первую очередь здесь следует назвать те, что естественно вытекают из господствующих в данную эпоху, так сказать, популярных методологий или философских трендов. Поучительным примером сложившейся в исследованиях произведений Достоевского ситуации могут служить ставшие знаменитыми работы с применением структуралистских и формалистических методов, которые начали появляться в 1950–60-е годы[109] в качестве альтернативы трудам, испы-

---

[106] *Там же.*

[107] Отмечая влияние идей Достоевского на Бердяева, Фредерик Ч. Коплстон пишет: «Когда он увидел, что марксизм ведёт к такого рода обществу, о котором Достоевский написал в Легенде о Великом инквизиторе, он прекратил посещать марксистские кружки». — *Коплстон Фредерик Ч. Философия в России.* С. 160.

[108] *Булгаков С. Н.* Очерк о Ф. М. Достоевском: Чрез четверть века (1881–1906) / С. Н. Булгаков. Тихие думы. С. 192.

[109] Нечто подобное случилось с сочинением Гоголя, на что отозвался, например, В. Зеньковский. См., в частности: «Гоголя постоянно *стили-*

тавшим на себе модный тогда экзистенциализм, как и тем, что красноречиво использовали редуцированные понятия, обращённые к психоанализу и познанию духовной реальности в сочинениях писателя.

Как оказалось, не всегда приносят плодотворные результаты поиски ключа к произведению писателя путём бесконечных обращений ко вновь открывающимся биографическим материалам, свидетельствам эпохи, непосредственным рассказам очевидцев, воспоминаниям и т.п., когда какой-либо документ или источник случайно отсылает к следующему, и учёный совершает нечто вроде ошибки, известной как regressum ad infinitum (*лат.*) — *назад в бесконечность.*

Разумеется, это, в определённой степени, частности. В целом же в этом направлении не прекращаются научные разыскания, всё более расширяясь и углубляясь, и значение их невозможно переоценить. Достаточно вспомнить, что в 1920-х годах по случаю столетия со дня рождения Достоевского было опубликовано множество новых материалов, ставших импульсом к написанию последующих работ. Новейшие интерпретационные возможности открылись и благодаря публикации рабочих записей писателя — статей, заметок, дневниковых записей, в том числе его набросков к запланированным романам. В свою очередь, 1971 год, ознаменовавший 150-ю годовщину рождения Достоевского, стал, по наблюдениям польского русиста Збигнева Подгужца, «своеобразным началом новой волны российских публикаций о жизни и творчестве автора „Братьев Карамазовых“». И волны столь мощной, что невольно она наводила на мысль о самом большом числе статей и книг о Достоевском у него на родине со времён двадцатых годов» прошлого

зуют исследователи, равно как и читатели, — вместо того, чтобы овладеть всем содержанием его творчества. Впрочем, тут было немало вины и со стороны самого Гоголя, который часто прикрывал основной свой замысел, основные нити рассказа „словесной плотью“, как бы намеренно пользуясь ею, как „завесой“. Иногда Гоголь и сам не замечал наличности разных слоёв в его творчестве, их существенной разнородности — и этим совсем запутывал и читателей, и исследователей». —*Гиппиус В., Зеньковский В.* Н. В. Гоголь / Предисл., сост. Л. Аллена. — СПб.: Logos, 1994, с. 193. (Серия: Судьбы. Оценки. Воспоминания. XIX–XX вв.)

века.[110] Очередной всплеск можно было ожидать в 2021 году — знаменующем 200-летний юбилей со дня рождения писателя.

Однако, как представляется, доступ к новым материалам не должен переключаться исключительно на исследовательскую практику, особенно, если в основе её доминирует идеологическая пристрастность, что в первую очередь бросается в глаза в работах учёных, открыто декларирующих свою политическую позицию (достаточно вспомнить, какие серьёзные препоны в восприятии сочинений автора «Бесов» ставились в сталинские годы), в равной мере это касалось религиозных и конфессиональных воззрений писателя. Остужая порывы подобных обязательных положений, по сути дела инструментальных, современный русский специалист по Достоевскому Людмила Сараскина неспроста напоминает, что «...Достоевский *не есть средство. Достоевский, как и вообще литература и искусство, есть цель*».[111] А потому, и это признают религиозные авторы, в частности Александр Шмеман, считавший, что и «более тонкой богословской интуиции»,[112] и больше всего инспираций можно встретить именно у тех учёных, кто далёк от религии.

ДВЕ СИСТЕМАТИЗАЦИИ

Предпринималось много попыток систематизировать и типологизировать исследования творчества Достоевского, обозначить основные исследовательские направления и тенденции. Если говорить об инициативах новейшего времени, наиболее плодотворной и показательной представляется монография о русской философии Игоря Евлампиева. Он пишет, что литература о Достоевском необъятна, однако в ней можно выделить

[110] *Podgórzec Z.* Nowe kierunki w rosyjskich publikacjach o Dostojewskim / Znak. — Kraków, 1981, № 1–2, s. 195.

[111] *Сараскина Л. И.* «Нужны примеры...». Достоевский как христианский писатель. — *Л. И. Сараскина.* Испытание будущим. Ф. М. Достоевский как участник современной культуры. — М.: Прогресс-Традиция, 2010, с. 155.

[112] Цит. по: *Бачинин В. А.* Теология, социология и антропология литературы. (Вокруг Достоевского). — Донецкий христианский университет. Ассоциация «Духовное возрождение». — Киев: Дух і Літера, 2012, с. 83. (Серия: Теология).

определённые закономерности, и он обращает внимание на три концептуальные модели исследований наследия писателя.[113] Избирая в качестве категории, типологизирующей самое значительное произведение, которое открывает данное направление, русский философ полагает, что первую модель демонстрирует работа Николая Лосского «Достоевский и его христианское миропонимание» (книга была написана в 1939 г., издана в 1945-м): Евлампиев называет его религиозным писателем.[114]

Ко второй модели, отчасти противопоставляемой первой, учёный относит концепцию Бахтина, которая нашла своё выражение в его книге «Проблемы творчества Достоевского».[115] Бахтина он называет творцом «новой формы» и *двигателем* диалогов, видя в нём их вдохновителя в 20–30-е годы XX века.

В третью модель он включает Николая Бердяева и его книгу «Миросозерцание Достоевского»,[116] в ней писатель рассматривается как один из величайших российских метафизиков.

По мнению Евлампиева, недостатком большинства работ о Достоевском является некое смешение в них идейных уровней: философского, социологического, психологического, литературоведческого, что можно назвать идеологизированным подходом к предмету исследования. Неизбежный «перспективизм», отчасти естественный, нередко приводит авторов и к смешению своей собственной идейной позиции с порядком представляемого мира, управляемого отдельной логикой и владеющего своей личной, автономной эпистемологией, онтологией и аксиологией. Эффект, если можно так сказать, возникает за счёт того, что предмету исследования автор навязывает собственный взгляд. Сложившееся положение с неизбежностью порождает упрощения, обобщения и разного рода произвольности. В качестве примера Евлампиев ссылается на Лосского,[117]

---

[113] *Евлампиев И. И.* Личность как Абсолют. Метафизика Ф. Достоевского / И. И. Евлампиев. Метафизика Ф. Достоевского в XIX–XX веках. Русская философия в поисках Абсолюта. Часть 1. — СПб.: Алетейя, 2000, с. 93.

[114] *Там же*. С. 94.

[115] *Бахтин М.* Проблемы творчества Достоевского. — Л.: Прибой, 1929.

[116] *Бердяев Н.* Миросозерцание Достоевского. — Прага.: YMCA-Press, 1923.

[117] Влияние этого «интерпретационного направления» хорошо просматривается в работах некоторых учёных: *Paprocki H.* Lew i mysz, czyli tajemnica

который со всей убеждённостью стремился показать Достоевского писателем религиозным и православным, исходя из того, что его в полной мере можно понять только с православной точки зрения, однако представляемые им примеры в сочинениях этого автора обладают больше универсальным значением, на что указывают другие исследователи его творчества, отмечая сложность и противоречивость его мира идей, диалектику веры и неверия, свободы и порабощения.

Позиция И. И. Евлампиева созвучна острокритическому мнению американского исследователя Джеймса Скэнлана. В предисловии к своей книге «Достоевский как мыслитель»[118] автор утверждает, что, независимо от того, какие и сколько вышло публикаций о Достоевском (в частности, с выраженными в них позициями Лосского и Бердяева), в литературе на эту тему по-прежнему «отсутствует всесторонний анализ и оценка его трудов со специфически философской точки зрения».[119] По мнению Скэнлана, в книгах русских философов (подобных упоминаемым выше) диапазон охвата идей ограничен и «служит прежде всего выражению взглядов самих авторов».[120] Только одна работа могла бы претендовать на то, чтобы быть отнесённой к широко понимаемому систематическому исследованию философии Достоевского, — монография немецкого исследователя Райнхерда Лаута «Философия Достоевского в систематическом изложении».[121] И тем не менее, её недостаток он видит в том,

---

człowieka. Esej o bohaterach Dostojewskiego. — Białystok: Wydawca Bractwa Młodzieży Prawosławnej w Polsce, 1997; *Jewdokimow D.* Człowiek przemieniony. Fiodor M. Dostojewski wobec Tradycji Kościoła Wschodniego. — Poznań: Wydawnictwo Naukowe Uniwersytetu im. Adama Mickiewicza, 2009, s. 8.

[118] *Скэнлан Джеймс.* Достоевский как мыслитель.

[119] *Там же.* Предисловие, с. 7.

Джеймс Скэнлан приводит краткий обзор важнейших англоязычных книг, посвящённых мысли писателя, которые вышли до издания его монографии о Достоевском (2002). В их числе названа книга упоминавшегося уже в контексте воззрений Т. Касаткиной Р. Л. Джексона: *Jackson R. L.* Dialogues with Dostoevsky: The Overwhelming Questions. — Stanford: California, 1993.

[120] *Скэнлан Джеймс.* Достоевский как мыслитель... Предисловие, с. 7.

[121] См. *Reinhard Lauth* Die Philosophie Dostojewskis in systematischer Darstellung. — Monachium, 1950. В русском переводе: *Райнхард Лаут.* Философия Достоевского в систематическом изложении / Перевод с нем. И. С. Андреевой. — М.: Республика, 1996.

что при всём скрупулёзном анализе психологических, эстетических и религиозных аспектов мысли Достоевского, в ней почти не упоминаются эстетическая теория, философия истории, социальная и политическая философия.[122] «Более того — и это главный упрёк Скэнлана — книга Лаута насквозь панегирична, в ней нет даже намёка на критическую дистанцию в отношении рассматриваемого предмета».[123] В настоящей работе делается попытка представить не только более глубоко, но и более дифференцированно перспективу прочтения мысли Достоевского, и эта попытка основана на критическом восприятии его философского наследия.[124]

Уже этот краткий обзор свидетельствует о том, каким широким был и остаётся по сей день диапазон интерпретаций сочинений Достоевского. К примеру, русские символисты (в частности Вячеслав Иванов) и творцы Серебряного века начинают в нём видеть религиозного мыслителя и философа, в XX веке, пишет Константин Мочульский, его открывают как художника,[125] к этому времени совершенно разрушен миф об отсутствии у него эстетической и стилистической формы, усиливается исследовательское внимание к поэтике автора «Идиота», а используемые им композиция, литературная техника и стиль «вводят нас в эстетический мир великого писателя».[126] Польский иссле-

---

[122] *Скэнлан Джеймс. Достоевский как мыслитель...* Предисловие. С. 7.

[123] *Там же.*

[124] *Там же.*

[125] *Мочульский К. Достоевский. Жизнь и творчество...* С. 8. Разделяем мнение А. Валицкого, что «лучшим проводником в философские, религиозные и политические взгляды Достоевского до сегодняшнего дня» остаётся книга Мочульского. См.: *Walicki A.* Fiodor Dostojewski / A. Walicki. Zarys myśli rosyjskiej od Oświecenia do Renensansu religijno-filozoficznego. — Kraków: Wydawnictwo Uniwersytetu Jagiellońskiego, 2005, s. 480, przypis 1.

[126] *Там же.* С. 8. От упрёков в отсутствии писательского искусства и недостаточной художественности, сформулированных, между прочим, Миланом Кундерой и Владимиром Набоковым, Достоевского аргументированно защищает Яцек Углик. См.: *Uglik J.* Dostojewski, czyli rzecz o dramacie człowieka. — Wa-wa: IFiS PAN, 2014, s. 11.
Стоит сказать, что на статью М. Кундеры откликнулся И. Бродский, который, в частности, заметил: «Действительно, танки и войска прибывают в отечество Милана Кундеры с Востока с утомительной регулярностью; но его убеждение, что тип человека, описанный Достоевским, только на родине Достоевского и обитает, свидетельствует лишь о том, что Запад и по сей день не произвёл на свет писателя, равного по до-

дователь Тадеуш Сухарский, в свою очередь, прослеживая, как изменялось восприятие творчества Достоевского в Польше на протяжении XIX и XX веков, со всей очевидностью замечает: в связи с тем, что в польской ментальности был мощно укоренён стереотип писателя-полонофоба, в период Молодой Польши на него смотрели главным образом в ракурсе его художественных ценностей и глубины мысли, а живущие и функционирующие поныне предостережения и фобии для представителей той эпохи как бы отходили на задний план.[127] Самостоятельно систематизацию восприятия исследований о Достоевском в послевоенные годы предложил польский мыслитель Януш Добешевский.[128] Он выявил три типа рецепции автора «Идиота». Первый охватывает пятидесятые и шестидесятые годы XX века, их он обозначил: «Восприятие Достоевского в ракурсе торжества экзистенциальной философии».[129] Второй период приходится на семидесятые и восьмидесятые годы, когда «экзистенциализм со всей очевидностью перестал играть доминирующую роль, как это было в предыдущий период»,[130] и теперь эти годы характеризуются «главной интерпретационной позицией, заявленной Михаилом Бахтиным прежде всего в его работе „Проблемы поэтики Достоевского“».[131] Третий тип, согласно варшавскому учё-

---

капыванию до глубин — Достоевскому». См.: *Бродский И.* Почему Милан Кундера несправедлив к Достоевскому / *И. Бродский.* Собр. соч. в 7 тт. — СПб.: Пушкинский фонд, 2001, т. 7, с. 87. — *Прим. переводчика.*

[127] *Sucharski T.* Dostojewski w polskiej powojennej refleksji myśli humanistycznej. — Napis, 2018, № 24, s. 57. В первой сноске автор замечает: «Представленный текст является значительно расширенной версией другого текста, написанного совместно с Анджеем де Лазари: *Сухарский Т.* Достоевский в польской литературе, литературоведении и философской мысли 70-х годов XX века / Достоевский. Материалы и исследования. — СПб.: РАН совместно с издательством Нестор-История, 2013, т. 20, с. 25–43». Более подробно см. на стр. 84–126 настоящего издания.

[128] *Dobieszewski J.* Fiodor Dostojewski. Kilka uwag / *J. Dobieszewski.* Absolut i historia. W kręgu myśli rosyjskiej. — Kraków: Towarzystwo Autorów i Wydawców Prac Naukowych UNIVERSITAS, 2012.

[129] *Ibid.* S. 85.

[130] *Ibid.* S. 86.

[131] *Ibid.* S. 87. Исследователь справедливо обращает внимание на то, что «впервые эту книгу Бахтин опубликовал (пусть в сокращённой версии и под другим названием — „Проблемы творчества Достоевского“) в 1929 году, однако только с её выходом в расширенном виде и, что ещё важнее, с дополненными вариантами, изданной сначала в 1963 году

ному, — восприятие произведений Достоевского в последние десятилетия XX века (работа писалась Добешевским в конце девяностых, запечатлевших пик рассматриваемой типизации).[132] По мнению польского исследователя, этот тип восприятия обязан «ренессансу русской религиозной философии в русской и европейской культуре» и является следствием тех политических преобразований, которые происходили в Европе, а впоследствии — и в России с конца восьмидесятых годов.[133]

В современных польских послевоенных трудах по изучению философского наследия писателя главной исследовательской категорией можно назвать «антиномию», применяемую такими специалистами, как Данута Кулаковская, Рышард Пшибыльский, Богдан Урбанковский. Тогда как работы Анджея Валицкого и его последователей (Анджей де Лазари, Януш Добешевский, Михал Бохун, Гжегож Пшебинда, Яцек Углик), придерживаясь направления «истории идей», заметно отличаются от вышеназванной категории «антиномии». И особое место в развитии достоевсковедения в Польше занимает имя выдающегося знатока творчества Достоевского и его переводчика (в том числе новой редакции «Братьев Карамазовых»), ныне покойного Цезария Водзиньского. Нечто вроде «занятий лично для себя» представляют собой лекции жившего в Штатах Чеслава Милоша. В свою очередь, Юзэф Тишнер, несмотря на то, что в целом русской философией не занимался, очень оригинально, делая даже открытия, прочитывал мысль Достоевского в русле философии диалога и философии Другого.

К вышеназванным направлениям и тенденциям следовало бы отнести новую вырисовывающуюся область, которую можно

(М.: Советский писатель), а затем в 1972 году (М.: Художественная литература), начался период небывалого интереса и прямо-таки триумфального присутствия Бахтина в мировом литературоведении. Это касалось не только исследований Бахтина о Достоевском, но всего его наследия в целом (Бахтин умер в 1975 году)».

[132] *Ibid.* S. 88.

[133] *Jazukiewicz-Osełkowska I.* Ogólna charakterystyka recepcji Dostojewskiego w Polsce // Fiodor Dostojewski w twórczości Stanisława Brzozowskiego i Stefana Żeromskiego. — Eadem; *Uglik J.* Dostojewski a filozofia rozumu — uwagi subiektywne o badaniach w Polsce // Red. L. Kiejzik / J. Uglik. Polskie badania filozofii rosyjskiej. Przewodnik po literaturze, część druga. — Wa-wa: Instytut Filozofii i Socjologii PAN, 2012.

было бы определить как «гетерология». В основе её исследовательских параметров лежит категория инаковости, или Иного, т.е. Другого. В Польше это направление представляют, наряду с Тишнером, Михал Крушельницкий, Тадеуш Сухарский, а также автор данной работы — Ян Красицкий. В России — Константин Исупов.

МЕЖДУ *СЛЫШИМЫМ* И *ВИДИМЫМ*

Ограничившись описанием попыток систематизации и типологизации романов Достоевского, попробуем проблему познания сочинений писателя развернуть в другом ракурсе, обозначив её с помощью двух метафор: *слышания* и *видения*. Более ста лет назад Бахтин прочитал Достоевского сквозь призму метафоры *слышания*, в стихии речи и диалога, одновременно придав изучению его творчества направление, которое определило методологию этих работ, по крайней мере, на весь XX век. Вклад Бахтина явился знаменательным шагом не только в аспекте поэтики и художественной формы произведений писателя, но и в плане того значения, какое получило на рубеже XIX–XX веков развитие философии диалога. В то же время, трудно не заметить, что авторитет великого философа, культуролога и литературоведа оказал заметное влияние на современное литературоведение, направив исследования романов Достоевского по новому руслу, и это, в свою очередь, в какой-то степени завело их в тупик.

Теория полифонии Бахтина в подходе к Достоевскому в XX веке превратилась, можно сказать, в официальную научную методологию, и такой статус был у неё повсеместно. Представленный Достоевским мир был, согласно ей, миром голоса, речи, того, что было сказано, диалога. Между тем, в той же мере, в какой, по наблюдениям Софи Оливьер, его мир полон картин, то есть стихии *видимого*,[134] во внимание должны приниматься оба измерения. Не удивительно, что в настоящее время всё оче-

---

[134] *Olivier S.* Ikons in Dostoevsky's world // Dostoevsky and The Christian Tradition / Ed. G. Pattison, D. O. Thompson. — Cambridge, 2001, p. 51.

виднее даёт о себе знать недостаточность бахтинской методологии, и всё более явственно выступает необходимость поиска новых научных подходов: в качестве альтернативы возникла интерпретация произведений Достоевского иконическими и образными способами. Все эти усилия в трудах о Достоевском хоть и предпринимаются разными исследователями и независимо друг от друга, в целом представляют собой принципиально иное явление, по сравнению с парадигмой Бахтина.

Среди российских учёных резко критическую позицию в отношении бахтинского наследия занимают уже упоминавшийся петербургский историк философии И. И. Евлампиев[135] и, отчасти, московский литературовед и культуролог Т. А. Касаткина. Критичность их точки зрения по отношению к концепции Бахтина, с её сосредоточенностью на диалоговой и словесной стороне произведений писателя и отсюда — его полифонической модели, заложенной в тексте, основана не столько на том, что в ней усматривается своего рода односторонность самого подхода, сколько на стремлении развернуть изучение и понимание Достоевского в сторону традиции русской православной духовной культуры, с которой, по их мнению, связано всё творчество писателя, и которая всегда была по характеру иконической и символической.[136]

---

[135] В докладе, сделанном И. Евлампиевым 24 мая 2007 года в рамках Историко-методологического семинара «Русская мысль» (в Русской христианской гуманитарной Академии в Петербурге), он сказал, что, опираясь на теорию Бахтина, «бессмысленно искать мировоззрение Достоевского, потому что его творчество так устроено, что он, скорее, предоставляет слово своим героям, как бы не отвечая за них, это живые люди с независимыми мировоззрениями», тогда как мировоззрение писателя, «если и можно угадать, то оно всё равно не выражено достаточно точно и полно, поскольку он не ставил целью выразить именно своё глубинное мировоззрение. <...> С моей точки зрения, — делает вывод автор, — концепция Бахтина абсолютно неправильная. Он яркий самостоятельный мыслитель, но он сочинил своего Достоевского». См.: *Евлампиев И. И. Во что верил Достоевский //* Вестник Самарской гуманитарной Академии. Серия: Философия. Филология. — 2008, № 1, с. 150–166. (Отвергая Бахтина, в частности его диалоговую концепцию, Евлампиев, тем не менее, выстраивает своё доказательство в опоре именно на её диалоговую, по сути, конструкцию, привлекая для доказательств духовно-православной культуры Достоевского спор о Боге Ивана Карамазова с Алёшей).

[136] Symbol w kulturze rosyjskiej/ Red. K. Duda, T. Obolevitch. — Kraków: WAM, 2010.

Т. А. Касаткина в своих трудах о Достоевском целенаправленно опирается на работы Р. Л. Джексона,[137] вклад которого в понимание сочинений писателя русская исследовательница оценивает как фундаментальный — в плане методологическом и интерпретационном. Она считает, что во-первых, Бахтин направляет своё внимание исключительно на то, что в произведениях Достоевского является *слышимым*, и, получается, не касается того, что *видимо*. Во-вторых, такой подход неминуемо обусловливает отрыв писателя от духовной и культурной традиции России и православия, основной ценностью которого является не то, что «*слышимо*», а то, что «*видимо*», следовательно, — иконическое и символическое.

При всех своих познавательных ценностях бахтинский диалогизм явно ведёт, согласно мнению учёных антибахтинского направления, к сужению исследовательской перспективы, которая, согласно им, сводится к интерпретации произведений Достоевского в единственной стихии — словесной, то есть *слышимой*. По мнению Касаткиной, альтернативой познавательному методу Бахтина, а также Джексона в их своеобразном диалоге «из двух углов» служит дихотомия слова и образа,[138] из которой Касаткина в качестве основания для своего исследовательского пути выбирает, разумеется, второй путь. Российская изыскательница считает, что усилия учёных, которые исходят из вышеозначенной метафоры *слышания*, были изначально приговорены к неудаче ещё и потому, что все старались услышать голос Достоевского, а в итоге слышали только голоса его персонажей, поскольку сам Достоевский говорит не голосом, а образом, цветом, воображением и символом.[139]

---

[137] *Касаткина Т. А.* Священное в повседневном... С. 5 и далее.

[138] *Там же*, сноска 2.

[139] Желая слышать голос писателя, «слышишь лишь персонажей Достоевского, потому что *голоса самого Достоевского* нет в его художественных текстах. Автор присутствует там иным образом. Точнее сказать, он присутствует там образами. Нельзя услышать, что говорит Достоевский. Но это можно увидеть. См.: *Касаткина Т. А.* Священное в повседневном... С 11. Збигнев Подгужец в статье, написанной в начале 80-х годов, приводит четыре главные тенденции в новейших русских исследованиях о Достоевском. Из названных, по его мнению, четвёртая тенденция (в числе публикаций последних лет) „выделяется стремлением усилить понимание символического мира Достоевского, романный микрокосмос которого

В доказательство Т. А. Касаткина приводит множество примеров наличия в мышлении писателя метафоры *видения*, в том числе метафоры цвета, и на примере анализа цветовой символики в творчестве Достоевского прослеживает, как из них создаётся своеобразный семиотический космос и система идей,[140] При этом автор не сосредотачивается только на абстрактных идейных ожиданиях, а углубляет собственные тезисы анализом текстов писателя. В этом смысле пристально ею рассматриваются присутствующие в романах Достоевского и в его творчестве в целом определённые иконы и образы картин с указанием конкретных художественных полотен, как например, Клода Лоррена «Асис и Галатея» (1657) или появляющегося в «Идиоте» образа Ганса Гольбейна Младшего «Мёртвый Христос в гробу» (1521), которые играют ключевую роль в представляемом писателем мире.[141] В пользу правоты исследовательницы говорит

заметно связан с христианством, о чём долгие годы старались не упоминать. Книги Валентины Ветловской, Сергея Белова, Моисея Альтмана стремятся донести правду о том, что без знания знаковой системы христианства в полной мере понять творчество Достоевского нельзя“. См.: *Podgórzec Z.* Nowe kierunki w rosyjskich publikacjach o Dostojewskim. — Znak. — Kraków, 1981, № 1–2, s. 200. Каждая из представленных позиций ссылается на определённую область символики: имени, места, цвета, краски. Подгужец подчёркивает стабильное развитие этих исследований, однако убеждён, что „проблема символики у Достоевского ещё ждёт своего исследователя». Следует отметить, что со времени публикации этой статьи и по сегодняшний день вышла целая серия работ на данную тематику (в том числе и названная работа Т. А. Касаткиной), о чём польский читатель знает немного: они оказываются за пределами его внимания в связи с отсутствием их переводов на польский язык.

[140] В частности, оппозиция жёлтого и золотого анализируется в контексте богословия, онтологии и нравственности. Жёлтый цвет — «цвет недостатка и нищеты» — означает как зло, так и имитацию добра, тогда как золотой полагается только Христу. См.: *Касаткина Т. А.* Священное в повседневном... С. 12; См. также: *Трубецкой Е.* Умозрение в красках / *Е. Трубецкой.* Избранное. — М.: Канон, 1995, с. 324–353; *Флоренский Павел, свящ.* Иконостас / *Павел Флоренский.* Соч. в 4 тт. — М.: Мысль, 1996, т. 2. с. 419–526; *Успенский Л.* Богословие иконы Православной Церкви. — Переславль: Издательство братства во имя святого князя Александра Невского, 1997; *Успенский Л.* Христос и солнце / *Л. Успенский.* Крест и круг (из истории христианской символики). — М.: Языки славянских культур, 2006.

[141] *Касаткина Т. А.* Образ Христа в произведениях Ганса Гольбейна Младшего, Достоевского и Блока: Некоторые аспекты оперативной поэтики / *Т. А. Касаткина.* Священное в повседневном... С. 217–313. На значение видимого обращают внимание и другие русские исследователи. Елена Новикова, которая в своей книге ссылается на работу Касаткиной, про-

известная со слов Анны Достоевской страсть писателя посещать художественные галереи.[142]

По мнению Т. А. Касаткиной, воспроизведённая дихотомия *слышимого* и *видимого*, которую необходимо было ввести в оригинальные, но оппозиционные друг другу системы миров Ветхого и Нового Заветов, — в том, как они отражались в творчестве писателя (если иметь в виду роль, какую играло в его жизни Евангелие[143]), поднимается до ранга интерпретационного и даже методологического руководящего указания.

сто использует термин «живописный дискурс», подразумевая конкретные образы или фотографии, например, снимки Настасьи Филипповны, рассматриваемые Мышкиным, или сестёр Аглаи и Аделаиды Епанчиных в «Идиоте» — все они, считает Новикова, свидетельствуют о наличии «визуальных артефактов». См.: *Новикова Е. Г.* Нарисовать лицо приговорённого / *Е. Г. Новикова.* «Nous serons avec le Christ». Роман Ф. М. Достоевского «Идиот». — Томск: Издательство Томского университета, 2016, с. 57 и др.

[142] Как пишет Анна Григорьевна, «для Фёдора Михайловича все эти посещаемые нами местности не представляли ничего нового, но он, обладая глубоко развитым художественным вкусом, с истинным наслаждением посещал Дрезденскую и Флорентинскую картинные галереи и часами осматривал собор св. Марка и дворцы Венеции» — См.: *Достоевская А. Г.* Воспоминания... С. 200.

[143] *Kjetsaa J.* Dostoevsky and His New Testament // Dostoevsky Studies. — Vol. 4, 1983; Nowy Testament Fiodora Dostojewskiego / Red. A. Bezwiński. — Bydgoszcz: Wyd-wo UKW, 2011. Адам Безвиньски указывает на широко «известный факт, что Достоевский, начиная с момента его ареста в апреле 1849 года по делу Михаила Буташевича-Петрашевского, в последующие четыре года каторги и до самого конца жизни буквально вчитывался в каждую букву Нового Завета. О понимании такого события, которое подтверждается каждой анализируемой фразой сочинений Достоевского, постоянно свидетельствуют почти все, занимающиеся творчеством писателя. Однако следует тотчас добавить, что только единицам повезло держать в руках сохранившийся экземпляр Евангелия, подаренный Достоевскому в тобольской тюрьме на пути по этапу. Одним из них был Геир Кьетсаа, который почти 25 лет тому назад издал работу, назвав её „Достоевский и его новое Евангелие“. В этой неизвестной польским исследователям работе, в её главной части, насчитывающей более 60 авторских листов, автор даёт возможность приобщиться, проследить, задуматься над выделенными местами и теми фрагментами Нового Завета, которые не просто особо заинтересовали писателя, но и были им разными способами приведены. Текст, который выделяется из сохранившегося экземпляра Нового Завета, — двуязычный. Кьетсаа сначала даёт соответствующие стихи из Евангелий, Деяний святых Апостолов, Посланий и Откровения на русском языке. Потом обращает соответствующее внимание на сделанные Достоевским пометки на полях. Затем те стихи, к которым относится «комментарий», даются по-английски, с учётом читателя. Таким образом, читатель, знающий английский язык, имел уни-

Метафора *слышания* свойственна миру Ветхого Завета, где всё происходит в сфере говорения, а сама вера, отцом которой, как говорит ап. Павел, был библейский Авраам, называемый ещё «отцом всех верующих» (Рим 4, 9–12), возникла из *слышания*. По мнению Касаткиной, в Ветхом Завете «онтология вся принадлежит слышимому», тогда как в Новом Завете «онтологичным становится видимое».[144] По мнению русской исследовательницы, то, что *видимо*, то есть мир Нового Завета (но это

кальную возможность познакомиться с «Евангелием от Достоевского», проникнуть в самые истоки многих размышлений писателя и мотивов его литературных сочинений. Представляя в течение нескольких лет на страницах научного журнала, издаваемого Католическим университетом в Люблине (Zeszyty Naukowe Katolickiego Uniwersytetu Lubelskiego) публикации норвежского исследователя, я задал себе вопрос: «А не предоставить ли такую возможность и польскому читателю? Тут следовало бы воспользоваться опытом Кьетсаа, и точно так же в случае трудностей, которые могут возникнуть в получении оригинального экземпляра, что хранится в главной библиотеке Москвы, использовать уже опубликованные материалы?». Как добавляет Безвиньский, «только сложившаяся ситуация изменилась. Ведь теперь благодаря интернету можно познакомиться с оставшимся после писателя Новым Заветом. Здесь опубликован его полный текст, в котором обозначены и описаны им все сделанные Достоевским замечания, надписи, — как карандашом, ногтем, ручкой, так и сухей ручкой; подчёркивания отдельных слов и целых стихов, непрочитанные надписи, а также загнутые углы страниц сверху или снизу, иногда много раз. Это невероятное старание зафиксировать каждый след руки писателя поражает. Ещё больше изумляет число разных обозначений, которое свидетельствует о том, что этим экземпляром Нового Завета писатель непрерывно пользовался. Вместе с тем, интернетная версия показывает, что норвежский славист в своей публикации выделил только часть обозначений. Чтобы проиллюстрировать уровень уже предпринятых обозначений, приведу соответствующие цифры: экземпляр Нового Завета насчитывает 630 страниц, в нём 258 загнутых углов — сверху или снизу, по одному разу; 49 загнутых углов наверху или внизу страницы; 16 тройных и 5 многократных загибаний углов страниц. В сумме во время чтения или просматривания Евангелия писатель почти 330 раз загибал его углы страниц; можно домыслить, что так он делал в течение всей своей жизни. В тексте Нового Завета 299 раз ногтем отмечены отдельные стихи; писатель 5 раз дважды отметил один и тот же стих; и один и тот же фрагмент — 5 раз. Девять раз сухой ручкой он выделил текст, 1 раз дважды сухой ручкой соответствующий фрагмент. Карандашные обозначения насчитывают 208 раз, один раз карандашом четырежды выделил интересующий его отрывок, чернильные обозначения насчитывают 8 раз; 23 раза подчёркнуты отдельные слова, иногда целиком небольшой стих; 7 раз подчёркнуто отдельное слово, 2 слова подчёркнуты были 6 раз; в 3 случаях слово было подчёркнуто дважды. См.: *Kjetsaa J.* Dostoevsky and His New Testament... S. 11–13.

[144] *Касаткина Т. А.* Священное в повседневном... С. 6.

не то, что *слышимо* — Ветхий Завет), и определяет мышление писателя. Более того, пишет Касаткина, «сам Достоевский строил концепцию своего творчества именно на идее образа»[145] — на том, что видимо. Новый Завет — мир видения, именно такая позиция, считает исследовательница, есть выражением сознания Достоевского, который, как отмечают и другие учёные, был едва ли не единственным такого рода читателем Нового Завета,[146] а говоря иначе, мыслил всегда новозаветными категориями, то есть одновременно воображаемыми, иконическими и символическими. Представляется, что всё это подтверждает и биография писателя: знаменательным кажется сам факт, что Евангелие было его настольной книгой, той единственной, которая сопровождала его в течение четырехлетней сибирской каторги[147] и никогда не откладывалась в сторону. На каторге она лежала у него под подушкой и оставалась с ним до последнего дня его жизни.

В приведённых тут аргументах, как мы это понимаем, речь идёт не столько о выстраивании некой методологической антитезы в отношении диалогичной парадигмы Бахтина, сколько о сложности данного исследовательского подхода. Оригинальность мышления Достоевского (с чем согласны Джексон и Касаткина) заключается в том, что его духовные истоки продолжают питать символическую и иконическую культуру Восточного православия. В целом же, сама эта проблема показывает, что ни одно из данных направлений — иконическое и бахтинское — не исключают друг друга и даже взаимодополняют.

Для понимания мировоззрения писателя, особенно его антропологии и богословия, требуются убедительные импликации. Говоря по-богословски, Достоевский разделял традицию культа образа Бога как человека. Согласно Восточной традиции, главной основой для богословской иконы является Воплощение, а это значит, что все другие иконы функционируют только

---

[145] *Там же.*

[146] *Там же.* См. также: *Kjetsaa G.* Dostoevsky and His New Testament... (Стоит заметить, что других книг на каторге держать не разрешалось.)

[147] *Walicki A.* Fiodor Dostojewski / A. Walicki. Zarys myśli rosyjskiej... S. 481; См. также: *Достоевский Ф. М.* Дневник писателя. 1873 / Указ. соч. — Т. 21. С. 12.

в русле образа (в своей иконологии) и единственно подлинной иконы — Спасителя.[148] Встаёт вопрос: в этой своей иконологии Достоевский предстаёт религиозным или художественным писателем? На эту богословскую основу и Откровение опирается антропология Восточного православия. Эта догматическая традиция (подтверждённая доктринальными постановлениями экуменических соборов[149]), которая нашла выражение в Постановлениях о культе иконы и была реализована на Святой Руси — в «Византии после Византии»,[150] оставалась для Достоевского родной сердцевиной, в ней он рос и в ней формировался как личность и художник. У её истоков он находился в течение всей своей жизни, и продолжал искать в творчестве образ *правильного* человека, то есть одновременно и Бога Воплощённого, и Бога-человека, а находил в конкретном людском существе «драму человека».[151] В его мышлении иконическая модель становилась следствием придерживаемой им традиции познания Бога и человека в православной Церкви, которая всегда была иконической и апофатической, а не дискурсивной, и в которой антропологией является обожение (theosis).[152]

---

[148] «Каждая икона восходит к иконе Спасителя, называемой Спасом „ахейропойэтос" (нерукотворным), „Пресвятым Ликом", который ангелы держат на пелене и являют людям. Это именно не портрет Иисуса, а икона, являющая Его присутствие». — *Евдокимов П. Н.* Православие. Ч. 4. Молитва Церкви, гл. 2. Введение в икону, подгл. 9. Божественное искусство, с. 239. — Интернет-портал Азбука веры. **https://azbyka.ru/otechnik/books/download/12024-Православие.pdf.**

См. также: *Špidlik T.* Myśl rosyjska. Inna wizja człowieka / Przełożyła J. Dembska. — W-wa: Wydawnictwo Księży Marianów, 2000.

(В то же время высказанная тут мысль П. Евдокимова противоречит развиваемой им идее «образа», о котором трудно понять: у Достоевского он — религиозный или художественный: «Восточная мистика является антивизионерской и объявляет всякое созерцание, связанное с воображением (волюнтаристской и воображающий метод созерцания), когда ум искажён иллюзией, будто можно „описать божественное в образах и формах", „дьявольской ловушкой". Правильное созерцание умозрительно и сверхумозрительно». — См.: *Там же.* Ч. 1. Антропология, гл. 5. Аскетизм, подгл. 4. Аскетические средства.)

[149] II Никейский Собор 787 года и IV Константинопольский Собор, который в 869 году подтвердил Постановление II Никейского Собора.

[150] *Евдокимов П. Н.* Православие... Глава II. Византия после Византии...

[151] *Uglik J.* Dostojewski czyli rzecz o dramacie człowieka...

[152] «Бог в Себе превыше всякого понятия о существе, и атрибуты, которые Ему присущи с точки зрения логики, не выражают Его должным образом

БАХТИН: PRO ET CONTRA

В ернёмся снова к Касаткиной: в XX веке, пишет она, Достоевский был скорее *слышимым*, чем *видимым*,[153] и это прежде всего заслуга Бахтина, только в XXI веке начинают как бы «видеть» Достоевского. В Польше тезисам Касаткиной вторят в своих работах Хенрик Папроцкий, склонный творческую деятельность писателя целиком сводить к иконе, просто утверждая, что «Евангелие — икона Иисуса».[154] Подобные же взгляды, правда, не столь категорично, но в точности по-богословски, готовы отстаивать многие польские исследователи.[155]

и ничуть не могут объективизировать. Именно это различие обосновывает *теосис*, обоженное состояние человеческого существа, его одухотворение божественными энергиями. <...> Православная антропология не моральна, а *онтологична*, она является *онтологией обожения*.» См.: *Евдокимов П. Н.* Искусство иконы. Богословие красоты / Пер. с франц. Димитрия Захарова (иеромонаха) и Е. Л. Майданович. — Клин: Христианская жизнь, 2005. — Гл. II. Антропология, подгл. 9. Антропология обожения, с. 308; *Špidlik T.* Myśl rosyjska. Inna wizja człowieka... S. 43–47; *Лосский В.* Боговидение / Пер. с фр. В. А. Рещиковой, сост. и вступ. ст. А. С. Филоненко. — М.: АСТ, 2006.

[153] *Касаткина Т. А.* Священное в повседневном... С. 6–7.

[154] *Paprocki H.* Lew i mysz, czyli tajemnica człowieka... S. 55.

[155] Как замечает польский философ Тереза Оболевич, в Польше исследователи обращают также внимание на то, что сама форма писания у Достоевского, как и у других русских писателей, носит характер иконический, символический и даже мифический, «с цикличным временем и повторяющимся действием», указывая не столько на перемену местоположения героя, сколько «на его собственное преображение, либо окружающего его мира», используя известную схему «смерть — сошествие во ад — воскресение» (*Obolevitch T.* Dostojewski jako metafizyk. Próba metarefleksji / Metafizyka a literatura w kulturze rosyjskiej / Red. T. Obolevitch. — Kraków: Uniwersytet Papieski Jana Pawła II w Krakowie, Wydawnictwo Naukowe, 2012, s. 169–170). Исследовательница, в частности, ссылается на работы: *Żyłko B.* Kultura i znaki. Semiotyka stosowana w szkole tartusko-moskiewskiej. — Gdańsk: Wydawnictwo Uniwersytetu Gdańskiego, 2011, s. 31–32; *Mikiciuk E.* Dostojewski i ikona / *E. Mikiciuk* Symbol w kulturze rosyjskiej / Red. K. Duda, T. Obolewicz. — Kraków: Wydawnictwo WAM, 2010, s. 389–405. Очень точным представляется мнение Марьяна Броды: «Надо отметить, что динамика мировоззрения Ф. Достоевского развивается в рамках типичной для мифического мышления трехфазовой концепции времени, охватывающей: 1) первоначальное единение; 2) состояние отчуждения и внутренней раздвоенности и 3) повторное, но уже зрелое единение, обогащённое сознанием, обретён-

И всё же трактовку произведений Достоевского как «иконы» уже в силу самой её оппозиционности полифонии Бахтина следует понимать с некой долей научного скептицизма. Достаточно критично в контексте книги Хенрика Папроцкого о Достоевском высказывается, например об этой научной позиции, Януш Добешевский,[156] приводя в пример Игоря Евлампиева, который выявляет в мировоззрении писателя экзистенциальное начало, и в частности, указывает на экзистенциальность концепции писателя.[157]

В свою очередь, по мнению польской исследовательницы Эльжбеты Микицюк, концепция иконичности Касаткиной не только является «неубедительной»,[158] но и сама её научная позиция довольно догматична. В работах о Достоевском альтернатива — или слово, или образ — не выглядит столь уж очевидной, как это внушается сторонниками отмеченного выше нового направления в изучении Достоевского и его своего рода «возвращения к иконе».[159]

Данные предпосылки позволяют поставить вопрос, а не слишком ли рано распрощались с Бахтиным? Пусть для Игоря Евлампиева эта методология утратила свою прежнюю жизнеспособность,[160] но остаётся открытым вопрос, она действительно полностью себя исчерпала? Вопрос об актуальности подхода Бахтина требует его валоризации не только с точки зрения значения в теории литературы и культуры, но и заключённого в ней огромного философского потенциала, продолжающего сохранять своё воздействие.[161] Подобное убеждение

ным во второй период». — См.: *Broda M.* «Zrozumieć Rosję»? O rosyjskiej zagadce-tajemnicy. — Łódź: Wydawnictwo Naukowe, 2011, s. 153.

[156] *Dobieszewski J.* Fiodor Dostojewski. Kilka uwag / *J. Dobieszewski* Absolut i historia. W kręgu myśli rosyjskiej... S. 95 (и далее).

[157] *Евлампиев И. И.* Достоевский и начало европейского экзистенциализма. http://hpsy.ru/authors/x714.htm

[158] *Mikiciuk E.* Dostojewski i ikona / *E. Mikiciuk* Symbol w kulturze rosyjskiej... S. 390.

[159] *Zeidler-Janiszewska A.* O tzw. zwrocie ikonicznym we współczesnej humanistyce. Kilka uwag wstępnych // Dyskurs. — Wrocław, 2006. — T. 4.

[160] *Евлампиев И. И.* Личность как Абсолют / *И. И. Евлампиев*. Метафизика Ф. Достоевского...

[161] Ja — Inny. Wokół Bachtina. Antologia / Red. Danuta Ulicka. — Kraków: Universitas, 2009, t. 1–2. Patrz rozdział: Tu es ergo sum.

выражает Януш Добешевский, которое во многих случаях действительно пересекается с критичными — в отношении методологии Бахтина — воззрениями Евлампиева, но вместе с тем считает, что хоть «мода „на Бахтина“ с начала 90-х годов несколько ослабла, в то же время заметно, что далеко не все возможности, заключённые в его концепции, себя реализовали, в частности, там, где речь идёт о философской проблематике и возможностях философской интерпретации».[162] И это, полагает он, «позволяет в будущем ожидать некоего „ренессанса Бахтина“».[163]

Аналогичным представляется и мнение Михала Крушельницкого, который, определяя своё отношение к польским и российским полемикам вокруг Бахтина в последние годы (в Польше — это Е. Бальцежан, А. Вожьный; в России — В. Е. Ветловская, С. Бочаров), пишет: «Мне всё же кажется, что бахтиновское направление по-прежнему более всего подходит под интерпретацию творчества автора „Преступления и наказания“».[164]

Идеи Бахтина предстают в совершенно новом ракурсе в статье русского философа Руслана Лошакова. Работая над выявлением и описанием взаимосвязей **смысл — речь — Другой**, учёный пришёл к выводу, что именно пространство бахтинского диалога позволяет описать внелингвистическое измерение языка: «Мы встречаемся здесь с разработанной М. М. Бахтиным идеей диалога, всю глубину и смелость которой нельзя оценить в полной мере, если не учитывать при этом всю степень её разрыва с рационалистической семантикой, содержащей в себе то молчаливое допущение, что язык, в силу нейтральности своих знаков, должен давать по возможности ясную, незамутнённую картину реальности». Отсюда, считает он, утверждаемый Бахтиным «приоритет Речи над Языком, диалогики над лингвистикой, высказывания над предложением».[165]

---

[162] *Dobieszewski J.* Fiodor Dostojewski. Kilka uwag / *J. Dobieszewski* Absolut i historia. W kręgu myśli rosyjskiej... S. 87.

[163] *Ibid.*

[164] *Kruszelnicki M.* Dostojewski. Konflikt i niespełnienie. — W-wa: Wydawnictwo Naukowe Scholar, 2017. Formaty: PDF.

[165] *Лошаков Руслан.* Смысл как событийность языка (Диахрония и метафизика Нового времени). // Мера Вещей. Человек в истории европейской мысли. ИФ РАН, изд. «Аквилон», 2015.

«УСЛЫШАТЬ ГОЛЯДКИНА»:
ОБЩИЙ ЗАКОН ТВОРЧЕСТВА ДОСТОЕВСКОГО

Учитывая обрисованную выше полемику вокруг Бахтина, стоит привлечь высказывания знаменитого историка философии, автора монографии о Вл. Соловьёве, Гоголе и Достоевском, Константина Мочульского, который, будучи далёким от занятий поэтикой или теорией литературы, написал просто и ясно: «Герои Достоевского рождаются из речи — таков общий закон его творчества».[166]

Для аргументации своих мыслей автор обращается к выявлению генезиса героя «Двойника» и связанных с ним обстоятельств. При этом он исходит из свидетельств самого писателя, который в письме к брату Михаилу откровенно пишет, что, создавая образ Голядкина, он упражнялся в «выговаривании» своего Голядкина.[167] В этой повести, по наблюдениям Мочульского, «вживание в слог персонажа доходит до одержимости».[168] Достоевский признаётся: «Я теперь настоящий Голядкин».[169] В эстонском Ревеле (с 1918 г. Таллин) — городе, где жил брат писателя, и где в 1845 году Достоевский начинает повесть «Двой-

---

Приведём ещё один, по нашему мнению, очень точный вывод, сделанный Р. Лошаковым, согласно которому работа Бахтина «К философии поступка» «до сих пор воспринимается как маргинальный текст по отношению к магистральным произведениям Бахтина, в которых излагается концепция диалога и карнавальной культуры. Однако этот текст, в котором Бахтин излагает свою „первую философию", является онтологическим обоснованием идеи диалога, в отрыве от которого эта идея впадает в ложное, культурно-историческое, истолкование», — что мы сегодня и наблюдаем — добавим от себя». См. *Лошаков Руслан*. Герменевтика поступка («Первая философия» М. М. Бахтина)./ Русское Зарубежье: Антология современной философской мысли — Бостон: «M•Graphics», 2018

[166] *Мочульский К.* Достоевский. Жизнь и творчество. С. 37.

[167] *Там же.*

[168] *Там же.*

[169] «Как Девушкин в „Бедных людях", так и герой нового произведения Голядкин, возникает и вырастает из словесной стихии. Писатель должен сначала усвоить интонации своего персонажа, проговорить его про себя, вникнуть в ритм его фраз и особенности словаря, и только тогда он увидит его лицо. Герои Достоевского рождаются из речи, — таков общий закон его творчества». — *Там же.*

ник», её автор, по утверждению Мочульского, говорил именно с «голоса Голядкина». После таких его «разговоров» с Голядкиным он создавал уже само произведение (в Петербурге),[170] но прежде, чем он увидел «лицо» своего героя, Голядкин явился ему во всей своей стати, и Достоевский, согласно его собственным словам, просто с ним «разговаривал». Анализ Мочульского, представляется, однозначно работает в пользу не образно-воображаемого, а устно-голосового генезиса героев Достоевского — в русле «общего закона его творчества».[171]

Взгляд Константина Мочульского усиливается позицией современного русского литературоведа и философа Юрия Карякина. По его мысли, «голос» — принцип эстетики Достоевского. «Д. Мережковский прав: у Толстого лучше, больше видишь, а у Достоевского — слышишь…».[172] Карякин считает, что «у Достоевского небывало повышенное, экстраординарное внимание к звучащему живому слову прозы», и «слово у него не просто слово-знак, а слово-звук, слово-нота, слово-аккорд».[173] Карякин напоминает: «Но ведь вначале было слово», а пока шёл «исторический процесс обеззвучивания слова при чтении»,[174] люди «научились видеть слово глазами»,[175] тогда как до этого тексты читались вслух. Развитие письменности привело, однако, к тому, что «глаз убил ухо».[176]

Первенство живого слова над «словом-знаком» Карякин обосновывает творческой практикой Достоевского, который во множестве создавал высказывания своих героев именно на голосе. По мнению исследователя, эта *звучность, фонетичность* являются не только фундаментальным элементом мира, представляемого в произведениях Достоевского,[177] но и характер-

---

[170] *Там же.* С. 37.
[171] *Там же.*
[172] *Карякин Ю. Ф. Достоевский и канун XXI века.* — М.: Советский писатель, 1989, с. 385.
[173] *Там же.* С. 385–386.
[174] *Там же.* С. 386.
[175] *Там же.*
[176] *Там же.*
[177] Карякин обращает внимание на знаменательное для всей эстетики Достоевского признание Рогожина, когда в разговоре с князем Мышкиным он говорит: «Я твоему голосу верю, как с тобой сижу». — Там же. С. 386.

ной чертой его таланта. Примечательно, полагает Карякин, что писатель, начиная с октября 1866 года, большую часть своих сочинений стал надиктовывать Анне Григорьевне.[178]

Если же прибегнуть к другому научному языку, и эту проблему ввести в другой идейный контекст — феноменологии, психоанализа или теории дискурса М. Фуко,[179] можно сказать, что писатель мыслил речью, то есть мыслил также о том, что «немыслимо»,[180] и это находит своё проявление в речи. В свою же очередь, учит современный последователь классического фрейдовского психоанализа Жак Лакан, речь выражает больше, чем только сознание и мысль, поскольку она погружена в подсознание.[181]

Руководствуясь этим утверждением, для поддержки представленных тут тезисов приведём слова Достоевского, что «можно очень много знать бессознательно».[182] В соответствии с выводами Мочульского, идущими тут — nolens volens (лат.) — *хочешь – не хочешь* — в поддержку концепции Бахтина и его методологии, получается, что в представленном мире Достоевского всем управляет не образ, а речь, слово, тотальностью становится то, что «вы-сказано», а это значит, что тотальность

Подобная «голосовая» сцена имеет место и во время разговора Рогожина в его доме, когда тот обращается к князю Мышкину, и чтобы подчеркнуть весомость своего вопроса, пользуется союзом *что*: «А чтс, Лев Николаич, давно я хотел тебя спросить, веруешь ты в бога иль нет?» — См.: *Достоевский Ф. М.* Идиот / Указ. соч. — Т. 8, с. 181. В связи с этой проблемой см. также в настоящей работе раздел: Tu es ergo sum, s. 179–212.

[178] *Карякин Ю. Ф.* Достоевский и канун XXI века. С. 386.

[179] *Фуко М.* Порядок дискурса. — Воля к истине: по ту сторону знания, власти и сексуальности. Работы разных лет / *М. Фуко.* — М.: Касталь, 1996.

[180] *Фуко М.* Cogito и немыслимое / *М. Фуко.* Слова и вещи. — СПб.: A-cad, 1994, ч. 2, с. 343–349.

[181] Как утверждает психоаналитическая теория языка, истинность данного слова является проблемой не его «приспособляемости к вещи, а возможностью его достижения голосом, которая предоставляет слово тому, что по сути своей невысказываемо. Таким способом язык обнаруживает свою «бессознательную» монолитную интенцию». — См.: *Ланг Х.* Язык и бессознательное. Основы психоаналитической теории Жака Лакана. Цит. по: *Lang H.* Język i nieświadomość. Podstawy teorii psychoanalitycznej J. Lacana / Przeł. P. Piszczatowski. — Gdańsk: Wydawnictwo Słowo / Obraz / Terytoria, 2005, s. 92. См. также: *Gloy K.* Teoria Moi i Je Jacquesa Lacana / Wprowadzenie do filozofii świadomości. Problematyka i historia zagadnienia świadomości oraz samoświadomości / Przeł. T. Kubalica. — Kraków: WAM, 2009.

[182] *Достоевский Ф. М.* Злас. Дневник писателя 1873 / Указ. соч. — Т. 21, с. 38.

дискурса предшествует любому присутствию, обретающему реальность. Тот, кто хочет в таком дискурсе подать «голос», должен вписать его в то, что уже было «вы-сказано», произнесено, и никогда не начинать своей проблемы ex nihilo (лат.) — *из ничего*. Его «голос» идёт всегда из глубины и находится в контексте произнесённого, притом, что совершенно ясно: речь идёт о языке в приведённом выше лакановском значении, то есть на уровне как того, что осознаваемо, так и того, что бессознательно или ещё не осознанно.

РЕАЛИЗМ ДОСТОЕВСКОГО

Мир Достоевского, пишет В. Зеньковский, характеризует аутентичность, многомерность, «сложность и глубина».[183] И, однако, положительные черты писательской манеры Достоевского широкой читательской аудиторией не всегда были оценены и восприняты по достоинству. Писателю не раз предъявляли претензии в отсутствии подлинного реализма, а герои его сочинений обычному читателю представлялись даже карикатурными.[184] Они прямо писали, что нет ни таких героев, ни описываемых ситуаций, в которые их ставит писатель.[185]

Более того, речь на *посредственных* читателях не заканчивается. Даже такой доброжелательный в отношении автора «Идиота», как Бердяев, сопоставляя его творчество с творчеством Толстого, перечисляет пункт за пунктом слабости писательской манеры Достоевского. «Романы Толстого, самые, быть может, совершенные из всех когда-либо написанных, дают такое ощущение, как будто бы сама космическая жизнь их раскрыла, сама душа мира их написала, — замечает Бердяев. — У Достоевского нельзя найти таких вырванных из жизни, ре-

---

[183] *Зеньковский В.* История русской философии. С. 474.

[184] *Зёрнов Н. М.* Достоевский / Н. М. Зёрнов. Три русских пророка... С. 203.

[185] О таком понимании реализма Достоевский писал: «Реализм есть ум толпы, большинства, не видящий дальше носу, но хитрый и проницательный, совершенно достаточный для настоящей минуты. Оттого он всех увлекает и всем нравится, всем по плечу». — См.: *Достоевский Ф. М.* III. Записная тетрадь 1864–1865 гг. / Указ. соч. — Т. 20, с. 182.

альных людей в плоти и крови».[186] Усматривая гениальность Достоевского в его способности углублять тайники души человека, Бердяев в то же время признаёт, что у писателя «слишком многое притянуто для целей антропологического эксперимента».[187] «Фабулы романов Достоевского неправдоподобны, лица нереальны, столкновение всех действующих лиц в одном месте и в одно время всегда невозможная натяжка».[188] Далее Бердяев утверждает, что «все герои говорят одним языком, временами очень вульгарным, некоторые места напоминают уголовные романы невысокого качества. И лишь по недоразумению фабулы этих романов-трагедий могли казаться реалистическими. В этих романах нет ничего эпического, нет изображения быта, нет объективного изображения человеческой и природной жизни».[189]

Подобные претензии высказывались писателю ещё при его жизни. Сам же он, казалось, не сильно принимал их на свой счёт. Уверенный в правдивости своего видения действительности, в письме к Константину Победоносцеву от 19 мая 1879 года Достоевский сообщал следующее, имея в виду «Бесов»: «Меня многие критики укоряли, что я вообще в романах моих беру будто бы не те темы, не реальные и проч. Я, напротив, не знаю ничего реальнее именно этих вот тем...».[190]

Без сомнений видение Достоевским действительности нельзя подвести ни под какое из направлений романа XIX века ни в России, ни в Европе. Это не реализм, хоть он и кажется писателю стилистически близким, ни, тем более, получивший распространение благодаря Эмилю Золя натурализм. Оба этих направления утрачивают то, что тут даётся физически, ощутимо, «по существу», если можно так сказать, со всей очевидностью, самым подлинным образом, хоть и скрыто это познавание действительности, то есть видение чувственного постижения

---

[186] *Бердяев Н. А.* Откровение о человеке в творчестве Достоевского. — М.: T8RUGRAM, 2018, с. 7–8.

[187] *Там же.*

[188] *Там же.*

[189] *Там же.*

[190] *Достоевский Ф. М.* Письма 1878–1881 <Письмо 784 К. П. Победоносцеву> / Указ. соч. — Т. 30, кн. 1, с. 66.

реальности не только в её телесном, ощутимом восприятии, но и в её духовном, осязаемо невидимом понимании. Как прекрасное для Достоевского дело понял это упоминаемый уже нами св. Иустин (Попович): «На самом деле, ничто не является столь метафизическим, как физическое. В переводе на язык Достоевского это бы гласило: нет ничего фантастичнее действительности, реальности. Корни любого физического процесса всегда остаются сокрытыми в метафизической сущности космоса».[191]

По мнению Николая Зёрнова, «герой **Достоевского**, в сравнении с героями произведений других авторов, кажется, имеет **четвёртое измерение**»[192] (выделено Н. З.). Именно эта особенность и позволяет решить проблему в восприятии столь многоуровневого сочинения. И точно так же, как не без трудностей понимался мир писателя в его, если можно так сказать, трёхмерном повествовательном пространстве, то есть одновременно нарративном, фабулярном и нередко наводящем на мысль о криминальных романах, столь же часто читатели не в состоянии были передвигаться в «четвёртом измерении» — его «фантастического реализма».[193] Можно рискнуть утверждением, что Достоевский видел мир

---

[191] Попович *Иустин (преподобный)*. Философия и религия Ф. М. Достоевского. — Перевод докт. филол. наук, проф. И. А. Чароты. — Минск: Издатель Д. В. Харченко, 2007, с. 10.

[192] *Зёрнов Н.* Три русских пророка: Хомяков. Достоевский. Соловьёв. — М.: Московский рабочий, 1995, с. 98.

[193] По наблюдениям русского исследователя Карена Степаняна, под конец жизни, обдумав суть своего творческого метода, Достоевский написал: «Меня зовут психологом. Неправда. Я лишь реалист в высшем смысле, — то есть изображаю все глубины души человеческой». Но только как понимать этот реализм «в высшем смысле»? Об этом продолжаются споры, начиная с мыслителей Серебряного века и до наших дней. Определение «реализм в высшем смысле» (а не в формуле «фантастического реализма», которого, как подчёркивает К. Степанян, в тексте Достоевского нигде нет) усматривается лишь в творческом методе писателя и даёт ключ к пониманию его творчества в целом. См.: *Степанян К. А.* Что такое реализм и был ли Достоевский реалистом? / *К. А. Степанян.* Явление и диалог в романах Ф. М. Достоевского. — СПб.: Крига, 2010, с. 3; *Степанян К. А.* Сущность и основные принципы «реализма в высшем смысле» / *К. А. Степанян.* Явление и диалог...; *Степанян К. А.* Сознать и сказать. «Реализм в высшем смысле» как творческий метод Ф. М. Достоевского. — М.: Раритет, 2005.

как бы в нескольких измерениях сразу, в разных планах, из которых физический план был единственной точкой отсчёта, сетью, заброшенной в самую суть бытия, а не как таковой сетью, и то, что было первопланово для многих читателей, да и для него самого, было единственным фоном в его метафизических и антропологических исканиях и экспериментах. Вот почему к реализму голых фактов, как и к натурализму Золя, он испытывал отвращение.[194]

Он писал в Дневнике писателя: «„Надо изображать действительность как она есть", — говорят они, тогда как такой действительности совсем нет, да и никогда на земле не бывало, потому что сущность вещей человеку недоступна, а воспринимает он природу так, как отражается она в его идее, пройдя через его чувства; стало быть, надо дать поболее ходу идее и не бояться идеального».[195] Если же речь идёт о понимании реализма, то в одном из его писем мы читаем: «У меня свой собственный взгляд на действительность (в искусстве), — писал Достоевский Н. Страхову от 26 февраля (10 марта) 1869 года, — и то, что большинство называет почти фантастическим и исключительным, то для меня иногда составляет самую сущность действительного. Обыденность явлений и казённый взгляд на них, по-моему, не есть ещё реализм, а даже напротив».[196]

ФИЛОСОФИЯ ДОСТОЕВСКОГО?

Мы рассуждали о философских аспектах творчества Достоевского. А сейчас хочется задать такой вопрос: существует ли в широко понимаемом смысле философия писателя?

---

[194] В письме писателя к А. Г. Достоевской от 15 (27) июля 1876 года читаем: «Подписался в библиотеке для чтения (жалкая библиотека), взял Zola, потому что ужасно пренебрегал за последние годы европейской литературой, и представь себе: едва могу читать, такая гадость. А у нас кричат про Zola как про знаменитость, светило реализма». — См.: *Достоевский Ф. М.* Письма 1875–1977 <Письмо 630> / Указ. соч. — Т. 29, кн. 2, с. 100.

[195] *Достоевский Ф. М.* Дневник писателя <1873. IX. По поводу выставки> / Указ. соч. — Т. 21, с. 75.

[196] *Достоевский Ф. М.* Письма / Указ. соч. — Т. 29, кн. 1, с. 19.

Такой вопрос ставился учёными в России, Польше (в частности, Збигнев Жакевич[197]) и в других странах. Итак, последуем за специалистом по творчеству Достоевского отцом Томашем Подзяво, который просто задался вопросом: «Был ли Достоевский философом?».[198]

Ответ не покажется ни таким же простым, ни очевидным — не только в свете проведённого анализа его творчества, но и в отношении глубоко духовной позиции писателя, который защищался, как мог, от любых универсальных квалификаций и попыток идейных классификаций. В этом смысле можно сказать, что у него не только не было своей собственной философии, но он принципиально отказывался от каких бы то ни было поползновений на любую философскую идентификацию, и приписывать его идеи каким-либо кодифицированным философским системам, а такие попытки не раз предпринимались в истории исследования его наследия, было бы, пожалуй, самой плохой услугой, какую можно оказать памяти писателя и его сочинениям. Тут стоит привести один основополагающий и не раз нами применяемый аргумент, а именно тот, что мир, в котором были высказаны его идеи, — не сфера окаменелых систем мысли, а живой мир «борьбы идей».[199]

Как пишет Георгий Фридлендер, «художественный мир Достоевского — это мир, который, так же, как и сам его творец, — „весь борьба“», следовательно, — «мир мысли и напряжённых исканий»,[200] а не законченных философских концептов и идейных формул.

Словно подтверждая эту позицию, видный польский писатель и знаток русской культуры Станислав Мацкевич Цат подчёркивает, что «Достоевский — не служитель пропаганды, а великий художник, при этом столь же великой динамичности. У него тезис воюет с антитезисом, как два борца на равных. Достоевский — не бездарный ритор, у которого тезис с самого на-

---

[197] *Żakiewicz. Z.* Dostojewski na tle prądów filozoficznych epoki / Znak. — Kraków, 1960, № 7–8, s. 1019–1025.

[198] *Podziawo T.* Czy Dostojewski był filozofem? — *Ibid*, s. 1026–1028.

[199] *Фридлендер Г.* В борьбе идей / *Г. М. Фридлендер.* Достоевский и мировая литература. — С. 9.

[200] *Там же.* С. 15.

чала говорит одни мудрости, тогда как антитезис — одни глупости. У Достоевского тезис с антитезисом сомкнуты в смертельном поединке равных друг другу по силе борцов. Публицистика или дидактика, пусть самая благороднейшая, не разрушат художественного образа, а значит, и образа сцепившихся в схватке борцов со всем напряжением сил».[201]

В самой речи его мысль, как и мысль его героев, — антитетична и антиномична,[202] а у того, что позитивно, всегда есть свой негативный эквивалент и антагонист, как и наоборот.[203]

Оставив в стороне вопрос о том, была ли у Достоевского своя собственная философия и как её следует понимать, мы можем быть уверены в одном: с одной стороны, у него была «*своя мысль*»,[204] свои «прочные, выжитые им убеждения, которые он, при всех свойственных ему противоречиях и колебаниях, стойко отстаивал и защищал»,[205] а с другой — вопреки мнениям об идейной жёсткости позиции писателя,[206] в своём «диалогизме»

[201] *Mackiewicz Stanisław* (Cat). Dostojewski. — London: Puls, 2013, s. 118–119.

[202] *Евлампиев И. И.* Антиномичность человека («Двойник», «Неточка Незванова») / *И. И. Евлампиев.* Философия человека в творчестве Ф. Достоевского (от ранних произведений к «Братьям Карамазовым»). — СПб.: РХГА, 2012, с. 104.

[203] *Яковенко Б. В.* История русской философии / Пер. с чешского М. Ф. Солодухиной. — М.: Республика, 2003, с. 308.

[204] *Фридлендер Г. М.* Достоевский в эпоху нового мышления / Достоевский. Материалы и исследования / Ответ. ред. Г. М. Фридлендер. — Л.: 1991, Т. 9, с. 6.

[205] *Там же.*

[206] Примеры можно приводить без счёта — как из польского, так и из зарубежного литературоведения. Ограничимся лишь одним из них: Яцек Углик ставит под сомнение диалогизм сочинений писателя в бахтиновском значении, он обращает внимание на догматичность самой позиции Достоевского по ключевым проблемам идейной или философской природы. По мнению польского исследователя, повсеместно принятому тезису, обязанному главным образом работам Бахтина о полифоничности и диалогичности произведений Достоевского, следует открыто противопоставить другой, что он и делает в своей книге. Как своеобразное поле экспликации для изложения своей научной мысли учёный привлекает в свою мастерскую вопрос об отношении писателя к либеральной демократии западной культуры, католичеству, к другим национальностям и прежде всего — к полякам и евреям. Выявляя монологичность и замкнутость мыслительной парадигмы Достоевского, исследователь скрупулёзно ищет и находит доказательства такой позиции, привле-

он старался «понимать людей разной мысли и разного жизненного опыта».[207]

Такого рода позиция ведёт к тому, что, задаваясь вопросом о философском мировоззрении писателя, — пусть о нём столько написано, прибегая к схематичным и повторяющимся из раза в раз определениям и категориям, таким, например, как экзистенциализм, персонализм, консерватизм, «пре-фройдизм», а также монархизм, антилиберализм и т.д., не менее трудно рискнуть на унификацию формулировок его мысли. Ибо Достоевский — среди тех, кто спрашивает, а не поучает, он всё время разговаривает со своими героями, ведёт с ними диалог, никогда себя особо не выделяя, не являясь правым — он не знает, как может быть на самом деле. И если, к примеру, как пишет известный русский семиотик Владимир Топоров, «в романах Толстого автор находится *над* героями, скрепляет их своей последней и всеведающей волей, то в романах Достоевского автор *внутри* героев».[208]

В мире, который создаёт Достоевский, нет позиций выделяющихся и открыто запечатлевающих вопреки широко распространённой в исследованиях о его творчестве тенденции, что в его мире нет ничего постоянного, окончательного, и нельзя поймать писателя «на слове», «за руку». Возможно потому, что, в отличие от Ницше, с которым его многое объединяет, а вместе с тем и разъединяет,[209] и с которым, как говорит Лев Шестов, они, как близнецы-братья, при удобном случае сце-

---

кая в качестве иллюстраций к сделанным им выводам как литературные сочинения писателя, так и его письма, Дневник писателя, личные свидетельства его современников. См.: *Uglik J.* Dostojewski, czyli rzecz o dramacie człowieka. S. 121–122.

[207] *Фридлендер Г. М.* Достоевский в эпоху нового мышления / Достоевский. Материалы и исследования... С. 6.

[208] *Топоров В. И.* Поэтика Достоевского и архаические схемы мифологического мышления («Преступление и наказание») / *В. И. Топоров.* Миф. Ритуал. Символ. Образ. — М.: Издательская группа «Прогресс – Культура», 1995, с. 4.

[209] *Фридлендер Г.* Достоевский и Ф. Ницше / *Г. Фридлендер.* Достоевский и мировая литература. — М.: Худож. лит., 1979, с. 214–254.

пились бы,[210] хорошей книги о Достоевском нет и, быть может, не будет никогда.

«НАЙТИ В ЧЕЛОВЕКЕ ЧЕЛОВЕКА»

Достоевский — философ человека и, по выражению Бердяева, — «великий антрополог».[211] Бердяев отмечает, что в творчестве этого писателя «нет ничего, кроме человека».[212] «Человек, — пишет Бердяев, — для Достоевского выше всякого дела, он сам и есть дело»,[213] и далее уточняет: «...есть великое дело, величайшее из дел». Оценивая философское творчество Достоевского, Василий Зеньковский выявлял в нём несколько исходных точек, однако решающей была проблема человека.[214] Для Достоевского, утверждает Джеймс Скэнлан, о чём бы он ни писал, цель его всегда остаётся одной и той же: «найти в человеке человека».[215]

На тему «Достоевский» написано столько, что, как заметил с присущей ему широтой Герман Гессе, тут и вправду «трудно сказать что-нибудь новое».[216] И если, однако, обратиться не к литературе о Достоевском, а к тем переменам, которые нашли своё проявление в парадигмах понимания и постижения физического мира в том значении, каким человеческий мир был запечатлён этим писателем, его роль в литературе

---

[210] «И точно, если людей сближает, роднит не общность происхождения, не совместное жительство или сходство характеров, а одинаковость внутреннего опыта, то Ницше и Достоевский без преувеличения могут быть названы братьями, даже братьями-близнецами. Я думаю, что если бы они жили вместе, то ненавидели бы друг друга той особенной ненавистью, которую стали питать один к другому Кириллов и Шатов (в «Бесах») после совместного американского путешествия, во время которого им пришлось впроголодь пролежать вместе четыре месяца в сарае». — См.: *Шестов Л.* Достоевский и Ницше (философия трагедии) / Л. Шестов. Сочинения в 2 тт. — М.: Раритет, 1995, гл. 1, с. 230.

[211] *Бердяев Н. А.* Откровение о человеке в творчестве Достоевского... С. 40.

[212] *Там же.* С. 41.

[213] *Там же.* С. 42.

[214] *Зеньковский В. В.* История русской философии... С. 484.

[215] *Скэнлан Дж.* Введение. Философия Достоевского... С. 15.

[216] *Гессе Г.* О Достоевском. http://www.hesse.ru/books/articles/?ar=43

и философии можно сопоставить только с тем вкладом, какой внёс в науку Альберт Эйнштейн,[217] представив в своей общей теории относительности новый образ мира, совершенно отличный от классической ньютоновской модели. Достоевский предложил именно новый — *неклассический* — образ человека. Неслучайно великий физик и математик говорил, что Достоевский «даёт ему больше, чем любой учёный, больше, чем Гаусс».[218] И неспроста он определяет поиски писателя как новую, «неклассическую» метафизику человека.[219]

ТОТ, КТО ВСЕГДА «СТОИТ ПЕРЕД НАМИ»

Сто лет тому назад Вячеслав Иванов написал, что творчество Достоевского — это роман-трагедия.[220] Его мысль совершается в виде драмы:[221] от Эсхила до Клейста, и драма эта, по словам Юзефа Тишнера, есть человек — единственная его тема. И уточняет: «Со встречи начинается драма», ссылаясь на пример встречи Раскольникова с Соней.[222]

---

[217] *Эйнштейн А.* Мир, каким я его вижу. — Вестник онлайн, № 1(260), 2 января, 2001. См. также: *Гейзенберг В.* Физика и философия. Часть и целое / Пер. с нем. В. В. Бибихина. — М.: Наука, 1990.

[218] Einstein — Einblicke in seine Gedankenwelt: Biografie eines /Jahrhundertgenies (German Edition) Format Kindle edition by Moszkowski Alexander.

[219] *Евлампиев И. И.* Достоевский на пути к новой метафизике человека / И. И. Евлампиев. Становление европейской неклассической философии во второй половине XIX — начале XX века. — СПб.: Изд-во С.-Пб. ун-та, 2008.

[220] *Иванов В. И.* Достоевский и роман-трагедия / В. И. Иванов. Родное и вселенское / Сост., вступ. ст. и прим. В. М. Толмачёва. — М.: Республика, 1994, с. 282.

[221] Вячеслав Иванов, пишет Фёдор Степун, «убедительно доказал, что романы Достоевского по своей внутренней структуре являются не эпическими произведениями, а трагедиями, так как Достоевский, как и все великие трагики, начиная с Эсхила и кончая Клейстом, занят не бытовой живописью и не психологическим анализом своих героев, а исключительно их судьбами: вечной борьбой Бога и дьявола в сердце человеческом. Поэтому считать Достоевского эпиком-романистом можно, только исходя из совершенно второстепенных признаков его творчества, из отсутствия подразделения романов на акты и сцены и сценического диалога в них». См.: *Степун Ф. А.* Миросозерцание Достоевского... С. 50.

[222] *Тишнер Юзеф.* Избранное. Т. 1. Мышление в категории ценности / Пер. с польск. Е. Твердисловой. — М.: Российская политическая энциклопедия, 2005, с. 393 (серия Книга света).

Есть мыслители, после ухода которых всё остаётся, как было до них. Но есть мыслители, после которых уже ничего не будет по-прежнему. Таким был Ницше. И таким был Достоевский. Название книги Джорджио Колли «После Ницше» (Giorgio Colli: Dopo Nietzsche) — не пустая фраза, а утверждение, что также, как мы находимся «после Ницше», мы точно так же находимся и «после Достоевского», и это отнюдь не тавтология. По словам русской исследовательницы Ольги Седаковой, «мы последостоевские люди».[223]

Вспоминаемый выше Вячеслав Иванов, один из перзых представителей Серебряного века, который, по существу, открыл автора «Идиота» как мыслителя, написал, что Достоевский представляется ему «наиболее живым из всех от нас ушедших вождей и героев духа»,[224] и что этот творец минувшей эпохи «вечно стоит перед нами».[225] Сегодня, уже войдя в новое тысячелетие, мы видим, что ситуация, по своей сути, совсем не изменилась.

Мы по-прежнему находимся лицом к лицу с парадоксом — то ли отстав, то ли забежав вперёд, и точно так же, как Достоевский возник и встал перед Ивановым и его эпохой, он и сейчас «стоит перед нами», нет, обгоняет нас, и не сдержать его шаг...

---

[223] *Седакова О.* Стихи. Переводы. Poetica. Moralia. Собрание сочинений в 4 тт. — М.: Университет Дмитрия Пожарского, 2010. — Т. 3 Поэтика, с. 377.

[224] *Иванов В. И.* Достоевский и роман-трагедия. С. 282.

[225] См. также: *Obolevitch T.* Dostojewski jako metafizyk. S. 67.

Художественная христология

Искусство всегда современно и действительно,
никогда не существовало иначе, и,
главное, не может иначе существовать.

Ф. М. Достоевский

...не изображай Христа; ибо довольно
для Него одного уничижения — воплощения,
которое Он добровольно принял ради нас;
но умственно сохраняя в душе своей
носи бестелесное Слово.

Святитель Астерий Амасейский

«ИДИОТ» СЕГОДНЯ

Творчество Достоевского выражает себя во весь голос
не только в художественном и литературном планах, но
и в «богословском дискурсе»[226] тоже, утверждает современный
русский исследователь Владислав Бачинин. Аналогичное наблюдается и в христологии. Однако сам голос тут весьма своеобра-
зен. Не менее точно ещё одно наблюдение Бачинина, которое он
приводит, ссылаясь на известного специалиста по Достоевскому С. И. Фуделя: «...христианство Достоевского в искусстве — это
не речи проповедника».[227] Христология Достоевского — не одно
единственное направление, оно складывается из многих и разных направлений, и образ Христа в ней — как и в современной

---

[226] *Бачинин А.* Теология, социология и антропология литературы. (Вокруг
Достоевского). С. 150.

[227] Там же Бачинин ссылается на работу С. Фуделя. См.: *Фудель С. И.* Наследство Достоевского / *С. И. Фудель.* Явление Христа в современности
(Ф. М. Достоевский и Православие) / 3-е изд., исправ. и доп. / Сост., вступ.
и коммент. Л. И. Сараскиной. — М.: Русский путь, 2016, глава 5, с. 111.

науке и искусстве, например в *релятивистской* живописи Марка Шагала и Василия Кандинского, — это образ множества наложенных друг на друга направлений, и ни одно из них не выделяется специально.

Верно и замечание Бачинина, что «Достоевского можно считать создателем собственной художественной христологии. Он вынашивал замысел написать книгу об Иисусе Христе, но не успел реализовать его. И хотя его христология так и не достигла степени своего полного художественного осуществления, она представляет значительный интерес богатством задействованного в ней теологического и художественного материала».[228] Увиденный в таком ракурсе роман «Идиот» получает совершенно иной смысл, нежели в литературоведческом прочтении, и более наполненный, чем вопрос, например, о том, как интерпретировать главного героя романа,[229] что представляется вопросом иного типа, а именно: что хотел его автор сказать нам, людям сегодняшним,[230] людям, что называется, живущим

---

[228] *Бачинин В. А.* Литературно-эстетическая христология Достоевского. http://www.word4you.ru/publications/6979/.

[229] Достоевский, работая над романом о Христе в XIX веке, из которого он сделал эпилептика Мышкина, осознавал, что Им должен стать тот, кто не боится быть смешным. А потому «идиоту» Мышкину он находил антипода в «Дон Кихоте» Сервантеса. См.: *Przybylski R.* Fiodor Dostojewski // Literatura rosyjska. Podręcznik, t. 2 / Red. M. Jakóbiec. — W-wa: Państwowe Wydawnictwo Naukowe, 1971, s. 400–402. См. также: *Джоунс М.* К пониманию образа князя Мышкина / *М. Джоунс.* Достоевский. Материалы и исследования. — Л. 1976, т. 2, с. 106–112.

[230] З. Подгужец указывает на необходимость пересмотра христологии Достоевского — с точки зрения XXI века. Он считает, что именно с учётом интенций автора следует, например, заново прочитать появляющуюся в его сочинениях фигуру Христа. Мне представляется, что это стало доступным только теперь, когда мы располагаем соответствующими знаниями, то есть у нас есть возможность посмотреть на этот образ сквозь призму современной христологии и, например, глазами такого богослова, как Карл Ранер. Мы должны уяснить себе, что у Достоевского на страницах его сочинений появляется разный Христос: Христос, господствующий на Небесах, но равнодушный к страданию ребёнка, однако, вместе с тем, любящий этого ребёнка. Припоминается мне, например, его рассказик «Мальчик у Христа на ёлке».

Взятое в скобки страдание невинного ребёнка — одна из навязчивых тем Достоевского, все они требуют соответствующих пояснений. Далее существует в его микрокосмосе и Христос, живущий среди нас, то есть Лев Мышкин (ведь князь, согласно автору, и есть фигура Христа, что он неоднократно подчёркивает в своих записях к роману «Идиот»). Однако

в эпоху post mortem Dei — *после смерти Бога*?[231] Вопрос касается не проблемы существования Бога, а Его присутствия в мире,

как же он далёк от евангельского! Христос, желающий жениться, пусть он и любит всех, но как же Он заставляет их страдать! Почему Достоевский именно такой видел деятельность Христа на земле в современные ему времена? Что он хотел этим сказать читателям? Свою гипотезу, представляющую собой ответ на этот вопрос, даёт упоминаемая уже нами Касаткина, но очень осторожно. Вот и есть у нас Христос, не нужный миру, Христос из Легенды о Великом Инквизиторе. Думается, что эта проблема требует переосмысления и выявления христологии (заключённой в произведениях) Достоевского во всём её комплексе. См.: *Podgórzec Z., Gawryś C., Majewski J.* Pisarz na XXI wiek (rozmowa). — Więź, W-wa, 2000, № 3.

Из польских работ на эту тему см.: *Benedyktowicz W.* Ojcowie naszej współczesności: Dostojewski. — Rocznik Teologiczny, ChAT, 1972, № 2; *Kułakowska D.* Chrystologia Dostojewskiego. — Euhemer, 1976, № 3; *eadem*: U źródeł chrystologii Dostojewskiego. — Przegląd Humanistyczny, Wydawnictwa Uniwersytetu Warszawskiego, 1976, № 1; *eadem*: Dostojewski: dialektyka wiary i niewiary. — W-wa: Książka i Wiedza, 1981; *Dąbrowski W.* Chrystologia Dostojewskiego / Świdnickie Studia Teologiczne. — Wyższe Seminarium Duchowne Diecezji Świdnickiej, r. 5, № 5, 2008; *Przybylski R.* Chrystologia Dostojewskiego / *R. Przybylski.* Dostojewski i «przeklęte problemy». — W-wa: Wydawnictwo Sic, 2010, s. 153–175; *Michalska-Suchanek M.* Soteriologia Dostojewskiego / *M. Michalska-Suchanek.* Piętnaście odsłon Dostojewskiego. — Katowice, Stowarzyszenie Inicjatyw Wydawniczych, 2018. В интерпретациях христологии Достоевского подчёркиваются её связи с сочинениями Максима Исповедника и других Отцов Восточной Церкви, в основном, апофатического характера. Библиографию на тему русской христологии в целом и христологии писателя, в частности, предлагает К. Г. Исупов. См.: *Исупов К. Г.* Метафизика Достоевского. — М.: СПб. Центр гуманитарных инициатив, 2016, с. 24–26 (сноски), (Серия Humanitas). Анализ возможных контекстологических направлений в области исследований христологии писателя содержит работа О. В. Леушиной. См.: *Леушина О. В.* Христологический контекст творчества Ф. М. Достоевского в романе «Идиот». https://cyberleninka.ru/article/n/hristologicheskiy-kontekst-tvorchestva-f-m-dostoevskogo-v-romane-idiot.

[231] Именно в контексте заданной проблемы мы прочитываем сочинения Достоевского в книге: *Krasicki J.* Po «śmierci Boga». Eseje eschatologiczne. — Kraków: Wydawnictwo Homini, 2011. Также см.: *Manikowski M.* Post mortem Dei. Tractatus anthropologicus. — Kwartalnik Filozoficzny, Polska Akademia umiejętności. Uniw. Jagielloński, 2012, t. 40, z. 1. Вот характерный ответ известного современного польского философа религии и мысли теолога Я. А. Клочовского на вопрос: «Какая мысль Достоевского представляется Вам самой важной для нашего времени? — В мысли Достоевского самым важным я считаю образ человека post mortem Dei: он обнаруживает, что если в сознании человека умер Бог, человек перестаёт быть Подлинным Человеком (как гласит мысль Фейербаха), и в нём появляется бес. Говорят, что человек может стать человеком, если возьмёт свою судьбу в собственные руки, если сам будет решать, что добро, а что зло. А Достоевский говорит иначе: человек может быть человеком только тогда, когда

которому Он перестал быть нужным.[232] В этом пункте диагноз Достоевского сближается с диагнозом Ницше. По утверждению Витторио Поссенти, «Он не ушёл из мира по собственной воле — это субъект воли силы перестал в Нём нуждаться».[233] Неотвратимость подобной ситуации в истории Европы и предчувствовал Достоевский, о чём свидетельствует знаменитый диалог Кириллова со Ставрогиным: « — Он придёт, и имя Ему человекобог. — Богочеловек? — Человекобог, в этом разница».[234]

В данном контексте трудно не согласиться с утверждением Витольда Бенедиктовича, современного польского протестантского теолога, что Достоевский был действительно «отцом нашей современности».[235]

Увиденное с этой стороны идейное послание романа обретает новый — антропологический и богословский — смысл, а сам роман, ставя вопрос о возможности христианской епифании в современном мире, оказывается *эпохальным христианским романом* (наряду с «Доктором Живаго» Пастернака), по определению Ольги Седаковой.[236]

он идёт к Богу, обратная дорога приведёт его в ад. А промежуточных путей не существует». — *Dostojewski dzisiaj* / Ankieta przygotowana przez Zbigniewa Podgórca. — in «Znak», Kraków, 1981, № 1–2 (319–320), s. 16.

[232] Как пишет англиканский епископ, философ и библеист Джон А. Т. Робинсон, «нападки христианской апологетики на совершеннолетие мира я считаю, во-первых, бессмысленными, во-вторых, нечестными, в-третьих, нехристианскими. Бессмысленными — потому что они напоминают мне попытку отбросить ставшего мужчиной человека на стадию переходного возраста, т.е. навязать ему зависимость от тех вещей, от которых он фактически уже не зависит, ввергнуть его в гущу проблем, которые на деле уже перестали быть для него проблемами. Нечестными — потому что здесь стремятся использовать человеческие слабости ради чуждых, принудительно навязанных ему целей. Нехристианскими — потому что Христа подменяют определённой ступенью религиозности человека, то есть человеческим законом». — См.: *Робинсон Дж.* Быть честным перед Богом. — М.: Высшая школа, 1993, глава «Должно ли христианство быть религиозным?».

[233] Цит. по: *Possenti V.* Nihilizm teoretyczny i «śmierć metafizyki» / Przeł. J. Merecki. — Lublin: KUL, 1998, s. 43.

[234] *Достоевский Ф. М.* Бесы / Указ. соч. — Т. 10, с. 189.

[235] *Benedyktowicz W.* Ojcowie naszej współczesności: Dostojewski.

[236] *Седакова О.* Поэтика / Указ. соч. — Т. 3, с. 377.

«КНЯЗЬ ХРИСТОС». ИКОНА И ОБРАЗ

Одновременно с обозначением многомерного характера «Идиота» высвечиваются и трудности его интерпретации. По мнению современной русской исследовательницы Елены Новиковой, «роман Ф. М. Достоевского „Идиот“ в настоящее время находится в центре внимания науки о писателе. Но, несмотря на всю интенсивность и страстность современного процесса его изучения, он до сих пор остаётся самым „загадочным“ романом Достоевского. Данное определение стало сейчас уже практически устойчивым выражением, своего рода выводом из всего массива посвящённых ему работ».[237] «Такая герменевтическая „закрытость“ романа, — пишет Новикова, — оборотная сторона его же крайне высокой интерпретационной вариативности».[238]

Эта проблема в первую очередь касается образа главного героя — фигуры Христа в романе «Идиот»,[239] то есть князя Мышкина, что не раз подчёркивает автор в своих Записках и в письмах,[240]

---

[237] *Новикова Е. Г.* Введение. «Этот человек был раз взведён, вместе с другими, на эшафот» / *Е. Г. Новикова.* «Nous serons avec le Christ». Роман Ф. М. Достоевского «Идиот». — Томск: Изд-во Томского ун-та, 2016, с. 5 (в сноске 1 содержится обзор литературы на тему романа «Идиот»).
См. также: *Касаткина Т. А.* Роман Ф. М. Достоевского «Идиот»: современное состояние изучения // Сборник работ отечественных и зарубежных учёных. — М.: Наследие, 2001.

[238] *Новикова Е. Г.* Введение. «Этот человек был раз взведён, вместе с другими, на эшафот» / *Е. Г. Новикова.* «Nous serons avec le Christ». Роман Ф. М. Достоевского «Идиот».

[239] На тему названия романа см.: *Достоевский Ф. М.* «Идиот». Примечания / Указ. соч. — Т. 9, с. 363–367 и далее, а также письмо Майкову. — Там же. Т. 28, кн. 2, с. 241.

[240] «Главная мысль романа — изобразить положительно прекрасного человека. Труднее этого нет ничего на свете, а особенно теперь. Все писатели, не только наши, но даже все европейские, кто только ни брался за изображение *положительно* прекрасного, — всегда пасовал. Потому что это задача безмерная. Прекрасное есть идеал, а идеал — ни наш, ни цивилизованной Европы ещё далеко не выработался». — Цит. по: *Достоевский Ф. М.* Письмо 332. С. А. Ивановой <1/13 янв. 1868> / Указ. соч. — Т. 28, кн. 2, с. 251. И нечто подобное в письме к А. Майкову (31 дек./12 янв. 1868): «Давно уже мучила меня одна мысль, но я боялся из неё сделать роман, потому что мысль слишком трудная и я к ней не приготовлен, хотя мысль вполне соблазнительная и я люблю её. Идея эта — *изобразить вполне прекрасного*

с чем согласны все исследователи.[241] В современной литературе по данному предмету не прекращаются споры, в том числе
ведётся живая, открытая и напряжённая полемика о подлин-
ности епифании, и спектр оценок весьма широк. От позиций,
утверждающих, что писатель вводит Мышкина, чтобы через него устранить любую возможную фальшь в образе Христа, до точки зрения, согласно которой Мышкин и есть живой
Христос. От мнения, что Мышкин — это подмена Христа (Х.
Папроцкий[242]), то есть «фальшивая» икона, до «фальшивого

человека. Труднее этого, по-моему, быть ничего не может, в наше время
особенно. Вы, конечно, вполне с этим согласитесь. Идея эта и прежде
мелькала в некотором художественном образе, но ведь только в некотором, а надобен полный. Только отчаянное положение моё принудило
меня взять эту невыношенную мысль. Рискнул как на рулетке: «Может
быть, под пером разовьётся!» Это непростительно». — Цит. по: *Достоевский Ф. М.* Письма / Указ. соч. — Т. 28, кн. 2, с. 240–241. И хотя Достоевский,
как утверждает он в письме, не чувствовал в себе сил реализовать свой
план, но именно в Женеве в 1867 году он начал писать роман.

[241] Разве что за исключением В. Набокова, который в своих лекциях в Америке — их он читал как писатель, а не, как он сам о себе говорил, «академический профессор», — подчёркивал, что «Достоевский, так ненавидев-
ший Запад, был самым европейским из русских писателей. Интересно
проследить литературную родословную его героев. Его любимец, герой
древнерусского фольклора Иванушка-дурачок, которого братья считают
бестолковым придурком, на самом деле дьявольски изворотлив. Совершенно бессовестный, непоэтичный и малопривлекательный тип, олице-
творяющий тайное торжество коварства над силой и могуществом, Иванушка-дурачок, сын своего народа, пережившего столько несчастий, что
с лихвой хватило бы на десяток других народов, как ни странно — прото-
тип князя Мышкина, главного героя романа Достоевского «Идиот», положительного, чистого, невинного дурачка, источающего смирение, само-
отречение и душевный мир». См.: *Набоков В. В.* Лекции по русской литературе / Пер. с англ. А. Курт. — М.: Независимая газета, 1996, с. 182.

[242] *Paprocki H.* Myszkin jako «zamiana Chrystusa». Chrystus i książe tego świata. — Więź, 1982, № 6. Папроцкий прав, утверждая, что уже сама поста-
новка вопроса: Мышкин — это Христос есть святотатство и богословская
ложь. Он пишет, что Достоевский в своих Примечаниях к роману «Идиот»
назвал Мышкина «князь Христос». Такой титул, на первый взгляд лест-
ный для Мышкина, по сути своей оказывается богохульным. Как можно
назвать его Христом, если «один у вас Наставник — Христос» (Мф 23:10)
и тем более, как можно Христа назвать «князем», если он тогда привя-
зывает Его к дворянскому титулу Мышкина? А в последней редакции
и вовсе он назван «идиотом». Истоки этого названия — в греческом слове
idiótes (ἰδιώτης), что означает «специфический характер», «индивиду-
альная черта», человек с врождённой умственной отсталостью, юродивый: «Мы безумны Христа ради» (1 Кор 4,10). Во времена Средневековья «идиотом» часто называли человека не очень образованного, либо

романтического идеала» (Л. Зандер, П. Евдокимов[243]), и здесь, вполне возможно, могла найти выражение определённая дистанция писателя в отношении романтического идеала Шиллера,[244] эстетической романтической утопии и т.п. — вплоть до Мышкина как «образа Христа». Диапазон велик: от Мышкина как «фальшивого Христа», своего рода «Антихриста» — личности с «мрачной стороной»,[245] до Мышкина — «иконы». Прибавим к этому, что на трудности восприятия образа Мышкина указывает и сам писатель, который в своих Примечаниях к плану романа определял его оксюморонически: «князь Христос», ведь черты Того, кто говорит о Себе, «ибо Я кроток и смирен сердцем» (Мф. 11:29), совершенно сливаются с чертами «княжеской» личности.

Не стараясь разрешить задачу, какая из этих двух позиций вернее, попытаемся непредвзято подойти к этой проблеме, а для этого введём её в русский православный Sitz im Leben (нем. *местечко в жизни*).

Итак, каждому из этих прочтений Христа—Мышкина можно предъявить в той или иной мере оценку его «соответствия» или «несоответствия» исконному образу, но, представляется, сама оценка никак не вытекает ни из применяемых тут законов гер-

---

далёкого от «книжных мудростей», но при этом с идеальными чертами характера и глубоко духовного. В первоначальных редакциях романа Мышкин представляется фигурой, полной горделивости, духовным братом Раскольникова. Все эти черты исчезают в процессе работы над романом, и образ Мышкина в последней редакции начинает приближаться к «положительному герою», «идеальному» человеку, каким задумал его изобразить автор (*Достоевский Ф. М.* Письма. Письмо 332. С. А. Ивановой <1/13 янв. 1868> / Указ. соч. — Т. 28, кн. 2, с. 251). Можно отметить «загадочность» Мышкина («сфинкс» в Примечаниях), он — абсолютно невинный, напоминает Дон Кихота и святого. Следовательно, святой?». — См.: *Paprocki H.* Lew i mysz... S. 75

[243] «Мышкин, — пишет П. Евдокимов, — фальшивая икона, подделка, самое большее — портрет, не несущий в себе никакой силы». — См.: *Шпидлик Томаш.* Русская идея. Иное видение человека. — Интернет-издание: Издательство Олега Абышко, 2006, с. 169. См. также: *Špidlík T.* Myśl rosyjska. Inna wizja człowieka / Przeł. J. Dembska. — W-wa: Wydawnictwo Księży Marianów, 2000, s. 46.

[244] *Mikiciuk E.* Myszkin Lew / Идеи в России. Ideas in Russia. Idee w Rosji. Leksykon rosyjsko-polsko-angielski / Red. J. Dobieszewski. — Łódź: Wydawnictwo Ibidem, T. 8. 2014, s. 264.

[245] *Brzoza H.* Dostojewski. Między mitem, tragedią i apokalipsą... S. 220–221.

меневтики, ни из идейных или аксиологических предпочтений данного конкретного исследователя, ибо Достоевский, создавая своего Мышкина, находился, с одной стороны, под влиянием тогдашних источников — научных, богословских, библейских, философских, исторических, которые он изучал, а с другой — всё это время был мощно укоренён в идейные и духовные традиции православия. В таком контексте можно говорить, что, создавая фигуру Мышкина, он больше писал икону, чем образ своего героя, хоть и делал это пером, а не кистью. А икона — это окно в иной мир, но не его художественный образ. Стоит заметить, что икону на Руси называют также образом, но имеющим, кстати, совсем иной смысл. Известен, например, образ Спасителя, для многих верующих, особенно простых людей, икона была выражением лика Бога и святых, которые были им близки. В своём же написании образа князя Мышкина Достоевский больше руководствовался не столько изобразительным, сколько проникновенно интуитивным методом, приближавшим его к религиозному видению.

«ИКОНА И ТОПОР»

Если сосредоточиться на размышлениях Татьяны Касаткиной, изложенных ею в главе «Достоевский и философия», можно сделать вывод, что (в представленном исследовательницей значении) в своей неклассической, «новой метафизике человека»[246] Достоевский избирает путь исключительно «иконический».

Чтобы рассмотреть эту проблему более внимательно, обратимся к примечательному событию, а именно: в России вышла книга находившегося тут многие годы и преподававшего американского историка и русиста, бывшего директора Библиотеки Конгресса США Джеймса Биллингтона по истории русской культуры, которой он дал неслучайное название: «Икона и топор»:

---

[246] *Евлампиев И. И.* Достоевский на пути к новой метафизике человека / И. И. Евлампиев. Становление европейской неклассической философии во второй половине XIX — начале XX века. http://philosophy.spbu.ru/ userfiles/rusphil/3.pdf

См. также: *Исупов К. Г.* Метафизика Достоевского.

«Два артефакта, имеющих для русских непреходящее значение — икона и топор, — были выбраны в качестве названия. Два этих предмета традиционно висели рядом на стене крестьянской избы лесного русского Севера. <...> Они позволяют продемонстрировать одновременно Духовную и материальную ипостаси русской культуры».[247] Уже само сопоставление этих предметов становится символическим выражением восприятия *русской души*, то есть тут речь идёт о неразделимости человеческого и земного с Небесным и Божественным. Топор олицетворяет вовлеченность русского человека в земной порядок и верность родному краю, а икона — открытость трансценденции и Небу. И пусть нас тут не смущает некая ограниченность такого рода иконического пути — икона является крошечным физическим масштабом — наподобие окна в русской деревенской избе, на котором в зимнее время «генерал Мороз» рисует свои узоры, но именно оттуда открывается Бесконечность. И это действительное окно в другой мир, та часть жилого помещения, через которое не только проникает дневной свет, но и падает Свет из иного мира. А топор служит для работы в лесу, в тайге и для защиты от дикого зверя. Он незаменим в необъятных лесах на далёком Севере, и это он со времён Древней Святой Руси, подчёркивает Биллингтон, в определённом смысле и построил российскую цивилизацию.[248] Как таковой, он оказывается для неё одним из важнейших культурно-исторических знаков, став неотъемлемой частью «мифа России».[249] И если топор предназначен для того, чтобы вырубать «окно» в лесу, в земном пространстве, то икона, говоря метафорически, «вырубает» окно в иной мир. Константин Исупов говорит по поводу книги Биллингтона: коль скоро у русской души нет другого способа проникнуть в трансцендентный мир, ей ничего иного не остаётся, как вырубать топором окно именно в этом направлении.[250] То-

---

[247] *Биллингтон Джеймс X.* Икона и топор. Опыт истолкования истории русской культуры. Россия в поисках себя / Перевод с англ. В. Скороденко. — М.: Рудомино, 2011. Предисловие.

[248] *Биллингтон Джеймс X.* Икона и топор. — Предисловие.

[249] *Andrusiewicz A.* Mit Rosji: Studia z dziejów i filozofii rosyjskich elit. — Rzeszów: WSP w Rzeszowie, 1994.

[250] *Исупов К. Г.* Метафизика Достоевского.

пор, следовательно, — *суперзнак*, по выражению Л. В. Карасёва,[251] то есть *знак знаков*, если руководствоваться языком семиотики для описания истории Руси, как и языком семиотики у Достоевского. В нашем случае таким окном-иконой является Мышкин. И в том же значении о представлении «иного мира» в романе «Идиот», как и в целом в творчестве Достоевского — и художественном, и иконическом. Если же, в свою очередь, обратиться к феноменологии Жана-Люка Мариона, то Мышкин был бы иконой-окном в этот мир, но никак не идолом,[252] который собой заслоняет действительность и даже пытается указанную действительность подменить. Тогда как икона не заменяет трансценденции и не противопоставляется ей. А потому упрёк писателю в том, что он в Мышкине предлагает портрет Христа, якобы «рисует» Его, не только несправедлив, но и неверно поставлен. Как великий художник, Достоевский досконально знает, что ни Христа, ни «иного мира» нарисовать нельзя, ибо каждый такой нарисованный образ «иного мира», как и Христа, неминуемо будет фальшивым. Оригинал — вот **Образ**: единственный, неповторимый и его не нарисовать.[253]

Для нас это может означать лишь одно: хочешь увидеть, каким есть на самом деле Христос, который представлен в «Идиоте», смотри сквозь Мышкина, но не на Мышкина. И точно так же, хочешь увидеть, что за окном, смотри из окна, но не на окно. Нет ничего более ложного в положительном представлении «иного мира», чем так называемое религиозное искусство, и Достоевский, как любой великий писатель и художник, это прекрасно осознавал. Более того, он видел, что, стоит ему стойти от этой иконической или апофатической концепции с её антропологическим и христологическим основанием, свойственным не только его творчеству, но и антропологии бого-

---

[251] *Карасёв Л. В.* О символах Достоевского. — Вопросы философии. — М., 1994, № 10. См. также: *Wodziński C.* Trans, Dostojewski, Rosja, czyli o filozofowaniu siekierą. — Gdańsk: Wydawnictwo Słowo/Obraz/ Terytoria, 2005.

[252] *Marion Jean-Luc.* Dieu sans l'être (Бог без бытия) 1982 // Цит. по: Marion J.-L. Idol i ikona / J.-L. Marion. Bóg bez bycia / Przeł. M. Frankiewicz. — Kraków: Wydawnictwo Znak, 1996. См. также: *Марион Жан-Люк.* Идол и Дистанция / Перевод с фр. В. Вдовиной. — Символ. — М.: Институт святого Фомы, 2009, № 56.

[253] *Krasicki J.* «Nie zatrzymuj Mnie!» / J. Krasicki. Po «śmierci Boga»…

словского православия, он переставал быть религиозным визионером и пророком, он становился дидактиком, а его сочинения — своего рода Biblia pauperum (лат.) — *Библией бедных*.

Примечателен образ Алёши Карамазова — «положительный» герой, осенённый авторским «благословением». С его судьбы начинается самый большой роман Достоевского, одновременно им же он и завершается — вместе со старцем Зосимой. Красноречиво и поучительно, что, в отличие от других героев произведений писателя, — и это очевидно для большинства исследователей — морально и религиозно выстроенные фигуры Алёши и Зосимы выглядят мало убедительными и достоверными. Алёша в своей святости предстаёт откровенно бесцветным и невыразительным, тогда как старый распутник и вольтерьянец Карамазов или же «бес» Ставрогин — образы в полном смысле из плоти и кости.

В то время как Алёша, по выражению Л. Шестова, — это «кич», религиозный «лубок», Ставрогин пленяет (но одновременно и приводит в ужас) как первых читателей,[254] так и нынешних,[255] едва ли не всех его исследователей и комментаторов. Конечно, тут есть много преувеличений, но вместе с тем обращает на себя внимание и точность, с какой Шестов утверждал, что «Достоевский понимал и умел рисовать лишь мятежную, борющуюся, ищущую душу. Как только же он делал попытку изобразить человека нашедшего, успокоившегося, понявшего — он сразу впадал в обидную банальность».[256] Более того, писатель сам засвидетельствовал, с каким трудом он создавал упоминаемого уже Алёшу, и что работа над его образом отняла у него несравнимо больше времени, чем над другими персонажами, он его просто «мучил».

---

[254] *Бердяев Н. А.* Ставрогин / *Н. А. Бердяев.* Смысл творчества. — М.: АСТ, 2018; *Волынский А. Л.* Достоевский: философско-религиозные очерки. — СПб.: Издательский дом «Леонардо», 2011 (первая публикация: СПб.: 1906); *Лосский Н. О.* Ставрогин. Личность в художественном творчестве Достоевского / *Н. О. Лосский.* Достоевский и его христианское миропонимание. — М.: ТЕРРА. — Книжный клуб; Республика, 1999, с. 145–153. (Библиотека философской мысли).

[255] *Krasicki J.* Śmierć Antychrysta / *J. Krasicki.* Przeciw nicości. Eseje. — Kraków: Księgarnia Akademicka, 2002.

[256] *Шестов. Л.* Достоевский и Ницше / *Л. Шестов.* Сочинения / Вступ. статья и прим. В. Полякова. — М.: Раритет, 1995, с. 87.

Известно, что в спор со своим близким другом Львом Шестовым вступил Густав Шпет по важнейшему философскому вопросу «о реальности внешнего мира, т.е. о том, может ли человек вообще иметь истинное знание об окружающем его мире».[257] И этот спор выявил их принципиальное расхождение по теме «скептицизма как важнейшей составляющей понимания мира, с одной стороны, и как полного отрицания истины, с другой».[258] «Шпет акцентировал внимание и на отрицательном типе скептицизма», написав подобную статью о скептике, а для подтверждения своих тезисов обратился к «Бесам» Достоевского и, в частности, к образу Ставрогина. Шпет, пишут авторы исследовательской рукописи, любезно предоставившие её нам, «сумел различить форму выражения, художественную форму, избранную Достоевским для демонстрации безысходности крайнего скептицизма и его опасности для окружающих». Это художественное прозрение Достоевского, считают исследователи, приобретает сегодня заметную актуальность и смысл. Вырождение скептицизма, превращение его в нигилизм особенно ярко проявилось в образе Ставрогина. «И эта яркость достигается благодаря тому, что Достоевский использует приём „непрямого изложения“ — Ставрогин предстаёт в „непрямом говорении“. Он буквально соткан из разговоров других героев, сам о себе он в романе практически ничего не сказал. Говорит и тут же сомневается в сказанном, в написанном, в услышанном — сомневается всегда и во всём без особой аргументации».[259]. Вместе с тем и совсем

257 *Пружинин Б. И., Щедрина И. О., Щедрина Т. Г.* Ставрогин и его душа. О трансформациях скептицизма в цифровую эпоху. — (В рукописи).

258 *Там же.* С. 3.

259 *Там же.* С. 6. Авторы приводят следующее высказывание философа «Отвергнутый истиною, скептик чувствует себя заброшенным в своём одиночестве, и в нем рядом с затаённым чувством неудачи, как у всякого неудачника, развиваются самомнение и надменность. Его самомнение развивается, с одной стороны, в желание, и даже страсть, принизить других. Он видит в них свои же недостатки, его воображение с любовью останавливается на их слабостях, он культивирует в себе способность открывать их с первого взгляда, он беспокойно подозрителен и не верит их заявлениям о положительных целях, частичных достижениях и удачах; и если невозможно заподозрить их искренность, он видит наибольшее утешение в констатировании частичности их успехов, усиленно подчёр-

неожиданным вопросом задаётся Шпет: «Христос сам не есть ли скептик?».[260]

Эта ситуация говорит о том, как хорошо Достоевский осознавал трудности там, где требуется представить положительного, «идеального человека»,[261] которым в «Идиоте» надлежало быть князю Мышкину.

ИКОНА И ЭКЗИСТЕНЦИЯ

Если говорить о том, каким предстаёт Христос в «Идиоте», следует обратить внимание ещё на один аспект проблемы: экзистенциальный опыт писателя. Христос для автора романа был не каким-то абстрактным лицом, оторванным от его биографии, а тем, Кто был вписан в его собственный экзистенциальный и духовный опыт как «страсть жизни», по выражению итальянского исследователя Дива Барсотти.[262]

А потому спор о том, насколько образ Христа в романе «Идиот» является правдивым или фальшивым, будет бесплодным, если мы не усвоим для себя, что Достоевский создал фигуру, которую сначала он должен был познать именно в том значении, о каком говорит ап. Павел в Послании к Галатам: «И уже не я живу, а живёт во мне Христос» (Га: 2, 20). Следовательно, образ Христа у Достоевского не столько более или менее точный артефакт, сколько, и это прежде всего, — выражение духовного опыта писателя, если следовать за русским православным святым отцом Иоанном Кронштадским и его «жизнью во Хри-

кивая их слабость для достижения целого. Он сам довольствовался бы только целым, а не таким мелким и ограниченным крохоборством. Его непрерывно гложет одна упорная «энтимема»: что мне недоступно, то никому недоступно; но я — правдив, другие обманывают, делают вид... И не я только должен воздерживаться от суждений, но всякий». — См.: *Шпет Г. Г.* Скептик и его душа / Г. Г. Шпет. Philosophia Natalis. Избранные психолого-педагогические труды / Отв. ред.-сост. Т. Г. Щедрина. — М.: РОССПЭН, 2006, с. 403.

260 *Там же.* С. 5.

261 *Достоевский Ф. М.* Письма. Письмо 332 С. А. Ивановой <1/13 янв. 1868> / Указ. соч. — Т. 28, кн. 2, с. 251.

262 *Барсотти Д.* Достоевский. Христос — страсть жизни / Пер. Л. Харитонова. — М.: Паолине, 1999.

сте» как свидетельством его личного, глубоко внутреннего пути и экзистенциального выбора. Его «бытия с Христом».[263]

Достоевский так задокументировал это в известных словах из письма к Наталье Фонвизиной 1854 г., написанном в Омске спустя почти четыре года каторги:

«Я скажу Вам про себя, что я — дитя века, дитя неверия и сомнения до сих пор и даже (я знаю это) до гробовой крышки. Каких страшных мучений стоила и стоит мне теперь эта жажда верить, которая тем сильнее в душе моей, чем более во мне доводов противных. И, однако же, бог посылает мне иногда минуты, в которые я совершенно спокоен; в эти минуты я люблю и нахожу, что другими любим, и в такие-то минуты я сложил в себе символ веры, в котором всё для меня ясно и свято. Этот символ очень прост, вот он: верить, что нет ничего прекраснее, глубже, симпатичнее, разумнее, мужественнее и совершеннее Христа, и не только нет, но с ревнивою любовью говорю себе, что и не может быть. Мало того, если б кто мне доказал, что Христос вне истины, и действительно было бы, что истина вне Христа, то мне лучше хотелось бы оставаться со Христом, нежели с истиной».[264]

Символу веры, которому писатель служил после каторги, и который, как никакое его иное высказывание, вызывает споры и разногласия вплоть до сегодняшнего дня,[265] при всех пробах и сомнениях, остался верным до конца жизни.

Эту позицию он усилил другими словами, которые записал в конце жизни в Дневнике «для себя» 1880 г. Здесь дана дилемма: «Христос или истина» — с одной стороны, а с другой — те, кто отошли бы, если бы оказалось, что Христос — вне исти-

---

[263] *Кронштадский Иоанн* (Святой праведный). Моя жизнь во Христе. — Минск: Белорусский экзархат, 2013. (Извлечение из дневника в двух частях. — М.: Лепта Книга, 2011).

[264] *Достоевский Ф. М.* Письмо 90. Н. Д. Фонвизиной <конец янв./ 20-е числа февр. 1854 г.> / Указ. соч. — Т. 28, кн. 1, с. 176.

[265] *Буданова Н. Ф.* Достоевский о Христе и истине // Достоевский. Материалы и исследования / 21-й сборник период. издания. — Л.: Наука, 1992. — Т. 10, с. 21–29.

ны, и Он ошибался, — в ответ на это писатель говорит: «Лучше я останусь с ошибкой, со Христом, чем с вами».[266]

Бердяев пишет: «Через всю свою жизнь пронёс он исключительное, единственное отношение к Христу. И он был из тех, которые скорее отреклись бы от Истины во имя Христа, чем от Христа. Для него не было Истины вне Христа. Его чувство Христа было очень страстное и глубоко интимное».[267] И того Христа, Богочеловека, Достоевский, ещё мальчиком, как писал в письме к брату Михаилу, хотел «познавать сердцем».[268] «Известно биографически, что Достоевский намечал себе написать книгу о Христе»,[269] это стало целью его жизни, однако, по мнению С. Булгакова, «такие книги вообще не пишутся, это выходит за пределы литературы».[270] Парадокс в том, что «все им написанные книги, в сущности, написаны о Христе».[271]

Его христологию, следовательно, можно определить не только как художественную, но и как экзистенциальную, поскольку её сила была в личной связи с Христом, а не в исключительно рациональном признании канона веры. Поучительным воспринимается утверждение Булгакова, что «любовь ко Христу в Достоевском, как и в его героях, твёрже и несомненнее даже, чем самая вера в Него».[272] Стоит обратить внимание и на то, что Достоевский в своём известном письме к Наталье Дмитриевне Фонвизиной пишет не о вере, а о «жажде верить».[273]

---

[266] *Достоевский Ф. М.* Дневник писателя 1881. Автобиографическое. DUBIA. <Из записной тетради 1880–1881 гг.> / Указ. соч. — Т. 27, с. 57. См. также: *Тихомиров Б. Я.* О «христологии» Достоевского / Достоевский. Материалы и исследования. К восьмидесятилетию академика Г. М. Фридлендера. — СПб.: Наука, 1994, том 11, с. 104.

[267] *Бердяев Н. А.* Миросозерцание Достоевского. — Москва — Берлин: Директ-Медиа, 2015. Глава VIII. Великий Инквизитор. Богочеловек и человекобог.

[268] *Кириллова И. А.* Христос в жизни и творчестве Достоевского / Достоевский: Материалы и исследования. — Т. 11, с. 18.

[269] *Булгаков С. Н.* Русская трагедия / *С. Н. Булгаков.* Сочинения в двух томах. — М.: Наука, 1993, т. 2, с. 501.

[270] *Там же.* С. 502.

[271] *Там же.*

[272] *Там же.*

[273] *Достоевский Ф. М.* Письма. Письмо 90. Н. Д. Фонвизиной <конец янв./ 20-е числа февр. 1854 г.> / Указ соч. — Т. 28, кн. 1, с. 176.

ХРИСТОС И *БРАТЬЯ-ВРАГИ*

Если христологию автора «Бесов» рассмотреть в контексте его эпохи, окажется, что вопреки различным и бросающимся в глаза ассоциациям в понимании темы Христа у Достоевского и философов того времени, по сути дела, у русского писателя было мало общего с известными разработками Э. Ренана, Д. Штрауса и Ф. Ницше,[274] для последнего, например, евангельский Христос с психологической точки зрения был «патологическим» типом. Достоевский, надо заметить, ни разу не отступил от своего идеала Христа. Более того, он готов был остаться с Ним даже ценой обвинения в ереси.[275] При том, что не требовал за это, в отличие от своего «брата-врага», никаких убедительных исторических доводов,[276] а дилеммы, волновавшие Ницше на научных семинарах в Бонне (на которых он, в основном, изнывал от скуки да предавался умеренному пьянству в обществе студенческой компании, в том числе с будущим индологом П. Дассеном, а также самым близким своим другом, религиозным агностиком Ф. Овербеком[277]), в сравнении с теми, какие поглощали русского писателя, могут выглядеть просто смехотворными. Короче говоря, вернувшись с каторги, Достоевский уже был полон христологических идей. Точно и «коротко» (А. Безвиньский) суть схватил З. Жакевич, отвечая на вопрос «Каким был Христос Достоевского?»: «Христос — глубоко пережитый, открытый в страданиях каторги — Личный и Божеский одновременно».[278]

---

[274] К. Ясперс пишет: «Слово «идиот» Ницше понимает при этом точно в том же смысле, в каком Достоевский называл «идиотом» своего князя Мышкина. — См.: *Ясперс Карл*. Ницше и христианство / Перевод с немецкого Т. Ю. Бородай. — М.: Московский философский фонд МЕДИУМ, 1994, с. 3 (Введение).

[275] *Kułakowska D.* Dostojewski. Antynomie humanizmu według «Braci Karamazowów». — Wrocław: Wydawnictwo Zakład Narodowy im. Ossolińskich. — 1987, s.18.

[276] *Давыдов Ю.* Этика любви и метафизика своеволия: проблемы нравственной философии. — М.: Молодая гвардия, 1982.

[277] *Overbeck F.* Finis christianismi / *F. Overbeck*. Wybór pism / Przeł. T. Zatorski. — W-wa: Fundacja Augusta hr. Cieszkowskiego, 2014.

[278] Dostojewski dzisiaj. Ankieta przygotowana przez Zbigniewa Podgórca... s. 67. См. также: *Kjetsaa J.* Nowy Testament Fiodora Dostojewskiego. S. 41

В таком контексте лучше понимаешь, почему Достоевский — сам «униженный и оскорблённый» (даже сильнее, как он сказал о себе самом, имея в виду смертный приговор и годы каторги, — «и сам к злодеям причтён был»[279]), не так, как глашатай «морали господ», встал на защиту «униженных и оскорблённых»: сам «больной», ухаживающий «за больными» и теми, кто «имеет нужду во враче» (Мф 19:12), брал их под защиту. Ницше, по крайней мере, по собственному мнению, был «здоров»,[280] «больных» презирал, и то, что Ницше презирает в своей аморальной этике, делает предметом стыда, Достоевский — защитник каждого надломленного человеческого существа, берёт под свою защиту.[281]

Владислав Бачинин, ссылаясь на приведённое выше знаменательное кредо писателя из письма Н. Фонвизиной, прав, утверждая, что под влиянием перемен в собственной судь-

---

[279] *Достоевский Ф. М.* Дневник писателя 1880 / Указ. соч. — Т. 26, с. 152.

[280] *Давыдов Ю.* Этика любви и метафизика своеволия: проблемы нравственной философии. — С. 40 и далее.

[281] Размышляя над романом М. Булгакова «Мастер и Маргарита» в контексте Ницше — Бахтин — Булгаков, современный немецкий исследователь Б. Гройс делает следующие выводы: «В Антихристе Ницше характеризует Иисуса из Назарета своеобразным способом — своего рода антитезой описаниям, сделанным Ренаном (которого Ницше называл шутом — blaznem). Ницше создал тут собственный образ библейского Иисуса, руководствуясь воображением Ренана. В понимании Ницше невозможно отнести к Иисусу Христу определения, которые Ему приписывал Ренан, типа: гений или герой. Ницше обнаруживает психологический тип Христа, скорее, в романе «Идиот»Достоевского. Фигура князя Мышкина, как его звали в мещанской жизни, и становится противопоставлением портрету Ренана. Русский Христос, намеченный пером Достоевского, скорее, даже антигерой, который вызывает растерянность, где бы он ни появился. Образ Антихриста у Ницше содержит множество аллюзий с личным опытом Достоевского. Ницше, например, упоминает о Сибири и эпилепсии. Сожалеет, что у Христа не было свидетеля, подобного Достоевскому: этот удивительный и больной мир, куда нас вводит Евангелие, — мир, будто из русского романа, в котором подонки общества, нервные перегрузки и «ребяческий» идиотизм назначили себе свидание. <...> Можно пожалеть, что некий Достоевский не жил рядом с этим самым занимательным decadent — *декадентством* (англ.), имею в виду того, кто умел именно ощущать пронзительно волнующее колдовство всей этой мешанины возвышенности, болезненности и детскости». Цит. по: *Groys B.* Fryderyk Nietzsche, Michaił Bachtin, Michaił Bulhakow / Przeł. S. Kirsch / *B.Groys.* Wprowadzenie do antyfilozofii / Przeł. J. Gilewicz. — W-wa: Oficyna Naukowa, 2012, s. 187.

бе у Достоевского должно было возникнуть иное отношение к Христу, нежели у бывшего студента теологии в Бонне и несостоявшегося пастора, который, как и учёная его братия, эдакие протестантские «учёные в Писании», а по сути — фарисеи, то есть те, с которыми Христос (Он, считает Достоевский, «не знал науки»[282]) в течение своей земной деятельности находился в постоянном конфликте. Как отмечает Бачинин, Достоевский, тогда в нижней рубахе с завязанными глазами зимним морозным утром 22 февраля 1849 года вместе со своими приговорёнными товарищами стоял на Семёновском плацу, видя перед собой направленное на него дуло взводного, приводящего приговор в исполнение, и в ожидании ружейного залпа и смерти нуждался в Христе не из сочинений Ренана и Штрауса,[283] но в Том, Кого знал по рассказам няни, учившей его, трехлетнего мальчика, молиться; в Том, о котором ему читала мама, обучая алфавиту на основе Святой Истории Ветхого и Нового Заветов с картинками; в Том, о котором рассказывал ему красиво повествовавший «Писания»[284] учитель-дьякон. В Том, в Ком познал веру, когда в тот памятный день на Семёновском плацу, обняв приговорённого вместе с ним товарища, проговорил: *«Nous serons avec le Christ»* (фр.) — *Мы будем вместе с Христом.*[285] Тот, с кем

---

[282] Чеслав Милош приводит неопубликованные материалы о Достоевском. «Достоевский записывал в 1875 году: «В наш век наука сокрушает всё, во что до сих пор верили. Всякая твоя прихоть, всякий твой грех — это следствие твоих естественных потребностей, которые ещё не удовлетворены, итак, следовательно, нужно их удовлетворить. Радикальнейшее отрицание христианства и его морали. Христос не знал науки»». См.: *Чеслав Милош.* Достоевский и религиозное воображение Запада / Перевод с польского Валерия Булгакова / Неизданный Достоевский. Сборник статей 67. — М.: Наука, 1971, с. 446. Во «Сне смешного человека» Достоевский соединяет райское состояние с донаучным состоянием в мире а упадок человечности, если можно так сказать, — с «упадком» в науке См.: *Достоевский Ф. М.* Дневник писателя <апрель 1877 г.>. Гл. 2. Сон смешного человека / Указ. соч. — Т. 25, с. 104–119.

[283] *Бачинин В. А.* Теология, социология и антропология литературы (Вокруг Достоевского). С. 150.

[284] *Мочульский К.* Достоевский. Жизнь и творчество. С. 13.

[285] В воспоминаниях князя Ф. Львова есть рассказ об инсценированной смерти петрашевцев, когда Достоевский и Спешнев перед ожиданием расстрела на прощание обнялись. Достоевский, подойдя к Спешневу, сказал ему: «Nous serons avec le Christ» (фр.) — *Мы будем вместе с Христом,* на что тот с усмешкой ответил: «Un peu de poussière» (фр.) —

он отправился на каторгу, и от Кого там не отказался. И когда он даже ценой быть обвинённым в ереси оставался с Христом, Ницше вместе со своей теологической братией, вооружённый, по крайней мере, в собственных глазах, своими историческими и теологическими познаниями, мудрствовал над Христом и даже Его высмеивал. А потому при всех оговорках, если вообще и рассуждать о «христологии» в творчестве писателя,[286] то вовсе не в соотнесении его с Ренаном и Ницше. Тут можно говорить самое большее об иисусологии.[287] Ясно, что мнения разделились, но и Христа Достоевского нет-нет, да и подтянут под какое-нибудь модное ныне иисусологическое клише его эпохи в стиле того же Ренана или Штроса. Кто бы и что бы ни говорил на эту тему, но нельзя не согласиться с тем, что для Достоевского Иисус не был идеалистом, романтиком, мечтателем, раввином из Галилеи и т.д. (как иронично заметил Лешек Колаковский, «об Иисусе прочитать можно всё, что только пожелаешь»[288]). А вот для евангельского ученика Иисуса Петра — и это

Горстью праха. Известна также и реакция Достоевского на позицию «страстного социалиста и атеиста» Белинского, который «грязными словами» ругает Христа. Белинский, имея в виду свои встречи с молодым Достоевским, признавался: «Каждый-то раз, когда я вот так помяну Христа, у него всё лицо изменяется, точно заплакать хочет». — См.: *Бачинин В. А.* Литературноэстетическая христология Достоевского... **http://www.word4you.ru/publications/6979**

На тему «своего Христа у Достоевского» см. также: *Krasicki J.* Człowiek i Bóg w tradycji rosyjskiej. —: Kraków: Wydawnictwo Homini Krzysztof Bielawski, 2012, s. 123 и др.

[286] *Тихомиров Б. Я.* О «христологии» Достоевского...

[287] См. по теме: *Nossol A. Jezulogia* / Encyklopedia Katolicka, pod red. S. Wielgusa et al. —Lublin: Towarzystwo Naukowe Katolickiego Uniwersytetu Lubelskiego, 1997, t.7, s. 1285–1287.

[288] «Об Иисусе прочитать можно всё, что только пожелаешь. Первое, Он никогда не существовал. Или нет, существовал, но был распят; кто-то другой висел на кресте вместо него. Или был распят, но не умер на кресте; очнулся в гробе, откуда вышел, чтобы умереть через несколько дней. Или, что женился на Марии Магдалине и у них были дети. Или, если присмотреться повнимательнее, был троцкистом и приверженцем Фиделя Кастро. Или Он просто был еврейским националистом. Или был пришельцем из другой галактики. Или был гомосексуалистом, а св. Иоанн Богослов — его любовником. Или был негром. Или у него не было определённо выраженного пола, он был одновременно и мужчиной, и женщиной (а значит, подобен гермафродиту). Или же был существом бесплотным». См.: *Kołakowski L.* Jezus ośmieszony. Esej apologetyczny i sceptyczny / Przekł. D. Zańko. —Kraków: Znak, 2014, s. 7–8.

немало — Он был Мессией.[289] Достоевский, как сказал бы сегодня итальянский кардинал и архиепископ Болоньи Джакомо Биффи, не считал бы «Иисуса мудрецом, справедливым и великим, не признавая в нём Господа и Бога».[290] Стоит он перед Иисусом, «не то от себя... отталкивает, пренебрегая Им, не то упал перед Ним на колени».[291] Иисус не был для писателя только религиозным гением, Учителем человечества, как Будда или основателем манихейства Мани. Не являлся Он и политическим предводителем евреев, оказавшись в идеологическом конфликте с римскими властями, не был Он и революционером — как у французских социалистов-утопистов (Этьен Кабе), а был ещё свой Иисус у Шарля Фурье, влияние которого испытывал Михаил Буташевич-Петрашевский, как и молодой Достоевский, до процесса петрашевцев и ссылки в Сибирь. Именно откликом на их идеи и деятельность памфлетом отозвался потом его роман «Бесы». Иисус не был одним-единственным из учителей человечества, эманацией морального разума, каким предстаёт в «Евангелии от Льва Толстого».[292] Он — Христос или Мессия, согласно формуле Петра: «Ты — Христос...» (Мф 16 16), которая однозначно воспринималась в еврейской среде того времени и как таковая входит в личное определение Иисуса в Деяниях апостолов. Это, как сказал бы современный теолог, «Иисус как Христос»,[293] то есть Тот, в Котором исполнились мессианские обетования, но, вместе с тем, и к кому писатель испытывал «страстную, восторженную любовь».[294]

---

[289] Цит. по: *Biffi G.* Jezus. Centrum kosmosu i historii / Przeł. z włosk. P. Dyrda. — Kraków: Wydawnictwo M, 2001, s. 111.

[290] *Ibid*, s. 118.

[291] *Ibid*.

[292] *Kułakowska D.* Ewangelia według Lwa Tołstoja. — Studia Polono-Slavica Orientalia. Acta Litteraria. — Wrocław: PAN — Komitet Słowianoznawstwa, 1979, № 5.

[293] Цит. по: *Gnilka J.* Jezus jako Chrystus. Rozmowa / *J. Gnilka* Jezus z Nazaretu / Przeł. z niem. J. Zychowicz. — Kraków: Wydawnictwo «M»., 2009, s. 425—436.

[294] *Булгаков С. Н.* Васнецов, Достоевский, Вл. Соловьев, Толстой (Параллели) / *С. Н. Булгаков.* Тихие думы. С. 146.

«ЗНАЕТ ЛИ НАС ИИСУС?»

Проблема Христа — ключевая для Достоевского. Как и для Владимира Соловьёва. Неслучайно Соловьёв, разоблачая фальшивое, антихристианское богословие христианства, ставит рядом — двух вестников приближающегося Антихриста — Ницше и Льва Толстого.[295] Проблема, о которой у нас речь, — богословски и антропологически фундаментальная: наш современник, выдающийся швейцарский теолог и католический священник Ханс Урс фон Бальтазар нашёл выражение для неё в вопросе: «Знает ли нас Иисус? Знаем ли мы Его?».[296] Быть может, получается так, что, имея столько о Нём сведений, погребая Его под томами богословских и библейских знаний, в целом мы Его совсем не знаем? И Он нас не знает («не знаю вас», Мф 25:12). Именно на этот изобличающий момент в «Краткой повести об антихристе» Соловьёва и обратил внимание Юзеф Ратцингер, показывая одновременно, что в этом маленьком сочинении русского философа дьявол оказывается «крупным учёным, специалистом по Библии <...>. Перед нами не отрицание научного толкования Библии в принципе, но весьма полезное и нужное предостережение от возможных заблуждений».[297]

Прибавим, что подобное утверждение можно также найти и у других наставников веры, например, в сочинениях св. Винсента из Лерина, который в своём известнейшем трактате «Commonitorium» писал, что по правде истоком веры является

---

[295] *Красицкий Ян.* Бог, человек и зло. Исследование философии Владимира Соловьёва / Под ред.д.и. н. Е. Б. Рашковского / Пер. с польск. С. М. Червонной. — М.: Прогресс, 2009, с. 371 и далее. См. также: *Krasicki J.* Bóg, człowiek i zło. Studium filozofii Włodzimierza Sołowjowa. — Wrocław: Wydawnictwo Uniwersytetu Wrocławskiego, 2003, s. 342 i in.; *Romaniuk R.* Paszport Antychrysta. Lew Tołstoj i Włodzimierz Sołowjow / Wokół Tołstoja i Dostojewskiego / Red. J. Dobieszewski. — W-wa: Wydział Filozofii i Socjologii Uniwersytetu Warszawskiego, 2001.

[296] *Бальтазар Ханс Урс фон.* Знает ли нас Христос? Знаем ли мы Его? — Цит. по: *Balthasar H.-U.* Czy Jezus nas zna? Czy my znamy Jezusa? / Przeł. E. Piotrowski. — Kraków: Wydawnictwo WAM, 1998.

[297] *Ratzinger Joseph.* Jesus von Nazareth. Beiträge zur Christologie. Band 6/2. — Freiburg im Breisgau, Verlag Herder Gmb, 2014, s. 752.

Священное Писание, но «его интерпретация может очень разниться», и «даже дьявол делает из себя экзегета», тогда как «верной является такая интерпретация, которая создаёт гармонию z sancti maiores *(лат.)* — *со святыми предками*, с предшественниками в вере».[298] Вот почему богословие, пишет Бенедикт XVI в традиции мысли Соловьёва, и должно быть познанием Христа, а не богословия как такового, да ещё и оторванного от Личности Спасителя (для Святого Отца, как и для русского мыслителя, знание «Самого Христа»[299] — не богословия — является условием sine qua non *(лат.)* — *без чего нет* богословского познания). Само по себе богословие может служить разным целям, но: «Если богословие — это просто знание библейских текстов, а христианская история — то, что становится, но подчиняется другим жизненным решениям, тогда она не служит вере, а разрушает её»,[300] — пишет Папа Римский. Не о таких ли «богословах», которые «изучили» Христа с научной стороны, а вместе с тем изменяют Ему, Сам он сказал: «не знаю вас»?

Для понимания христологии Достоевского и Соловьёва решающим фактором является знание «Самого Христа»,[301] а не богословия и Писания, которые без этого главного условия могут стать гибельными. Само по себе знание богословия ещё ни о чём не говорит, и как же поучительно звучат слова гётевского Фауста, себя же комментирующего, о никчёмности человеческих знаний: «Я богословьем овладел/Над философией корпел,/ Юриспруденцию долбил/ И медицину изучил./ Однако я при этом всем/ Был и остался дураком».[302] Знатоком богословия был также и литературный porte parole Фауста Адриан Леверкюн, стилизованный под бывшего студента богословия Ницше в «Докторе Фаустусе» Томаса Манна.

[298] *Fros H., Sowa F.* Księga imion i świętych. — Kraków: Wydawnictwo WAM, 2007. T. 6, s. 160–161.

[299] *Krasicki J.* Bóg, człowiek i zło. S. 332 i n.

[300] *Ratzinger J.* Jesus von Nazareth... S. 752.

[301] *Krasicki J.* Bóg, człowiek i zło... S. 332 i n.

[302] *Гёте И. В.* Фауст / И. В. Гёте. Собр. соч. в 10 тт. / Перевод с нем. Б. Пастернака. — М.: Худож. лит., 1976, Т. 2. (Трагедия), с. 21

Достоевский, глубоко верующий человек, не был свободен от соблазнов и сомнений, какие подстерегают христианина, но при этом он и не был глух к голосу своего времени, библейской критике, дискуссиям вокруг «историчности» Личности Христа, проблем «Иисуса истории» и «Христа веры» и т.д..[303] Не чужими были для него вопросы типа: был ли Христос «обычным эпилептиком» (от эпилепсии страдает Мышкин), коль скоро Его последние слова на Кресте были, как крик больного «святой болезнью»? И был ли в действительности Он Сыном Божиим? Эти и подобные им вопросы писателю были близки, раз в рукописи «Идиота» он в диалог включил последние слова Христа на Кресте: «Или́, Или́! лама́ савахфани́?» (См. также: «Еврейский текст псалма 22: „Эли́, Эли́, ляма азавтани?“»), которые первоначально Достоевский намеревался ввести в текст романа, но, что знаменательно, в итоге отказался от этого замысла.[304]

На эту проблему можно посмотреть и с другой стороны. С феноменом так понимаемой связи идеи и человека в творчестве Достоевского тесно соприкасается феномен болезни, патологии. Говоря точнее, идеи, которыми Достоевский зани-

---

[303] См., в частности: *Bartnik Cz. S.* Historyczność Jezusa Chrystusa / *Cz. S. Bartnik.* Jezus Chrystus. Ikona historii i wiary / Red. R. Dziura. — Lublin: Redakcja Wydawnictw Naukowych Katolickiego Uniwersytetu Lubelskiego, 2004; *Kudasiewicz J.* Jezus historii a Chrystus wiary. — Ibid. Как пишет польский теолог: «Проблему отсутствия идентичности между историческим Иисусом и Христом из Апостольской керигмы одним из первых поставил Герман Самуил Реймарус (*„Ein Anhang zu dem Fragment vom Zwecke Jesu und seiner Jiinger“.* — Berlin, 1784), согласно которому следовало отличать цель Иисуса от целей его учеников, в результате чего и учение апостолов — от учения Иисуса. Иисус, по его мнению, был еврейским политическим мессией, задача которого была в создании королевства на Земле и освобождении своего народа из римской неволи. Выражением сожаления по поводу неисполненности этих намерений был крик отчаяния на кресте: „Боже Мой! Боже Мой! для чего Ты Меня оставил?“ (Мк. 15:34). В цель Иисуса входило не создание новой религии, а углубление еврейской религии». См.: *Kudasiewicz J.* Jezus historii a Chrystus wiary, s. 62. См. также: *Kudasiewicz J.* Jezus historii a Chrystus wiary. — Lublin: Redakcja Wydawnictw Naukowych Katolickiego Uniwersytetu Lubelskiego, 1987.

[304] Эта позиция уже затрагивалась выше. См. сноску 8 в: *Подорога В. А.* Рождение двойника. Логика психомимесиса и литература Ф. Достоевского / *В. А. Подорога.* Материалы по аналитической антропологии литературы... S. 319.

мался, были для него болезненными, и он их мощно именно переживал, а не изучал абстрактно, как академический философ. Это болезненное переживание метафорически передаётся, как „шипы тернового венца" (воспользуемся названием статьи Сергея Булгакова) — в качестве аллюзии тернового венца Христа.[305]

«ШВЕЙЦАРСКОЕ» БОГОСЛОВИЕ

После всего сказанного выше становится очевидным, что проблему Мышкина-Христа, казалось бы, можно считать решённой. Между тем это не так, и не только потому, что путь писателя к Христу был путём духовных борений, и, по собственному признанию, шёл он по нему через настоящие «печи сомнений». Но сама проблема существует ещё и в том смысле, что писатель, создавая, по его собственному определению, «роман о Христе», обращался ещё и к личному, внутреннему опыту — в значении, обозначенном в уже приводимом нами Послании ап. Павла к Галатам (Га: 2, 20), а также к Христу, образ Которого он воссоздавал и мог сказать, как современный польский художник-иконописец Ежи Новосельский: «мой Христос».[306] Более того, он знакомился с доступной ему литературой по интересующему его предмету, в том числе богословской, религиозной, исторической — разной степени научной ценности и неодинаковой в идейном и богословском смысле. Однако стоит заметить, что в те годы в литературе на эту тему одно сочинение было у всех на устах, и хотя со временем оно сумело лечь на дно архивов, во времена Достоевского оно распаляло живые умы и сердца. Речь идёт об изданной в 1863 году книге Эрнеста Ренана (1823–1892) «Жизнь Христа», у которой был огромный успех как на Западе, так и в России.[307]

[305] *Булгаков С. Н.* Венец Терновый / Указ. соч. — Т. 2. Избранные статьи. С. 222–239 (статья посвящена памяти Достоевского и впервые была прочитана Булгаковым в Киеве 25 февраля 1906 года).

[306] *Podgórzec Z.* Mój Chrystus. Rozmowy z Jerzym Nowosielskim. — Białystok: ŁUK, 1993.

[307] *Кийко Е. И.* Достоевский и Ренан // Достоевский. Материалы и исследования / Том 4. Ред. тома Г. М. Фридлендер / АН СССР, ИРЛИ. — Л.: Наука.

В связи с этим современный русский исследователь Александр Буздалов[308] в любопытной и захватывающей статье, опубликованной на портале Санкт-Петербургской Духовной академии, предпринял попытку выявить и рассмотреть особенности христологии Достоевского в их сопоставлении с теми или иными материалами, которыми он, читая их, руководствовался, конструируя героя «Идиота». Поскольку роман был написан в Европе, почти целиком — в Швейцарии, условно назовём эту критику Буздалова «швейцарским» богословием.

Обратившись в своём исследовании к анализу толкования искушений Христа в произведениях писателя (главным образом, на примере «Легенды о Великом инквизиторе» из «Братьев Карамазовых»), Буздалов привлекает в основном существующую по этому поводу конфронтацию в Патристике и Православии. Автор статьи считает, что сама интерпретация искушений Христа у Достоевского далека от учения Церкви, и первое, на что, по его мнению, следует обратить внимание, это на ярко выраженный ренановский контекст в подходе Достоевского, уже знакомого к тому времени с «Жизнью Иисуса». Согласно наблюдениям Буздалова, «швейцарская» христология представляет собой один из важнейших эгзегетических ключей в понимании христологии Достоевского, поскольку она придала «искажённый» вид всей христологической мысли писателя. После этого он был уже не в состоянии скорректировать или как-то изменить её. Она оказала влияние, между прочим, и на описанную им в «Идиоте» его собственную реакцию на картину Ганса Гольбейна Младшего «Мёртвый Христос в гробу», в которой просматриваются воздействия как манихейские, так и дуализма духа и тела, когда Спаситель «побеждает смерть», став жертвой сил мёртвой природы.[309]

Мышкин, подчёркивает петербургский учёный, в подготовительных материалах к роману «Идиот» несколько раз назван «Князь Христос», а Христос у Достоевского, как и у Рена-

Ленингр. отделение, 1980, с. 106–122.

[308] *Буздалов А.* Толкование искушений Христа у Достоевского. — https://omiliya.org/article/tolkovanie-iskushenii-khrista-u-dostoevskogo-aleksandr-buzdalov.

[309] *Там же.*

на, — «вечный идеал человека». А потому в соответствии с этой «разоблачительной» интерпретацией Буздалова Мышкин в последней редакции романа вообще перестаёт иметь хоть какую-то связь с евангельским Христом и просто остаётся Человеком. Человеком с большой буквы, но только им.

Приведённые выше и воспринимаемые нами как мудрые аргументы из «швейцарской» христологии, запечатлённой в «Идиоте», направлены, в конечном счёте, против ортодоксальной христологии Достоевского... Но достигают ли они цели? Они обнажают подлинный лик Мышкина-Христа как своего рода фальсификата, видя в нём имитацию Христа, скрывающую под глянцем псевдоиконы демоническое обличие «Человека-Бога» — эдакую simia-Dei (лат.) — *обезьяну-Бога*. Вопросы — тяжёлого калибра, а ответ далеко не прост, и тем более не могут ответить на этот вопрос произведения Достоевского в их целостности.

«ЕСЛИ НЕТ БОГА, НЕТ И ЧЕЛОВЕКА»[310]

Наш ответ в рамках данной проблемы следующий. Да, в «Идиоте» прочитывается контекст ренановской книги,[311] но её Христос — «Христос веры», а не, как пишет Буздалов, *идеал вечного человека* или *подлинного человека* — так сказала Мышкину, прощаясь с ним, Настасья Филипповна.[312] Как бы далеко ни заходить в деле гуманизации идеала «князя Христа», всё же, по нашему мнению, не считая чисто внешней — идейной близости с упоминаемой уже христологией Э. Ренана и его романом «Жизнь

---

[310] *Бердяев Н.* Новое средневековье. Размышление о судьбе России и Европы. — М.: T8RUGRAM, 2018, с. 17.

[311] Обдумывая образ «Князя Христа», Достоевский исходил не только из Евангелия, он учитывал — сочувственно или полемически — многочисленные позднейшие трактовки этого образа в литературе и искусстве, а также в современной ему философской и исторической науке. Писатель упоминает Ренана три раза в «Подготовительных материалах» к роману «Идиот». См.: *Достоевский Ф. М.* / Указ. соч. — Т. 9, с. 140–289 (с. 183 и 281 дважды).

[312] «Прощай, князь, в первый раз человека видела!» — См.: *Достоевский Ф. М.* Идиот / Указ. соч. — Т. 8, с. 148.

Иисуса», Достоевскому в целом остались чужды те христологические концепции, какие появились в европейской мысли XIX века вместе с либеральным богословием и правым крылом гегельянства (например, работы немецкого протестантского теолога и историка Ф. К. Баура), а последующие были доведены до своего идейного экстремизма гегелевскими левыми и философией Людвига Фейербаха.

Так произошло потому, что, как пишет современный французский православный богослов и историк Оливье Клеман, и здесь Достоевский с ним согласился бы, Запад забыл[313] об истине Халкидонского Богочеловечества, а тем самым — одним разом утратил и Бога, и Человека. Таким образом, разрыв божеского и человеческого начался, некое богословское, философское и культурозначимое монофизитство поднялось на уровень догмата и оказалось, быть может, самой большой в культуре Запада драмой, а вместе с тем — его роком и возмездием для современного человека. В этом контексте слова Бердяева: «Там,

---

[313] Оливье Клеман писал: «Кажется, что в XIX веке, в эпоху пиетического и морализаторского христианства, как на Востоке, так и на Западе, совершенно забыли о догмате, оглашённом на Халкидонском соборе. Фейербах, взгляд которого Маркс здесь разделяет, сказал, что «бог» — это просто лучшая часть человека, по слабости им спроектированная на небе собственным воображением. Фейербах таким образом разделяет утверждение, что в современном ему христианстве отсутствует идея призывания человека к обожению. Две глубоко «халкидонские» формулы патристического adagium — *высказывания* (лат.): Бог стал Человеком, а человек — Богом (то есть целиком человеком и полностью соединившимся с Богом), находятся по отношению друг к другу во взаимной оппозиции. Именно эта двойственность: человек-бог-антихрист против Бога-человека во Христе, и была представлена, но не создана Достоевским. Халкидон был забыт. Христос распят вторично». Цит. по: *Clément O.* Chrystus ukrzyżowany po raz wtóry / Przeł. E. Wolicka. — W Drodze: Miesięcznik poświęcony życiu chrześcijańskiemu. — Poznań, 1989, № 8, s. 30. См. также: *Wolicka E.* Olivier Clément o źródłach kryzysu cywilizacji europejskiej. — in «W Drodze. Miesięcznik poświęcony życiu chrześcijańskiemu», Wydawnictwo Polskiej Prowincji Dominikanów, Poznań, 1989, № 8; *Scheffczyk L.* Chalcedon dzisiaj / Przeł. M. Banaszak / Communio. Międzynarodowy Przegląd Teologiczny. — Poznań — Warszawa: Wydawnictwo Pallotinum, 1983, № 3. Этот догмат нашёл своё выражение в учении С. Н. Булгакова и А. М. Бухарева. См.: *Misiurek J.* Chalcedoński sobór / Encyklopedia katolicka, t. 3 / Red. R. Łukaszyk, L. Bieńkowski, F. Gryglewicz. — Lublin: Towarzystwo Naukowe Katolickiego Uniwersytetu Lubelskiego, 1985, s. 53. См. также: *Hryniewicz W.* Bułgakow Siergiej Nikolajewicz. — Ibid, t. 2; Bogoczłowieczeństwo.

где нет Бога, нет и человека»,[314] — представляются самым точным выводом писателя как христолога и антрополога. А если отбросить ещё интерпретацию Ренана о Христе и Его жизни как *наилучшего из людей, но только человека*,[315] вообще предстаёт выводом единственным и логичным.

Более того, С. Франк писал, что «Достоевский — единственный русский писатель, идеи которого играют существенную роль в духовном обороте западной жизни...».[316] И эту истину он свидетельствовал своими лекциями, прочитанными в Западной Европе в сотрудничестве с выдающимся психологом XX века Л. Бинсвангером, который не мог не быть «близким человеком» Достоевскому, а точнее — его Мышкину, ибо в 1910 году он был избран президентом Психоаналитического общества в Швейцарии, а с 1911 года занимал пост главного врача санатория Бельвью в Кройцингене (под Цюрихом). Казалось бы, что после Ницше и Фрейда не то что не слишком много, а вообще добавить что-либо ещё о Достоевском уже невозможно, но он показал Европе такого Достоевского, которого до этого она не знала. Ссылаясь на концепцию Якоба Бёме «Ungrund», на идеи Бинсвангера, подразумевавшие фундаментальную структуру существования человека, Франк обратил внимание на то, что задолго до Tiefenpsychologie (нем.) — *глубинная психология* — Достоевский показал, что бёмевский «Ungrund» находится в каждом человеке, и что каждое людское «я» существует между добром и злом. Но что особенно ценно, Достоевский обозначил психическую «бездну» человеческого существа. При этом, будучи «психологом», он оберегал суверенность сущности человека как суверенность духовной сущности.[317] А потому

[314] *Бердяев Н.* Новое средневековье. Размышление о судьбе России и Европы. — М.: T8RUGRAM, 2018, с. 17.

[315] *Tatarkiewicz W.* Historia filozofii. T. 3. — Wa-wa: Państwowe Wydawnictwo Naukowe, 1988, s. 125.

[316] *Франк С.* Достоевский и кризис гуманизма (К 50-летию со дня смерти Достоевского) / *С. Франк.* Русское мировоззрение. — СПб.: Наука, 1996, с. 361.

[317] Точность и адекватность названия нашей книги подтверждает название одного из исследований Франка о Достоевском: *Франк С. Л.* Из духовной мастерской Достоевского / Пер. с нем. В. Курапиной / Русское мировоззрение, с. 350. Подчеркнём: «духовной» — не «психологической».

пусть нас не удивляет, что его лекции по «антропологии Достоевского» пользовались признанием не только в Швейцарии, но и в других странах Европы. Записи первых его слушателей фиксируют, что особенно большой восторг они вызвали у швейцарских психиатров. И уже, вынося за скобки, заметим, безусловно, жаль, когда в книге русской исследовательницы О. Власовой, сопоставляющей феноменологию психиатрии с экзистенциальным анализом, об этом даже не упоминается.[318]

ХУДОЖЕСТВЕННАЯ ХРИСТОЛОГИЯ ЕЩЁ РАЗ. ГНОСТИКА И АГНОСТИКА

Сейчас становится ясным, почему нам так важно было для понимания христологии «Идиота» с самого начала обозначить её художественность. Ибо если отойти от интерпретационной модели христологии, обладающей множеством измерений, в том числе диалогичности и даже полифоничности, её можно прочитать подобно тому, как это предпринял Пий X в отношении католического модернизма, — как «сумму всех ересей».

Между тем, по закону бахтиновской диалогичности и полифонии,[319] которому мы подчиняемся, Достоевский предоставляет право голоса не только тем, с кем соглашается, но и тем, с кем не соглашается, и даже своим противникам. А также тем, чей голос оказался за время истории человечества в той или иной степени заглушённым, а то и вовсе обеззвученным — тем, кто был со своими правдами отрезан ортодоксией, и не только церковной, богословской, догматической (нередко отмеченной аббревиатурой n.b.w.[320] — «пусть будет исключён из обще-

---

[318] *Власова О.* Феноменологическая психиатрия и экзистенциальный анализ. История, мыслители, проблемы. — М.: Издательский дом «Территория будущего», 2010, с. 640.

[319] На драматургичный характер сочинений писателя ещё до Бахтина обратил внимание Вячеслав Иванов, подчёркивая, что представляемый Достоевским мир — это не нарративный мир, не «фабульность», не повествование, а действительность идей, концепций, «трагедии духа». См.: *Иванов В. И.* Достоевский и роман-трагедия... С. 288.

[320] См.: *Breviarium fidei.* Kodeks doktrynalnych wypowiedzi Kościoła / Oprac. J. M. Szymusiak, S. G. Głowa. — Poznań: Księgarnia św. Wojciecha, 1964.

ства верных»), но и любым иным. Одним словом, Достоевский предоставляет равноправный голос всем *актёрам*, участвующим в создаваемой им «трагедии духа» (В. Иванов), не претендуя при этом на роль обладателя истины. В таком подходе в его творчестве право на свой голос имеют все идейные элементы, выступающие в далеко не лёгкой истории христианства в его споре с наследием атеистического и богоборческого гуманизма, европейской культуры и цивилизации в их резких полемиках с наследием Евангелия и христианской керигмой.

В связи с этим нельзя не привести слова Александра Меня о «двух фигурах» в «Братьях Карамазовых» — старце Зосиме и его антогонисте Феропонте. «Старец Зосима написан Достоевским как светлый образ, как носитель широких, просветлённых взглядов на мир, на человеческую судьбу, на отношение человека к вечности, к Богу».[321] Тогда как в лице старца Феропонта, продолжает он, мы имеем совсем другого человека — «прославленного аскета, могучего старика, который ходил босым, в солдатской шинельке, препоясанного, как нищий. Он ненавидел старца Зосиму и даже в день его смерти не постеснялся прийти с обличением к его гробу».[322] Этот важный эпизод «великого романа-эпопеи»[323] помогает уяснить, считает Александр Мень, как и почему «в рамках одного православия, одной Церкви, одной культуры, одного монастыря сталкиваются две — причём, сталкиваются очень резко — как бы антагонистические стихии»: евангельское учение и провозвестие о Богочеловечестве — с одной стороны, и традиция аскетической практики — с другой. Так в России сформировалось «два понимания христианства, запечатлённое Достоевским в ярких образах двух старцев», — заключает Мень.[324]

Списки таких голосов могут быть длинными. Перечисляя их с догматической или доктринальной точек зрения, в историческом порядке, сюда следовало бы отнести такие направления

---

[321] *Мень А. Два понимания христианства / А. Мень.* Радостная весть. Лекции. Выпуск 1. — М.: АО «ВИТА-ЦЕНТР», 1991, с. 309.

[322] *Там же.*

[323] *Там же.*

[324] *Там же*, с. 310–311.

знаний и религиозных учений, как гнозис,[325] манихейство,[326] маркионизм,[327] валентинизм, монофизитство, несторианство, религию Святого Духа, йоахимизм, либерализм, шведенборгианство,[328] руссоизм, иррационализм,[329] религиозный модернизм, гегельянство, а в итоге—проблему, пожалуй, важней-

---

[325] В этом направлении движется, например, интерпретация философии писателя в работах И. Евлампиева, где выразительно выступает разрыв с проблемой историчности Иисуса, и даже слишком читаем гностический контекст—как древний (Керинт, Марсион, Базилидес, Валентин), так и философский в XIX веке (Фихте, Шеллинг, Гегель). А потому трудно согласиться с интерпретацией Евлампиевым Бога у Достоевского. Здесь он противопоставляет друг другу две версии прочтения Евангелия: «исковерканную»—Павла и «неисковерканную»—Иоанна. Бога Достоевского он истолковывает в пользу традиции Иоанна, обосновывая её мыслью Фихте. Но в таком толковании получается, что Бог в сочинениях Достоевского оказывается неопределённой «божественностью» (Gottheit — *нем.*), а не *диалоговым Ты*, и в итоге, если следовать терминологии немецкого идеализма, является... Самому Себе (Selbstofferbarung — *нем.*). В подобном понимании трудно доискаться до Откровения в библейском смысле, поскольку Другим для Бога становится тогда Он Сам. Трудно тут также говорить о как таковом *диалоговом Откровении*, которое предполагает Являющегося, а также Того, Кому является Откровение, и уже закладывает как таковую *диалогичность Я и Ты* (М. Бубер). И точно так же трудно признать—прежде всего в свете трудов Бахтина, к которому Евлампиев относится резко отрицательно, что и сам писатель согласился бы с подобной трактовкой Бога в своём творчестве. См.: *Евлампиев И. И.* Философия человека в творчестве Ф. Достоевского... С. 330 и далее.

[326] *Żakiewicz Z.* Dostojewski na tle prądów filozoficznych epoki. — Znak, Kraków, 1960, № 7–8, s. 1019–1025.

[327] Образ Мышкина напоминает «Божьего человека» Л. Колаковского, который спрашивает: «Ты был Богом? Не имею понятия. Но если какой-нибудь Божий человек и жил когда-нибудь на этой земле, то им был Он». См.: *Kołakowski L.* Jezus ośmieszony... S. 12.

[328] Является, например, в поучениях старца Зосимы об Аде как «месте», куда Бог никогда никого не посылает, туда лишь грешник попадает, в то место, какое сам себе выбрал. Ад, следовательно, — проекция духовного состояния человека, а не его онтологическая реальность. См.: *Miłosz Cz.* Swedenborg i Dostojewski / *Cz. Miłosz.* Zaczynając od moich ulic. — Wrocław: Wydawnictwo Dolnośląskie, 1990, s. 305.

[329] Прав Ксавье Тильетт, когда пишет, что парадокс Достоевского заключён в конфликте Христа, «который вне истины», с истиной (См.: *Достоевский Ф. М.* Из письма Н. Д. Фонвизиной 1854 г. / Указ. соч. — Т. 28, кн. 1, с. 176.), и что такое «положение абсурдно, которое могло бы уничтожить любую идею христианской философии». Цит. по: *Tilliette X.* Philosophia Chrystus / *X. Tilliette.* Chrystus filozofów. Prolegomena do chrystologii filozoficznej / Przeł. z języka franc. A. Ziernicki. — Kraków: Znak, 1996, s. 44. (Franc.: Le Christ de la philosophie. Prolégoménes a une christologie philosophique).

шую для российской «immortologii»,[330] религиозной и Достоевского, — отрицание Воскресения Христа[331] и вытекающее отсюда отрицание бессмертия[332] и жизни вечной (в частности, бурный спор Фёдора Карамазова с Иваном Карамазовым в присутствии Алёши).

В высказываниях героев его «романа-трагедии» (В. Иванов) можно обнаружить множество мыслей, просто утопленных Магистратом по целому ряду законодательно принятых обвинений, согласно статьям веры, таких как: отказ от первородного греха, от идеи невидимой духовной Церкви без посредничества «института Спасения» (покаяние, исповедь, таинства), отрицание церковной миссии как хранителя депозита веры и интерпретатора истины Откровения, Писания и т.п.

Примеры можно множить, однако для нас ключевым остаётся вопрос о том, какие из названных тут учений или взглядов, что обнаруживаются в разговорах героев Достоевского, можно приписать писателю. Наш ответ таков: все и ни одного. Все — ибо речь идёт о том, что говорят герои *его* романа. Ни одного — ибо он нигде не признавался, что разделяет хотя бы одно из тех высказываний.

Его воплощённый Бог не является ни идеей, ни космическим сознанием из области древнего гнозиса, согласно которому существо Бога и человека суть одно и то же, а спасение понимается как «высвобождение пневмы [от *греч.* pnéuma — atos — *дух,*

---

[330] *Sawicki A.* Rosyjska immortologia. Śmierć i nieśmiertelność w poglądach myślicieli XVIII–XX w. — Białystok; Kraków: Wydawnictwo Prymat, 2016.

[331] *Krasicki J.* Depozyt Zmartwychwstania a religijna myśl rosyjska. — Zeszyty Historyczno-Teologiczne. Rocznik Collegium Resurrectianum. — Kraków, 2005, r. XI, № 11, s. 41 i nn. «Отрицание Воскресения» литовский исследователь А. Мацейна точно оценивает — как знак духа Антихриста. Поскольку не может быть Воскресения без Воплощения, Мацейна замечает, что Дьявол, который навещает Ивана Карамазова, целью для главных своих злобных выпадов выбирает именно факт Воплощения. См.: *Мацейна А.* Тайна беззакония / Пер. Т. Ф. Корнеевой-Мацейнене. — СПб.: Алетейя, 1999, с. 151. «Моя мечта это — воплотиться, но чтоб уж окончательно, безвозвратно, в какую-нибудь толстую семипудовую купчиху и всему поверить, во что она верит». — *Достоевский Ф. М.* Братья Карамазовы / Указ соч. — Т. 15, с. 73–74.

[332] *Лаут Р.* Философия Достоевского... С. 207–209.

дыхание, вздох] из заключения материи».[333] Не является он и Абсолютом, пришедшим к познанию Себя на основе древнего гнозиса или философского гнозиса XIX века (например, Гегеля),[334] путём исторических манифестаций, одна из которых гласит об Иисусе историческом.[335] Не есть Он исторический, в смысле случайности — «чисто историческим фактом», — читаем мы в работе И. Евлампиева,[336] но коль скоро эта божескость проявила себя, согласно воззрениям гностически мыслящего Фихте, Бог — да, был Иисусом, но не в обратном порядке, что в заключение значит, будто Иисус и не был Богом. Воплощённый Бог Достоевского — и не Христос тоже, который понимается единственно как идеал[337] — нравственный, трансцендентный, идеальный, моральный взгляд Канта, развитый Гегелем в качестве диалектики Абсолютного Духа, что, по сути, представляет собой обновлённую гнозу Валентина.[338] Он есть Абсолют, согласно философской гнозе XIX века, провозгласившей тождество Бога и человека, которое Иисус, не будучи Сам Богом, только открывает перед человеком, указывая единственно на это тождество.[339]

---

[333] *Taubes J.* Zachodnia eschatologia / Przeł. A. Serafin. — Wa-wa: Fundacja Augusta hr. Cieszkowskiego, 2016, s. 87.

[334] *Ja jestem prawdą.* Antologia tekstów o Chrystusie, wybór i oprac. K. Frączek. — Kraków: Wydawnictwo «M»., 2004.

[335] *Bartnik Cz.* S. Historyczność Jezusa Chrystusa...; *Kudasiewicz J.* Jezus historii a Chrystus wiary...

[336] *Евлампиев И. И.* Поиски новых религиозных и философских оснований. Достоевский и Фихте / *И. И. Евлампиев.* Философия человека в творчестве Ф. Достоевского... С. 343 и др.

[337] *Там же.* С. 358.

[338] Валентин (Valentinus) — римский поэт, философ-гностик, родом из Египта (конец I века — 161 г.). Его часто называли гностиком за то значение, которое он придавал мистическому познанию («гноза»). См.: *Ganoczy A.* Stwórczy człowiek i Bóg Stwórca / Przeł. P. Pachciarek. — Wa-wa: Instytut Wydawniczy PAX, 1982. На гнозу Гегеля первым обратил внимание Ф. К. Баур. В своей работе «Die christliche Gnosis oder die christliche Religionphilosophie» (Tübingen, 1935) он подчёркивал, что Гегель является истинным наследником велентинской гнозы. На эту тему см. также: *Couliano I. P.* Gnostycyzm jako wzorzec analogiczny / Przeł. I. Kania. — Znak, Kraków, 1991, № 7, s. 40–53; *Dorosz K.* Przeciw gnostykom. — Aneks, Kwartalnik polityczny. — Londyn, 1984, № 35, s. 3–33.

[339] Тут мы имеем в виду интерпретацию И. Евлампиева, который прочитывает произведения писателя в духе философской гнозы XIX века, главным образом — Фихте. См.: *Евлампиев И. И.* Поиски новых религиозных и философских оснований... С. 330 и др.

Подытожим. Без сомнения, каждая такого рода христология или евангелие, согласно которым несёт высвобождение и спасает только гнозис (греч. γνῶσις — знание), и никакого другого внешнего спасителя нет, кроме того, кто сам себя спасает посредством знания своей природы, согласно мысли, заключённой в принципе Salvatus salvandus — *Спасающий есть спасённым* (лат),[340] по-видимому, не является ни евангелием Достоевского, ни его христологией.

Но правда и то, что, если бы писатель не давал права голоса тем другим, разным его персонажам, его собственный голос был бы правильным, но не в затёртом ныне смысле «политической правильности», а в понимании «богословской правильности». Тогда писатель и вправду был бы «правильным богословом», но заурядным писателем, его голос звучал бы в поддержку той или иной позиции, но никогда не был бы голосом гениального художника. Происходит так потому, что Достоевский нигде и никогда не бывает «над» полемиками, он внутри них, он не поучает, а слушает, и в этом особенность его голоса.

БОГ-ЧЕЛОВЕК И БОГ, КОТОРЫЙ «НЕ ЗАСЛУЖИЛ» ЗАЩИТЫ

Гениальность и оригинальность христологического подхода Достоевского состоит и в несколько ином. Именно в том, что у него Бога невозможно представить без человека, а человека — без Бога. То есть без Богочеловека. Для Достоевского, как о том пишет св. Иустин (Попович), в отличие от множества философских понятий, размывающих Личность Христа в суммирующем синтезе, «Бог-человек — это смысл и цель истории: но не всечеловек, составленный из отходов всех религий, а всечеловек=Богочеловек».[341] Сербский святой считает, что «Трансцендентного

---

[340] *Quispel G.* Gnoza / Przeł. B. Kita. — Wa-wa: Instytut Wydawniczy PAX, 1988; *Rudolph K.* Gnoza. Istota i historia późnoantycznej formacji religijnej / Przeł. G. Sowiński. — Kraków: NOMOS, 2003.

[341] Попович *Иустин (Преподобный).* Введение / *Иустин* Попович. Философия и религия Ф. М. Достоевского / Перевод д. филол. н., проф. И. А. Чароты. — Минск: Издатель Д. В. Харченко, 2007, с. 6. Прямо противоположную—

Бога невозможно оправдать». И Его не надо ни оправдывать, ни обосновывать, ибо, делает вывод Преподобный Иустин, Он этого «не заслужил».[342] Точно так же не делает этого и Достоевский, знаток и защитник «человеческого» Бога.

Святой Иустин (Попович) пишет: «Бог, Который не был в человеке, не имеет права быть Богом человечества. Лишь Бог, Который был в человеке, Который жил жизнью человека и не утратил ни одного из Своих Божественных свойств, только такой Бог может оправдать Себя перед измученным человечеством. Таким Богом был, есть и будет Христос, и только Христос. Он Своей человеческой сущностью оправдал Бога и Своей Божественностью оправдал человека. Он — не идея, а живая реальность, осуществлённый идеал — видимый, осязаемый, воплощённый и воплотимый. Он — не идея, а Богочеловеческая Личность. В Нём Бог и человек сближены и сопряжены до личностного единства. Все в Нём богочеловечно, и нет ничего, что было бы только Божественным или только человеческим. <...>
В Нём обитает вся полнота Божества телесно» и вся полнота человечества. Он — Истинный Бог и истинный человек, единственная Личность, в Которой достигнуто и осуществлено со-

---

философскую и одновременно гностическую концепцию Бога у Достоевского предложил И. Евлампиев. По его мнению, идея Бога у Достоевского была отчётливо выражена в бунте Ивана Карамазова из «Братьев Карамазовых», а также в прокламациях Кириллова из «Бесов» и находится под воздействием идей Фейербаха. Согласно точке зрения русского философа, «Фейербах большое влияние оказал на Достоевского <...> По существу, Достоевский принимает концепцию Фейербаха о том, что образ Бога в традиционном христианстве — есть некая проекция божественной сущности самого человека», и что «это вера не столько в Бога, который вне человека находится, Иван Карамазов в одном месте так прямо это и говорит, а вера в то, что в самом человеке божественное начало есть. Человек — это и есть божественное существо, в нем есть божественное измерение, которое ещё предстоит раскрыть. Понятно, что Кирилов это слишком прямолинейно выражает: «Я — Бог», Иван Карамазов более, может быть, тонкий. В человеке, в нашей сущности заложено абсолютное божественное измерение, которое нам ещё предстоит раскрыть, которое мы призваны раскрыть в своей жизни. Это и будет Бог, глубина нашей трансцендентной сущности — это и есть Бог, который раскрывает себя в наших деяниях, в нашей жизни, в нашей борьбе за совершенство». — См.: *Евлампиев И. И.* Во что верил Достоевский. https://rhga.ru/science/conferences/rusm/stenogramms/what_dostoevskii_believed_in.php

[342] Попович *Иустин (Преподобный).* Философия и религия Ф. М. Достоевского... С. 138–139.

вершенное равновесие между Богом и человеком, в Которой человек стал Человеком, достиг предельной глубины, широты и высоты своей личности и стал Личностью».[343]

«Благая весть» Достоевского является благой именно для всего творения, и это — антигноза, а не так или иначе понятая гноза. Агностическим образом писатель прочитывает в «Братьях Карамазовых» Кану Галилейскую из своего любимого Евангелия от св. Иоанна, гностический контекст которой достаточно хорошо известен и очевиден. Но он читает его агностически, то есть телесно, «соматически».[344] Для него все беды мира берутся не из того, что мир — плотский и материальный, а из того, что он постоянно находится вне действительности Воплощения, и Христос в нём, если можно так сказать, постоянно остаётся «не-до-воплощенный»...

---

[343] *Там же.*

[344] В Библии выступают два термина для определения тела: «сарк» (греч $\sigma\acute{\alpha}\rho\xi$ — плоть, мясо, в широком смысле — тело) и «сома» (греч. $\sigma\tilde{\omega}\mu\alpha$ — тело). Поскольку в польском языке не употребляется прилагательное, образованное от греческого существительного $\sigma\acute{\alpha}\rho\xi$, мы применяем прилагательное «соматический», тогда как термин «тело» будем употреблять в смысле греческого «сарк» как «физическое тело» или «плоть» (дословно — «мясо»). Именно в таком значении это слово выступает в Прологе Евангелия от св. Иоанна («И Слово стало плотию» — kai ho logos sarks egeneto; Ин. 1:14). См.: *Ciało. Słownik teologii biblijnej. Dzieło zbiorowe* / Red. naczelny X. Léon–Dufour / Tłumaczył K. Romaniuk. — Poznań: Pallotinum, 1994, s. 140 i nn.

Христос в Петербурге

ГОРОД И ЭМИССАР ИЗ ШВЕЙЦАРИИ

Петербург — особый город, он «познавал самого себя не столько из описания реалий жизни, быта, своей всё более и более углубляющейся истории, сколько из русской художественной литературы» (Владимир Топоров).[345] Одним из источников этого самопознания были сочинения Достоевского, в частности его роман «Идиот». Независимо от того, что в подавляющих случаях действие произведений писателя разворачивается тут, выбор этого «самого фантастического города, с самой фантастической историей из всех городов земного шара»,[346] города «на грани бытия и небытия, реальности и фантасмагории, которая через минуту, словно дымка, рассеется и исчезнет»,[347] «пожалуй, самого своеобразного и самого захватывающего города Европы»,[348] где «всё возможно»,[349] и где место действия обретает значение символа.

Неслучайно Освальд Шпенглер сравнивал этот город, который, точно прыщ, выскочил посреди болот и мужиков, с вновь

---

[345] *Топоров В. Н.* Петербургский текст русской литературы. Избранные труды. — СПб.: Искусство — СПб., 2003, с. 5.

[346] *Достоевский Ф. М.* Зимние заметки о летних впечатлениях / Указ. соч. — Т. 5, с. 57.

[347] *Iwaszkiewicz J.* Dostojewski / J. Iwaszkiewicz. Petersburg. — W-wa: Instytut Informacji Naukowej, 1976, s. 36.

[348] *Там же.*

[349] *Топоров В. И.* Поэтика Достоевского и архаические схемы мифологического мышления. — М.: РГГУ, 1995, с. 8 (Ср.: «Я убеждён, что в Петербурге много народу, ходя, говорят сами с собой. Это город полусумасшедших... Редко где найдётся столько мрачных, резких и странных влияний на душу человека, как в Петербурге...» Цит.: *Достоевский Ф. М.* Преступление и наказание / Указ. соч. — Т. 6, с. 357.)

возникавшими городами эллинистической эпохи: «*Петербург — самый отвлечённый и умышленный город на всём земном шаре*, — замечает Достоевский.[350] — Хотя он здесь и родился, у него не раз возникало чувство, что в одно прекрасное утро город этот растает вместе с болотным туманом.[351] Вот и полные духовности эллинистические города были повсюду рассыпаны по арамейскому крестьянскому краю — словно жемчужины, глядя на которые хочется протереть глаза. Такими их видел в своей Галилее Иисус. Таким было, должно быть, и ощущение Петра, когда ему предстал императорский Рим. Всё, что возникло вокруг, с самой той поры воспринималось подлинной русскостью, как отрава и ложь. Настоящая апокалиптическая ненависть направляется против Европы».[352]

Петербург, хоть и лежит на краю Европы, тем не менее, представляет собой пограничный город,[353] находящийся, так сказать, на перекрёстке направлений во все стороны света. Он не только самый европейский из всех русских городов, но и «самый европейский город в Европе».[354] В этом месте «великого пограничья»[355] действительность обретает апокалиптический масштаб.

---

[350] *Достоевский Ф. М.* «Записки из подполья» / Указ. соч. — Т 5, с. 101.

[351] Подросток / *Там же.* — Т. 13, с. 113. (Ср.: «А что как разлетится этот туман и уйдёт кверху, не уйдёт ли с ним вместе и весь этот гнилой, склизкий город, подымется с туманом и исчезнет как дым, и останется прежнее финское болото, а посреди его, пожалуй, для красы её бронзовый всадник на жарко дышащем, загнанном коне»).

[352] *Шпенглер О.* Закат Западного мира. Очерки морфологии мировой истории. Полное издание в одном томе / Пер. с нем. и прим. И. И. Маханькова. — М.: Альфа-Книга, 2010, с. 651.

[353] *Кантор В. К.* Вступление. Петербургский писатель. Петербург Достоевского как пограничный город / *В. К. Кантор.* Судить Божью тварь. Пророческий пафос Достоевского: Очерки. — Москва: РОССПЭН, 2010, с. 7.

[354] *Щелкин А. Ф.* Форма, освободившаяся от времени содержания. О саморазрушении и самосохранении Петербурга / Санкт-Петербург как эстетический феномен / Отв. ред. Е. Н. Устюгова. — СПб.: Санкт-Петербургский государственный университет, 2009, с. 71.

[355] «Россия — страна фронтира не в меньшей степени, чем Северные штаты Америки. Эта тема-сравнение часто звучала в философско-исторической литературе. Фронтир в оренбургских степях, фронтир в Сибири, но фронтир — это и Петербург. Через этот город прошли все мыслимые и немыслимые границы — духовные, архитектурно-градостроительные, религиозные (православные, лютеране, католики и т.д.), фронтир по горизонтали, фронтир по вертикали. См.: *Кантор В. К.* Вступление. Петер-

Тут Достоевский, как исследователь в бактериологической лаборатории, наблюдающий за появляющимися микробами зла, будто раскладывает их под стеклом микроскопа. Оттого образы этого места и живущих в нём людей на страницах его сочинений предстают нереально увеличенными во много раз, а фигуры, наслаиваемые друг на друга, — деформированными и часто карикатурными.[356] Этот город — место борьбы дьявола с Богом, эдакая пародия на Божественный город: Достоевский осыпает его проклятиями.

С данной целью в этот город-призрак, откуда вместо смертной казни по царской милости он был сослан в Сибирь, город, где много лет жил и где закончил свой земной путь, Достоевский присылает своего эмиссара — «совершенного человека». Но проблема, как видим, в том, что делает он его князем Мышкиным, прибывающим из Швейцарии недоразвитым пациентом одного из её Заведений для умственно отсталых.

По мнению Леонида Гроссмана, князь Мышкин «воплощает представление Достоевского о прекрасном человеке. Скромный, искренний и чуткий, сочувствующий всем униженным и оскорблённым, мечтающий о счастье и мире всех людей, он друг детей, защитник больных, покровитель „падших“. Вот почему он и представляется всем благоденствующим членам общества „юродивым“, „идиотом“, ничтожеством».[357]

Более того, он и должен быть «идиотом», в самом прямом, древнехристианском смысле этого слова,[358] вброшенном ныне в медицинскую терминологию. Мышкин приезжает из Швейца-

---

бургский писатель. Петербург Достоевского как пограничный город / *В. К. Кантор.* Судить Божью тварь... С. 7.

[356] *Зёрнов Н. М.* Достоевский / *Н. М. Зёрнов.* Три русских пророка... С. 203.

[357] *Гроссман Л.* Достоевский. Жизнь замечательных людей /Серия биографий. — М.: Молодая гвардия, 1965. — Вып. 357, с. 422.

[358] Аналогично Иисуса понимал Ницше, который, по словам Карла Ясперса, отказывался использовать в отношении его такие понятия, как «герой» или «гений». Ясперс цитирует Ницше: ««Любой физиолог, строго говоря, употребил бы здесь совсем другое слово — слово «идиот». <...> Слово «идиот» Ницше понимает при этом точно в том же смысле, в каком Достоевский называл «идиотом» своего князя Мышкина». См.: *Ясперс Карл.* «Ницше и христианство». Введение / Перевод с немецкого Т. Ю. Бородай. — М.: Московский философский фонд МЕДИУМ, 1994, с. 1. https://www.nietzsche.ru/look/xxa/nietzsche-hrist

рии,[359] однако на чужбине он не только сохранил чистоту души, но и не забыл русского языка, чему сам удивлялся.[360] Оказавшись, наконец, у своих, он, однако, остаётся с ними вдвойне чужаком: он прибыл из Европы, «страны святых чудес»,[361] и в то же время — из другого духовного мира. Физически он прибыл с Запада, из Европы, но вот духовно — из забытого мира «святой Руси».[362] И хотя такие герои романа, как младенец Коля или пьяница Апокалиптик полагают, что нет на свете мудрее человека среди всех жителей Петербурга, с которыми ему предстоит встречаться, уже сейчас они принимают его за глупца.

И всё же, удалась ли Мышкину миссия, с какой его отправил Достоевский в этот город? Можно ли признать её удачной, коль скоро, не исцелив его жителей от их духовных недугов, сам после трагических петербургских событий, связанных с его любовью к Настасье Филипповне и её убийством ревнивым Рогожиным, его настигает очередной болезненный кризис, и он вынужден вернуться на лечение туда, откуда приехал, то есть в Швейцарию, в заведение профессора Шнайдера?[363] А не является ли то, что выставляет Достоевский перед своим читателем, великим искушением? Это именно так должен выглядеть «совершенный человек»?

БЫТЬ СУМАСШЕДШИМ

Роман Достоевского не является просто пасквилем на обывателя XIX века. Аналога ему не найти — как в русской, так и в европейской прозе того же периода, несмотря на то, что и по содержанию, и по самому жанру определённые сходства с сочинениями тех лет, безусловно, имеются. Через восприятие Мышкиным Петербурга воспроизводятся глубинные — не только общественные, но и духовные связи, и прежде всего евангельские,

---

359 *Достоевский Ф. М.* Идиот / Указ. соч. — Т. 8, с. 6.

360 *Там же.* С. 25.

361 *Достоевский Ф. М.* Дневник писателя 1881 г. / Указ. соч. — Т. 5, с. 36.

362 *Зеньковский В. В.* Русские мыслители и Европа... С. 235.

363 *Достоевский Ф. М.* Идиот. Заключение / Указ. соч. — Т. 8, с. 508.

перекликаясь с тем чувством, о каком говорит Он, скорбя о судьбе Иерусалима: «...и разорят тебя, и побьют детей твоих в тебе, и не оставят в тебе камня на камне за то, что ты не узнал времени посещения твоего» (Лк: 19, 44).

Если взглянуть на Мышкина-Христа в контексте этих связей, станет очевидным, что, несмотря на то, что он был вызван в Петербург по наследственному делу, да ошибся адресом, его философские выводы (в доме Епанчиных его приняли за философа) и рассказы о загранице должны бы были провалиться в пустоту. Характерно, однако, что при этом он получает признание у комментатора Апокалипсиса пьяницы Лебедева, у кого в Павловске на даче до рассвета ведутся дискуссии и споры, как и у благородного, хоть немного экзальтированного мальчика Коли Иволгина. Все остальные, в особенности Ганя (Гаврила Ардалионович Иволгин, секретарь генерала Епанчина), оказались против Мышкина, точно ученики, покинувшие Христа.[364]

И если в «Преступлении и наказании» Свидригайлов говорит Раскольникову: «Я убеждён, что в Петербурге много народу, ходя, говорят сами с собой. Это город полусумасшедших. Если б у нас были науки, то медики, юристы и философы могли бы сделать над Петербургом драгоценнейшие исследования, каждый по своей специальности. Редко где найдётся столько мрачных, резких и странных влияний на душу человека, как в Петербурге»,[365] — на таком фоне Мышкин представляется, как бы это сказать, совершенно сумасшедшим. Он абсолютно другой, ни на кого не похожий и к тому же разный (латинское слово varius имеет именно это значение), и его действительно можно опасаться не только за внешний вид. Где бы он ни появился, за ним следуют ад, разрушение и смерть. Он — «чужой», не приживается в мире, и при этом мир делает его «чужим» самому себе, он — словно по Шекспиру — постоянно «выпадает из колеи». Такова спорная и шокирующая «святость» Мышкина.

---

[364] *Исупов К. Г.* Метафизика Достоевского... Автор имеет в виду исследование Г. Гессе. Размышления об «Идиоте» Достоевского. Статья написана в 1919 году и впервые вышла в журнале «Vivos voco!» в 1920 году, № 4. Русское издание см.: *Гессе Г.* Письма по кругу / Пер. с нем. / Сост., авт. предисл. и коммент. В. Д. Седельник. — М.: Прогресс, 1987, с. 116–117.

[365] *Достоевский Ф. М.* Преступление и наказание / Указ. соч. — Т. 8, с. 357.

Права Седакова, считая, что ключом к пониманию святости у Достоевского является категория диастазы, трещины, разрыва, а не целого, процесса, эволюции, которая всегда была для него как социализм, филантропия и либеральный гуманизм — тьма. Русская исследовательница пишет: «Святость представляет собой у Достоевского такой же скандал, как глубинный грех. Здесь происходит разрыв континуума: земная, мирская доброта у него не переходит в святость, между ними бездна. Святое, Божие понимается как „Совершенно Иное“».[366]

В этом, полагает Седакова, заключена разница между святостью у Достоевского и у Константина Леонтьева, при всей его византийской суровости и инаковости религии византийского аскетизма, но «приручённого». В то время как у Леонтьева она вытекает из культа и есть предвиденное, «у Достоевского же святое является в своей простоте и непредвиденности (в определённом смысле, не чудесности, не защищённости чудом — ср. эпизод с мощами Зосимы) и оказывается скандалом (в этимологическом смысле слова *skandalos*, греч. — соблазн), причём, прежде всего скандалом для хранителей предания (скандал Великого Инквизитора). Да и вообще для „добрых людей“: „Зачем же такие преувеличения? Есть же мера“. Но меры нет, и это являет святость».[367]

ДРУГОЙ УМ

Другой ум — Мышкин прибывает в Россию, но, как замечает русский философ Григорий Померанц, ещё не догадывается, на какую планету попал. Ему кажется, что возвращается в свою духовную отчизну и открывает каждому русскому, кого встречает, свою душу так, словно все они были «гипостазой одного человека»,[368] вроде бы существовала только одна единственная Россия-Русь и, по сути, лишь она была «святой

---

[366] *Седакова О. Поэтика / Указ. соч. —* Т. 3, с. 191.

[367] *Там же.*

[368] *Померанц Г. С. Князь Мышкин / Г. С. Померанц.* Открытость бездне. Встречи с Достоевским. — М.: Советский писатель, 1990, с. 277.

и соборной».[369] Однако тут он глубоко заблуждается, полагает Померанц, ибо Россия, куда он прибыл, вроде бы должна была его поддержать, в действительности приговаривает к жертве. Князь представляется кем-то не от мира сего, с какой-то другой планеты, и хотя он был вызван по наследственному делу семьи именно в Петербург, никто в этом городе его не ждёт — словно в современном secular city (англ.) — *светском городе*.[370] И точно в современном городе, описанном современными же теологами посредством «смерти Бога», в этом городе уже и места нет не только для Бога, но и для «совершенного человека». И не в том смысле, что Мышкин-Христос, приехав издалека, и по прошествии долгого времени даже не подумал о том, что тут ему негде остановиться.[371]

Эту последнюю из неприятностей можно отнести за счёт его непрактичности и врождённой неразвитости, ибо князь был «просто дурачок», что становится известно с первых же страниц романа, даже лакей, который должен о нём доложить генералу Епанчину, пришёл к такому выводу.[372] Это «нет места», однако, имеет более широкое значение.

Зияние, разверзшееся между порядком, нарушенным Мышкиным, и тем, в каком действуют жители Петербурга, проявляет нетипичное поведение князя в повседневности и в жизненных ситуациях. Множество примеров свидетельствуют, что разобраться в них доставляет ему немало трудностей. Мышкин, говорит Бурсов, будто и не ступал ногами по земле.[373] Он, несмотря на то, что разбивает в доме Епанчиных дорогую китайскую

---

[369] *Там же.*

[370] *Winling R.* Teologia współczesna 1945–1980 / Przeł. K. Kisielewska-Sławińska. — Kraków: Znak, 1990, s. 256–261.

[371] Мы догадываемся об этом по следующему разговору: « — Да, господин Павлищев, который меня там содержал, два года назад помер; я писал потом генеральше Епанчиной, моей дальней родственнице, но ответа не получил. Так с тем и приехал.
— Куда же приехали-то?
— То есть где остановлюсь?.. Да я не знаю ещё право... так...
— Не решились ещё?
И оба слушателя снова захохотали».
См.: *Достоевский Ф. М.* Идиот / Указ. соч. — Т. 8, с. 7.

[372] *Там же.* С. 18.

[373] *Бурсов Б.* Личность Достоевского... С. 631.

вазу, добивается благосклонности самой молодой и красивой из дочерей Епанчиных — Аглаи, но, однако, не решается на ней жениться. Где же тут логика и в чём она?

Не трудно разглядеть, что князь в своих приоритетах и решениях руководствуется иным и до конца неясным человеческим умом и логикой, отличными от общепринятых, а за его внешностью скрывается едва приметная, хоть и физически не видимая, внутренняя идентичность. Таким он предстаёт уже на первой странице романа, где читаем, что туманным зимним утром, в конце ноября, он вышел из вагона поезда в Петербурге на вокзале Петербургско-Варшавской железной дороги, вместе с только что познакомившимся с ним Порфирием Рогожиным. Рогожина уже ждала его пьяная компания. На Мышкине был «довольно широкий и толстый плащ без рукавов и с огромным капюшоном, точь-в-точь как употребляют часто дорожные, по зимам, где-нибудь далеко за границей, в Швейцарии или, например, в Северной Италии».[374] Какой ни была бы характеристика его внутреннего мира, но сразу становится ясно, что самим этим одеянием писатель как бы именно стилизует его под человека из чужого мира, без постоянного места жительства, странника, отшельника, не только не местного, но и homo viator (лат.) — путешественника, человека «в пути».

Любимый герой Достоевского Мышкин — одинокий скиталец, у него нет постоянного жилья, он устремлён в эсхатологическое Царствие Божие. В Швейцарии он живёт в санатории — нечто вроде лечебного заведения; в России по счастливому стечению обстоятельств находит приют в доме Епанчиных. И хоть его странничество носит скорее фигуральный характер, больше типологический, чем дословный, известный по агиографиям православной России, о нём можно сказать, что он, как и Христос, везде чужой, и нигде у него нет своего дома. К нему применимы слова, которые сказал Христос о Себе: «...лисицы имеют норы, и птицы небесные — гнёзда, а Сын Человеческий не имеет, где приклонить голову» (Лк: 9, 58). Он приходит из некоего другого мира и опять же в другой мир устремляется.

---

[374] *Достоевский Ф. М.* Идиот / Указ. соч. — Т. 8, с. 6.

Неузнанный Христос прибывает инкогнито в город, который не знает, что значит время для его «посещения». И оказывается в secular city (анг.) — *светском городе*, где живут, по выражению Сёрена Кьеркегора, «христианские язычники».[375]

При всей отдалённости от примеров святости древней Руси,[376] тот, кто хоть немного знает историю России, сразу уловит духовные ориентиры родословной Мышкина, в силу самой типологии, обращённой к истории «Святой Руси».[377] Юродство, или «мы юроди Христа ради», — сложное и многоаспектное явление русской культуры.[378] В контексте образа Мышкина стоит подчеркнуть, что с этой категорией сближаются и такие понятия, как отщепенец, отщепенство,[379] отличие, инаковость, смехотворность, наивность, прямодушие, дурость.

---

[375] «Жизнь христианского язычества не является ни виновной, ни невинной, оно, собственно, не ведает разницы между настоящим, прошедшим, будущим, вечным». — См.: *Кьерегор Сёрен.* Страх и трепет. Понятие страха. — М.: Культурная революция, 2010, с. 213.

[376] *Федотов Г.* Святые древней Руси. — М.: ЛомоносовЪ, с. 179–191; польские издания на эту тему: *Fiedotow G.* Święci Rusi (X–XVII w.) / Przeł. H. Paprocki. — Białystok: Bydgoszcz, 2002, s. 189–201; *Wodziński C.* Św. Idiota. Projekt antropologii apofatycznej. — Gdańsk: Wydawnictwo Słowo/ Obraz/ Terytoria, 2011; *Behr-Sigel E.* Starcy rosyjscy / Przeł. L. Bieńkowski. — Concilium, 1968, № 1–10.

[377] *Thompson E.* Zrozumieć Rosję. Święte szaleństwo w kulturze rosyjskiej / Przeł. E. Litak. — W-wa: Teologia Polityczna, 2019.

[378] «Юродство — сложный и многоликий феномен культуры Древней Руси. О юродстве большей частью писали историки церкви, хотя историко-церковные рамки для него явно узки. Юродство занимает промежуточное положение между смеховым миром и миром церковной культуры. Можно сказать, что без скоморохов и шутов не было бы юродивых. Связь юродства со смеховым миром не ограничивается „изнаночным" принципом (юродство, как будет показано, создаёт свой „мир навыворот"), а захватывает и зрелищную сторону дела. Но юродство невозможно и без церкви: в Евангелии оно ищет своё нравственное оправдание, берёт от церкви тот дидактизм, который так для него характерен. Юродивый балансирует на грани между смешным и серьёзным, олицетворяя собою трагический вариант смехового мира. Юродство — как бы „третий мир" древнерусской культуры». См.: *Панченко А. М.* Смех как зрелище / *Д. С. Лихачёв, А. М. Панченко, Н. В. Понырко.* Смех в Древней Руси. — Л.: Наука, 1984, с. 72.

[379] Факты и знаки: Исследования по семиотике истории. — М.: ИСл РАН, 2010. Вып. 2. См. также: *Panczenko A.* «„Odszczepieniec" i „odszczepieństwo" jako pozycja społeczno psychologiczna w kulturze rosyjskiej — na materiale z epoki przedpiotrowej („swoje" i „obce" w historii kultury rosyjskiej)». — *A. Panczenko.* Semiotyka dziejów Rosji / Wybór i przekład B. Żył-

ВОСТОК И ЗАПАД

Мышкин приезжает в Петербург из Европы — той, что звалась «страной святых чудес», как писал Достоевский в «Зимних заметках о летних впечатлениях», и вместе с тем была мощно насыщена знаково. Так вот, Мышкин приезжает с Запада, а у Достоевского Запад — это ещё и край тьмы в семиотической системе русского православия: во сне Версилова («Подросток») «заходящее солнце первого дня европейского человечества» после его пробуждения тотчас обратилось для него в «заходящее солнце последнего дня европейского человечества!».[380]

А потому заход солнца, пишет В. Топоров, — это не только определённое событие в распорядке дня, принадлежность к хроносу, но и мифологический знак. «Особое место у Достоевского занимает час заката солнца (то же, как известно, характерно и для мифопоэтической традиции, где ежесуточный закат солнца соотносится с ежегодным его уходом)». В таком смысле закат у Достоевского — «не только знак рокового часа, когда совершаются или замышляются решающие действия, но и стихия, влияющая на героя». И далее уточняет: «...вечерний закатный час вечен, вневременен; он не членим, как не членим сакральный центр среди профанического пространства; он и есть та чистая схема мифомышления, которая постоянно воспроизводится в художественном и религиозном сознании как некий образец».[381] Запад — это то место, где заходит солнце (что имеет глубоко символическое значение); это — оппозиция раю,[382] который находится на востоке («И насадил Господь

---

ko. — Łódź: Wydawnictwo Łódzkie, 1993; *Панченко А.* Древнерусское юродство / Д. С. Лихачёв, А. М. Панченко, Н. В. Понырко. Смех в Древней Руси. — С. 72–153.

[380] *Brzoza H.* Dostojewski. Między mitem... S. 219.

[381] *Топоров В. И.* Поэтика Достоевского и архаические схемы мифологического мышления. С. 8.

[382] *Przybył E.* Raj / Идеи в России. Ideas in Russia. Idee w Rosji. Leksykon rosyjsko-polsko-angielski / Red. J. Kurczak. — Łódź, 2009, t. 7, s. 388.

Бог рай в Едеме на востоке. Быт: 2, 8),[383] а говоря топонимически[384] — место сатаны.

Отсюда происходят юродивые, что может показаться странным, ибо первоначально они возникли не в России, а прибывали сюда из других стран, по словам Цезария Водзинского, чтобы отказаться от «фальшивой латинской веры» и принять правую веру, то есть православную (*гр.* orthodoxia — *рус.* Православие). По русскому убеждению, о чём пишет Константин Исупов, «Русь — последняя преемница правой веры, её народ призван к ответственному сакральному служению пред Богом верных и к мирской этике „боления за всех" (Достоевский), что определяет смысл всемирной миссии новообращённого народа и входит в промыслительные замыслы Творца».[385] А потому, по словам Водзинского, парадоксальна родословная юродивых, хотя, читаем мы, «её явление структурно вкомпоновано в пейзаж русской православной духовности».

В контексте вопроса об их происхождении мы оказываемся перед удивительным фактом: «Юродивые по происхождению — не из России. Они произошли в другом месте».[386]

---

[383] «Молитва, с лицом, обращённым в направлении востока, одновременно была и выражением тоски о рае, ибо известно, что место пребывания возлюбленного Господа находится, как когда-то земной рай (Быт 2, 8), на востоке, и именно с той стороны надлежит ожидать Второго пришествия Господа в последний день. Эта глубокая и многоаспектная символика переводит и ориентиры христианских храмов и могил на восток, где это только возможно. Эта же символика обосновывала и старый литургический ритуал, согласно которому определялось отношение оглашённых (катехуменов) к принесению обетов во время таинства крещения: отрекаясь от сатаны, духа тьмы, они должны встать лицом на запад — место захода солнца, а затем обратиться на восток — место восхода солнца, и присягнуть на верность Христу». — Цит. по: *Forstner D.* Świat symboliki chrześcijańskiej / Przeł. W. Zakrzewska, P. Pachciarek, R. Turzyński. — Warszawa: Instytut Wydawniczy PAX, 1990, s. 96.

[384] *Paprocki H.* — Lew i mysz... S. 90 i nn. На тему топонимики, ономастики и антропонимии пишет также российская исследовательница: *Скуридина С. А.* Поэтика имени у Ф. М. Достоевского (на материале романов «Подросток» и «Братья Карамазовы»). — Воронеж: Воронежский государственный университет, 2007.

[385] *Исупов К. Г.* Апокалиптика (из из лексикона «Космос русского самосознания»). — Общество. Среда. Развитие (Terra Humana), № 1(1), 2006.

[386] *Wodziński C.* Dostojewski F. M. List / *C. Wodziński.* Św. Idiota... S. 43.

ДВЕ ЧУЖЕСТИ

Говоря о Мышкине как чужом, мы не должны забывать, что Достоевский оперирует двумя категориями чужести. В его сочинении есть чужесть позитивная, положительная: в ней заключены скромность и «придурковатая» чужесть Мышкина, влюблённого в Русь; а также чужесть негативная, отрицательная, вредная, исходящая из бахвальства, презирающая Россию и всё русское. Первая чужесть распознаётся тотчас же после приезда Мышкина в дом Епанчиных.[387] Чужесть князя глуповата, но «симпатична»: «В нём есть, — пишет Л. Гроссман, — какая-то ясность и теплота, раскрывающие ту мудрость сердца, которая превышает самые отточенные и блестящие доводы рассудка».[388]

Чужесть негативная — это чужесть Ставрогина из «Бесов», человека, лицо которого напоминало маску. Тут есть и претенциозная, напыщенная и презирающая Россию чужесть писателя Кармазинова («Бесы»), в портрете которого был спародирован до карикатурности ненавистный Достоевскому Иван Тургенев.[389] Здесь, наконец, угадывается пустая и холодная чужесть Ивана Карамазова, с которым Митя пытается установить братские отношения, и об этом откровенничает с Алёшей: «В роднике его хотел водицы испить...», а он «молчит».[390] Интеллектуальной, надменной чужести Ивана, который мечтает уехать в страну, по его понятиям — оазис вольности и демократических свобод, то есть в Швейцарию, чужестям искоренённым, идущим, как на уничтожение, на утрату «почвы»,[391] писа-

---

[387] Сёстры Аделаида и Аглая Епанчины, воспользовавшись отсутствием Мышкина, делятся своими наблюдениями по поводу его особы:
«— Хорош, да уж простоват слишком, — сказала Аделаида, когда вышел князь.
— Да, уж что-то слишком, — подтвердила Александра, — так что даже и смешон немножко». — *Достоевский Ф. М.* Идиот / Указ. соч. — Т. 8, с. 66.

[388] *Гроссман Л.* Достоевский... С. 428.

[389] *Долинин А.* С. Тургенев в «Бесах» / Достоевский и другие. Статьи и исследования по русской классической литературе. — Л.: Художественная литература, Ленингр. отд., 1989.

[390] *Достоевский Ф. М.* Братья Карамазовы / Указ. соч. — Т. 15, с. 32.

[391] Этот термин непереводим и непонятен вне российского *Sitz im Leben* — *Места в жизни (нем.)* См.: *De Lazari A.* Gleba rosyjska / A. de Lazari. W kręgu

тель противопоставляет тёплую и скромную чужесть Мышкина, который как раз вернулся из Швейцарии после четырехлетнего лечения.

Швейцария — страна особого значения в творчестве и взглядах писателя, в те годы в ней концентрировалась жизнь русских анархистов и революционеров (тут действовал, например, Михаил Бакунин). Здесь же, в Швейцарии, до приезда в Россию, проходят свою идейную подготовку герои романа «Бесы»: молодой Верховенский, Кириллов, Шатов, а также «гражданин кантона Ури»[392] — Ставрогин, кончающий жизнь самоубийством.

Швейцария, которую писатель не любил за её пейзаж, а также ещё и за то, что, как гористая страна, она была полной противоположностью русской земле, её обширным просторам, без горизонтов, по Бахтину — негативный «хронотоп» всего его творчества.[393] В метафорическом смысле Швейцария была для писателя той же Америкой,[394] а в мифическом понимании Оппозиции России и Востока выступает антонимом раю и синонимом — аду.[395]

Fiodora Dostojewskiego... S. 55–60. См. также: *Szpakowska M. Światopogląd sformułowany Fiodora Dostojewskiego.* —Twórczość, W-wa, 1958, № 1.

[392] *Достоевский Ф. М.* Бесы / Указ. соч. — Т. 10, с. 513.

[393] Трудно согласиться с утверждением итальянской исследовательницы Симонетт Сальвестрони, что Мышкин приезжает «из светлого рая Швейцарии к мраку петербургского мира». Вопреки представленной тут семиотике происходит прямо наоборот. См.: *Сальвестрони С.* Библейские и святоотеческие источники романов Достоевского. — СПб.: Академический проект, 2001, с. 71.

[394] *Neuhäuser R.* What is Wrong with America. Dostoevsky and Others. Neoliberalism Criticized from Point of View of the Nineteenth Century? —Dostoevsky Studies. New Series, 2005, № 9.

[395] Чеслав Милош пишет: «Свидригайлов появляется на страницах романа точно фантом (призрак), как бы за пределами жизни. Готовится к своей «поездке в Америку», что в его устах, как и в устах Достоевского, звучит одинаково — поездка в Ад. Вспомним, например, как представлено пребывание Кириллова и Шатова в Америке. Конечно, Свидригайлов никакую поездку в виду не имеет, а подразумевает исполнить вынесенный самому себе приговор и, в итоге, кончает жизнь самоубийством. Он напоминает осуждённых на вечные муки, описанных Сведенборгом, и даже напрашивается сходство, возможно, из-за непроизвольной ассоциации первого слога этих двух имён: Свед и Свид». См.: *Miłosz Cz.* Swedenborg i Dostojewski / *Cz. Miłosz.* Zaczynając od moich ulic. S. 304–305.

Да, восклицает Достоевский, «какой истинный русский не думает, прежде всего, о Европе»,[396] но князь — не типичный русский, и в плане поставленной проблемы он иной, отличается от истинно русского хотя бы тем, что приезжает из Европы, а думает о России, более того, как пишет Григорий Померанц, — «Мышкин болен Россией».[397] Мышкин — «в известном смысле, интеллигент, ищущий народную почву», он — русский славянофил, полная противоположность фальшивому русскому Ставрогину, который, считает Померанц, мог бы жить себе где-нибудь в «сытом» месте на земле. Эти параллели легко расширяются: подобно Достоевскому, который возвращается в Россию после многолетнего пребывания в Европе, в этой нелюбимой Швейцарии, и «князь Мышкин возвращается в Россию как почвенник».[398] Мышкин, обращает внимание Померанц, «приезжает из Швейцарии — Ставрогин в Швейцарию хочет уехать».[399]

Швейцария героев Достоевского — страна, когда-то бывшая для писателя синонимом Европы, ведь она не столько приют вольности и демократических свобод, прав личности, сколько «страна святых чудес», предмет мечтаний и благоговейных воздыханий чаще всего закомплексованных в отношении Европы и Запада русских, но, вместе с тем, это — и место русских с их разочарованиями и смятением. Характерно, что именно словами о Европе — как извечной фантазии русских — заканчивается «Идиот»: в последних строках романа об этом говорит находившаяся за границей полудобровольно, по семейным обстоятельствам, Елизавета Прокофьевна — жена генерала Епанчина и дальняя родственница князя Мышкина.[400]

---

[396] *Достоевский Ф. М.* Дневник писателя за 1876 год. <Январь — Апрель> / Указ. соч. — Т. 22, с. 83. См. также: *Зеньковский В. В.* Русские мыслители и Европа... С. 228.

[397] *Померанц Г. С.* Князь Мышкин / *Г. С. Померанц.* Открытость бездне: Встречи с Достоевским. — М.: Советский писатель, 1990, с. 264.

[398] *Новикова Е. Г.* «Nous serons avec le Christ». Роман Ф. М. Достоевского «Идиот», с. 144.

[399] *Померанц Г. С.* Князь Мышкин... С. 264.

[400] «Бедной Елизавете Прокофьевне хотелось бы в Россию. И, по свидетельству Евгения Павловича (Радомского — *Я. К.*), она жёлчно и пристрастно критиковала ему всё заграничное: «Хлеба нигде испечь хорошо не умеют, зиму, как мыши в подвале, мёрзнут, — говорила она, — по крайней мере, вот здесь, над этим бедным, хоть по-русски поплакала», — при-

Эквивалентом Швейцарии, а одновременно и ада в мире Достоевского, является Америка, и, как нам напоминает Милош, именно адом представляется в «Бесах» пребывание там Кириллова и Шатова.[401] Насколько у Достоевского было прямо противоположное отношение к Европе (которую он, напомним, называл «страной святых чудес»), настолько его восприятие Америки было однозначно отрицательным. Это находит выражение в позиции Мити из «Братьев Карамазовых», который в своих рассуждениях видит в качестве альтернативы сибирской каторге побег в Америку, при этом открыто говорит, что её ненавидит. «Америка для него — это не способ избежать наказания, а способ заменить одно наказание другим, одно зло другим злом».[402]

ЗЕМЛЯ И «ПОЧВА»

Оппозиция Запад–Восток, как и Европа–Россия, соответствует у Достоевского оппозиции «земля–почва». По мнению Анджея де Лазари, «символ земли — один из важнейших определителей мировоззрения писателя».[403] Земля здесь означает не место, а совесть и нравственный порядок, вот почему у Достоевского говорится о чувстве вины перед землёй, грехе по отношению к ней. Под влиянием Сони Раскольников кланяется до земли и целует её. Алёша Карамазов целует землю под воздействием учения Зосимы. Целовать землю призывает

бавила она, в волнении указывая на князя, совершенно её не узнававшего. «Довольно увлекаться-то, пора и рассудку послужить. И всё это, и все мы, за границей, одна фантазия... помяните моё слово, сами увидите!» — заключила она чуть не гневно, расставаясь с Евгением Павловичем. — *Достоевский Ф. М.* Идиот / Указ. соч. — Т. 8, с. 510.

[401] *Miłosz Cz.* Swedenborg i Dostojewski ... S. 304.

[402] *Сараскина Л. И.* Америка как миф и утопия: бегство в никуда / *Л. И. Сараскина.* Испытание будущим. Ф. М. Достоевский как участник современной культуры. — М.: Прогресс-традиция, 2010, с. 134–135.

[403] *De Lazari A.* W kręgu Fiodora Dostojewskiego. /«Poczwiennictwo»... S. 58. См. также: *Walicki A.* O powrót do «gleby» / *A. Walicki* W kręgu konserwatywnej utopii. — W-wa: Państwowe Wydawn. Naukowe, 1964; *Szczukin W.* Ziemia na Сенной площади (об одном из мотивов «Преступления и наказания» Фёдора М. Достоевского) / *W. Szczukin.* Ziemia w literaturach i myśli filozoficznej Słowian / Red. W. Laszczak, D. Ambroziak. — Opole: Uniwersytet Opolski, 2008.

Ставрогина Шатов, откровенно порицая его атеизм: «Вы потеряли различие зла и добра, потому что перестали свой народ узнавать». И во весь голос кричит: «Целуйте землю, облейте слезами, просите прощения».[404] Земля у Достоевского — это Матерь-Земля, а примирение с самим собой или с ближними может наступить только через примирение с русской землёй. Земля в творчестве Достоевского — большая мифологема, как, впрочем, и в философии Соловьёва, а всё вместе — «Матерь Божья».[405]

То, что у Достоевского называется русской землёй, по существу становится мифологическим эквивалентом того, что в Библии называется словом «рай», не относящимся к конкретной топографии, и, тем не менее, прочитываемом в определённом смысле: имеется в виду место, где человек пребывал в единении с Богом.[406] Оно находится на востоке. Вифлеемская Звезда Христа тоже светит на востоке («...мы видели звезду Его и пришли поклониться Ему» — Мф 2:2). Запад в христианской символике — страна сатаны и тьмы, место, где заходит Солнце, то есть антоним Востоку.[407] С Запада приходит всё зло, что встречает и встретит ещё на своём пути Россия.[408]

Василий Зеньковский считает, что, по Достоевскому, Святая Русь не столько даже задана, сколько уже и дана, однако «если славянофилы видели её в далёком прошлом России, то Достоевский видел её в современной России».[409]

---

[404] *Достоевский Ф. М.* Бесы / Указ. соч. — Т. 10, с. 202.

[405] *Krasicki J.* Bóg, człowiek i zło... S. 131 и далее; Bóg — człowiek — materia w filozofii W. Sołowjowa / *Szczukin W.* Земля на Сенной площади/ Ziemia w literaturach i myśli filozoficznej Słowian...

[406] *Аверинцев С. С.* Рай / Мифы народов мира. В 2 тт. / Глав. ред. С. А. Токарев. — М.: Советская Энциклопедия, 1988, Т. 2, с. 363–364.

[407] Как пишет Доротея Форстнер, «Библейский рай (ивр. גַּן עֵדֶן — Едемский рай, дословно: *роскошный сад*) лежит на востоке, а не на западе: «И насадил Господь Бог рай в Едеме. На востоке: и поместил там человека, которого создал» (Быт. 2:8). См.: *Forstner D.* Świat symboliki chrześcijańskiej. S. 96.

[408] «Истоки лежат в Западной Европе», — Чеслав Милош отвечает на вопросы Збигнева Подгурца. См.: Czesław Miłosz odpowiada na pytania Zbigniewa Podgórca. — Literatura na Świecie, 1983, № 3 (тут явно просматривается спор польского поэта с православной концепцией).

[409] *Зеньковский В. В.* Русские мыслители и Европа / Сост. П. В. Алексеева; подгот. текста и примеч. Р. К. Медведевой; вступ. ст. В. Н. Жукова и М. А. Маслина. — М.: Республика, 1997, с. 119.

Эту позицию писатель обосновывал присутствием и жизненностью Христа в сознании русского народа. Зеньковский цитирует Достоевского: «„...русский народ, — писал он в 1876 году, — ведёт всё от Христа, воплощает всё своё будущее во Христе и во Христовой истине". Святая Русь как бы заменяет, оттесняет у Достоевского реальную Россию».[410]

Запад у Достоевского — край, где не только Солнце заходит, но ещё и наступает конец человека и христианства. Мережковский пишет: «Если бы мы поняли, как следует, это скорбное, тёмное, к тёмному Западу обращённое лицо Европы-Деметры, то, может быть, поняли бы, что елевзинская тайна — не только языческая, прошлая, чужая, но и родная, будущая, христианская тайна Запада».[411]

«ПОКОРЁННЫЙ МЕССИЯ» И ОТКРОВЕНИЕ ЧЕЛОВЕКА

Мартин Бубер как-то заметил: «Успех никаким именем Бога не является».[412] Это относится и к данному роману Достоевского, который не успехом заканчивается, а неудачей, — о «настоящем человеке», Христе в Петербурге — Мышкине со своей идеалистической, абстрактной, «бестелесной, худосочной любовью»,[413] что распаляет страсти и одновременно всех губит, любовью ко всем, а вместе с тем — ни к кому, и тут оказывается, что таким вот и должен быть «покорённый Мессия»,[414] «неудав-

---

[410] *Там же.* С. 118–119. См. также: *Krasicki J.* Człowiek i Bóg w tradycji rosyjskiej; *Isupow K.* Rosyjski Chrystus / Przeł. A. Łyczkowska / Идеи в России. Ideas in Russia. Idee w Rosji. Leksykon rosyjsko-polsko-angielski. — T. 7.

[411] *Мережковский Д. С.* Тайна Запада. Атлантида — Европа / *Д. С. Мережковский.* Тайна Трёх. — Public Domain, 1930, С. 287.

[412] «All names of God remain hallowed because they have been used not only to speak of God but also to speak to him» («Все имена Бога остаются священными, потому что они использовались не только для того, чтобы говорить о Боге, но и для того, чтобы говорить с Ним»). https://ru.citaty.net/avtory/martin-buber/

[413] *Мережковский Д. С.* Л. Толстой и Достоевский. — М.: Наука, 2000, с. 96. См. также: *Kruszelnicki M.* Dostojewski. Konflikt i niespełnienie. S. 96.

[414] *Галкин А. Б.* Образ Христа и концепция человека в романе Ф. М. Достоевского «Идиот». http://lit.lib.ru/g/galkin_a_b/knazmyshkin.shtml.

шийся Спаситель».[415] И после своей неисполненной миссии возвращается туда, откуда прибыл.

Мир не ждёт Христа, он ждёт Антихриста — вот вывод, который вытекает из чтения «Идиота». Более того — всё наоборот: мир пресытился Христом и христианством. Эта скука, однако, вызывает зевоту, которая готова и мир проглотить, как сказал бы Павел Евдокимов.[416]

Между тем успех не может быть критерием в оценке миссии Мышкина-Христа. «Жертва», или рецидив, болезни Мышкина, как и возвращение на лечение в Швейцарию, куда зовёт его врач Шнайдер своим письмом, не была напрасной, она свершилась (consummatum est — лат.). «Его участие, — пишет Ольга Седакова, — оставит за собой только груду развалин и множество разбитых судеб. Но эпилог „Идиота" — возвращение Мышкина в ничтожество безумия, пустынная Европа, где только и можно „поплакать над этим несчастным", как говорит генеральша Епанчина, — оставляет нас с другим чувством: всё происшедшее в романе не было неудачей или крушением, а было действительно чудом явления Человека, в каком-то смысле искупающего жизнь всех, с кем он оказался связан».[417] Исследовательница, говоря об «Откровении», не преувеличивает. Сила и необычайность слова писателя о человеке заставили Бердяева прибегнуть к тому же определению: своё знаменитое исследование о творчестве Достоевского он назвал просто: «Откровение о человеке».[418]

У Достоевского то, что «Бог являет Себя», есть чудо, но «Бога мы знаем только таким, каким Он являет Себя в человеке».[419] Именно Откровение Божие проявляет Его Человечность, а не Его

[415] *Kruszelnicki M.* Dostojewski. Konflikt i niespełnienie. — S. 100 (подобно Спасителю из «Гефсиманского сада» Р. М. Рильке).

[416] *Nowak P.* Przyęcie Antychrysta (Alexandre Kojève — Władimir Sołowjow) / P. Nowak. Ontologia sukcesu. Esej przy filozofii Alexandre Kojève'a. — Gdańsk: Wydawnictwo Słowo/ Obraz/ Terytoria, 2006.

[417] *Седакова О.* «Неудавшаяся Епифания»: два христианских романа — «Идиот» и «Доктор Живаго» / Указ. соч. — Т. 3 Poetica, с. 230.

[418] См.: *Бердяев Н. А.* Откровение о человеке в творчестве Достоевского. — Париж: Русская мысль, 1918. — Кн. 3–4, с. 39–61. — Отд. оттиск. Библиотека «Вехи». Http://www.vehi.net/berdyaev/otkrov.html

[419] *Барсотти Д.* Достоевский. Христос — страсть жизни / Пер. Л. Харитонова. — М.: Паолине, 1999, с. 192.

Всемогущество. Вот почему у Достоевского мы познаём Бога только через Человека. Достоевский просто лишает Бога Его Божественности как Владыки мира и всемогущества, лишает её чудеса святости. В его религиозном мире, по сути, нет богословия, есть только антропология. И если в каком-то смысле можно говорить о том, что богословие в нём всё же имеется, то оно становится у него христологией, вмещая в себя тайну антропологии.

Среди исследователей бытует всеобщее убеждение, что «Идиот» — роман о Христе. Но есть и такие, которые утверждают, что он — роман о Человеке. Однако это противоречие чисто внешнее, ибо настоящий Человек — это и настоящий Бог, так же как настоящий Бог — это и настоящий Человек. Возникшая антиномия получает своё окончательное разрешение в Христе.

Своим возвещением о подлинном, настоящем Человеке писатель вписывает себя в поток русской прозы, которая представляет собой один громкий крик о Настоящем Человеке, выражением чего стали не только такие великие романы, как «Доктор Живаго» Бориса Пастернака, но даже и «Повесть о настоящем человеке» Бориса Полевого, в своё время широко пропагандируемая.

Вполне возможно, пишет польский исследователь Тадеуш Сухарский, хотя «по окончании работы над романом Достоевский с болью выражал своё им недовольство», всё же, однако, в Записках он оставил заверение в том, что «не отрекается от неё и продолжает любить свою несуразную мысль».[420] Если бы, всё же, от неё отрёкся, тотчас же отрёкся бы от всего, что было для него самым дорогим, — тайны, «в которую всю жизнь проникал и которая называется „человек"».[421]

---

[420] *Sucharski T.* W poszukiwaniu «doskonale pięknych postaci». O języku agape (αγαπη) w wielogłosowym chaosie świata Dostojewskiego. — Słupskie Prace Filologiczne. Seria: Filologia Polska. — Słupsk: Wydawnictwo Naukowe Akademii Pomorskiej, 2009, № 7, s. 58.

[421] Восемнадцатилетний Фёдор Достоевский в письме своему брату Михаилу от 16 июля 1839 года пишет: «Человек есть тайна. Её надо разгадать, и ежели будешь её разгадывать всю жизнь, то не говори, что потерял время; я занимаюсь этой тайной, ибо хочу быть человеком». — *Достоевский Ф. М.* Письмо М. М. Достоевскому от 16 августа 1839 г. / Указ. соч. — Т. 28, кн. 1, с. 63. См. также: *Paprocki H.* Lew i mysz. S. 7; *Krasicki J.* Bogoczłowieczeństwo i Pasterze Nicości / J. Krasicki. Przeciw nicości. S. 182.

Звезда Полынь.
Апокалиптика и капитализм

> И многие из людей умерли от вод,
> Потому что они стали горьки.
> *(Откр. 8:11)*

ЛЕБЕДЕВ

Первое выразительное свидетельство конфронтации писателя с капиталистической цивилизацией Запада демонстрируют «Зимние заметки о летних впечатлениях», опубликованные в 1863 году, в которых он делится размышлениями по поводу совершенного годом ранее в течение двух с половиной месяцев путешествия по Европе. В этом сочинении, по характеру своему художественно-журналистскому, писатель открыто критикует капитализм, особенно в разделах «Ваал» и посвящённых буржуа. В романах же он использует лирику маски, и одна из таких фигур, которая демонстрирует наиболее критическое отношение к капиталистическому строю, — Лукьян Тимофеевич Лебедев («Идиот»).

Лебедев — образ глубоко двусмысленный: вдовец, отец четверых детей, плут и пьяница, «нечто вроде заскорузлого в подъячестве чиновника, лет сорока, сильного сложения, с красным носом и угреватым лицом».[422] Крутясь вокруг богатого купца Парфена Рогожина в вагоне Варшавско-Петербургской железной дороги, он знакомится с князем Мышкиным. Только пусть нас не смущает внешний вид этого чиновника и пьяницы из

---

[422] *Достоевский Ф. М. Идиот / Указ. соч. — Т. 8, с. 7.*

Павловска — это у него на даче проведёт лето князь Мышкин. Лебедев одновременно является переводчиком и толкователем Апокалипсиса — Откровения Иоанна Богослова, которым занимается уже лет пятнадцать и чувствует, что он в этом «силён».[423] Кто же он в глубине своей души? На это должна бы указать его фамилия — *лебедь*, названия и имена у Достоевского значимы, а лебедь — птица, связанная с «пророчеством и ворожбой».[424]

Лебедев, несмотря на свою деградированную пьяную сущность, различает «времена и сроки» (Деян. 1:7). Происходивший в летнюю ночь на его даче в Павловске разговор глубоко символичен: «До рассвета двух часов не осталось»[425] — так светло, что читать можно, это имеет метафорический смысл: скоро взойдёт солнце. Ипполит Терентьев обращается к доморощенному апокалиптику: «Лебедев! Солнце ведь источник жизни? Что значает „источники жизни" в Апокалипсисе? Вы слыхали о „звезде Полынь", князь?» И Мышкин ему на это отвечает: «Я слышал, что Лебедев признаёт эту „звезду Полынь" сетью железных дорог, распространившихся по Европе».

То, что обычно считают ушедшим веком, Лебедев, к возмущению и недоверчивости слушателей, почитает за период регресса. По его мнению, Средние века были тёмными, преобладал голод, но там была идея, связывающая сила. «Покажите же вы мне что-нибудь подобное такой силе в наш век пороков и железных дорог... то есть, надо бы сказать: в наш век пароходов и железных дорог, но я говорю: в наш век пороков и железных дорог, потому что я пьян, но справедлив! Покажите мне связующую настоящее человечество мысль хоть в половину такой силы, как в тех столетиях. И осмельтесь сказать, наконец, что не ослабели, не помутились источники жизни под этою „звездой", под этою сетью, опутавшею людей. И не пугайте меня вашим благосостоянием, вашими богатствами, редкостью голода и быстротой путей сообщений! Богатства больше, но силы меньше; связую-

---

[423] *Там же*. С. 167.

[424] *Kopaliński W. Łabędź / W. Kopaliński*. Słownik symboli. — W-wa: Wiedza Powszechna, 1990, s. 209.

[425] *Достоевский Ф. М. Идиот / Указ. соч. — Т. 8*, с. 309.

щей мысли не стало; всё размягчилось, всё упрело, и все упрели! Все, все, все мы упрели!..».[426]

«КОНЬ ВОРОНОЙ»

Центральное место в эгзегезе *Достоевский-Лебедев* занимает шестая глава Откровения, а точнее — убеждение, что «мы при третьем коне, вороном, и при всаднике, имеющем меру в руке своей, так как всё в нынешний век на мере и на договоре, и все люди своего только права и ищут: „мера пшеницы за динарий и три меры ячменя за динарий“... да ещё дух свободный и сердце чистое, и тело здравое, и все дары божии при этом хотят сохранить. Но на едином праве не сохранят, и за сим последует конь бледный и тот, коему имя Смерть, а за ним уже ад...». Далее следует обмен важными репликами: «— Вы сами так веруете? — спросил князь, странным взглядом оглянув Лебедева. — Верую и толкую».[427] Третий всадник на чёрном коне держит в своей руке весы, а ещё имеется нить, незаметно для читателя связующая разные эпизоды романа, однако если эту нить разорвать, всё рассыпется, и эгзегеза Лебедева превратится в «бессмысленную болтовню», по словам русского исследователя Валерия Кирпотина. Мера и вес как эмпирический способ действительно оказались единственным и последним правом современного мира, и Достоевский, пишет Кирпотин, таким образом хочет показать, что «вся человеческая вселенная стала держаться на искусственно исчисляемой, абстрактной мере, не могущей заменить органических сцеплений любви и братства».[428]

В описании этого феномена писатель, подчёркивает русский исследователь, идёт дальше, чем Откровение, которое оперирует только понятиями, присущими старому миру, то есть терминами натурального хозяйства, и ему чуждо понятие «товара», которое могло появиться только в экономике свободной

---

[426] *Там же.* С. 315.

[427] *Достоевский Ф. М.* Идиот / Указ. соч. — С. 167–168.

[428] *Кирпотин В. Я.* Всадник на коне вороном (Мир в романе «Идиот») / В. Я. Кирпотин. Мир Достоевского. Статьи. Исследования. — М.: Советский писатель, 1983, с. 32.

торговли. В этом смысле Достоевский-Лебедев — не только раз-горячившийся эгзегет Откровения; в его рассуждениях можно увидеть влияние концепции социального обеспечения, согласно которой абстрактный и всеобщий денежный эквивалент способен обратиться в товар, в цену продажи, даже наивысшую ценность. Это такой мир, в котором товар превращается в деньги, а деньги — в товар, что «реализуется в формулах обращения товаров Т—Д—Т и денег Д—Т—Д».[429] Настоящий дьявольский круг, и кто в него попадёт, из него не выйдет.

Роман Достоевского, однако, трактует о чём-то большем, нежели нарождающийся мир капитализма, а именно — о процессе возникновения неизвестного и квазирелигиозного феномена, который находит своё проявление в социально-экономических облачениях. И то, что экспозиция этого процесса приходится на Петербург, один из самых развитых в промышленном отношении городов Европы, — город, которого быть не должно, он не для людей, ибо он — место «роскоши и нищеты»,[430] «реальное и нереальное»,[431] в период превращения всего в товар обретает значение символа. Становится метафорой не только судьбы России, но и всего капиталистического света.

Таким образом, слова Лебедева — не о развитии железных дорог и мировой власти кредита, как думают его слушатели,[432] и точно так же в них речь идёт не о как таковой критике капитала и мещанском мире, прямо показанных Достоевским в «Зимних заметках о летних впечатлениях»,[433] где само название одной из глав — «Ваал» просто отсылает к Ветхозаветной книге Пророка Даниила, содержащей описание пира у вавилонского царя Валтасара, с его величием и надменно-

[429] *Марков Б. В.* Люди и знаки: Антропология межличностной коммуникации. — СПб.: Наука, 2011, с. 528–529.

[430] *Шкловский В.* Достоевский / *В. Шкловский.* Собр. соч. в трёх томах. М.: Художественная литература. — Т. 3,1973, с. 383.

[431] *Берман М.* Всё твёрдое растворяется в воздухе. Опыт модерности / Пер. с англ. В. Федюшина, Т. Беляковой. — М.: Горизонталь, 2020, глава «Слова и сапоги. Молодой Достоевский», с. 266–273.

[432] *Достоевский Ф. М.* Идиот / Указ. соч. — Т. 8, с. 309.

[433] *Достоевский Ф. М.* Зимние заметки о летних впечатлениях / Указ. соч. — Т. 5, глава 5 (Ваал), с. 68–74.

стью и напророченным ему Даниилом скорым падением (Дн. 5:1–30). Речь тут идёт о новой, только что родившейся, неизвестной доселе человечеству, анонимной, но действительной власти и могуществе, прямо новой религии, опирающейся на деньги и культ земной власти. В ветхозаветные времена Вавилонское царство и Римская империя были для израильтян не только воплощением земного могущества, но и образцом кощунственной религиозной узурпации, присвоением себе божескости, свойственной только Богу. Точно так же для Достоевского-Лебедева и кредит, и железные дороги, как и «Хрустальный дворец, всемирная выставка»[434] в Лондоне, который писатель посетил в 1862 году, значение имеют не столько общественное, политическое и экономическое, сколько пророческое и апокалиптическое. Не сохранившееся до наших дней здание из стали и стекла, поставленное первоначально в Гайд-парке, было символом технических возможностей человека. Писатель же, как считает немецкий философ Петер Слотердайк, увидел в нём «людоедскую структуру, просто современного Ваала — культовый резервуар, где люди бьют челом демонам Запада: сила денег, чистое движение, побуждающее к отупляющим утехам».[435]

ВААЛ

В очерке «Ваал» писатель намеренно обращается к топосу из известной Книги Пророка Даниила. Это, по мнению Павла Евдокимова, увиденные писателем «уловки прогресса» и ловушка для «цивилизации без Христа».[436] «1862, 1863 и 1865 годы, — отмечает православный богослов, — Достоевский провёл в путешествиях: Париж, Лондон, Майенка, Женева, Флоренция... В „Зимних заметках о летних впечатлениях“, а позднее — в Дневнике он выясняет свои отношения с Западом. В нарядах

---

[434] *Там же.* С. 69.

[435] Цит. по: *Sloterdijk P.* Kryształowy pałac. O filozoficzną teorię globalizacji / Przeł. B.Cymbrowski. — Warszawa: Krytyka Polityczna, 2011, s. 18.

[436] Цит по: *P. Evdokimov.* Gogol i Dostojewski, czyli zstąpienie do otchłani. / Przeł. A.Kunka, Bydgoszcz: Wydawnictwo Homini, 2002, s. 244.

резкости и саркастической иронии он набрасывался на „цивилизацию без Христа“ и вскрывал „уловки прогресса“. Но чтобы это правильно понять, надо очень точно совпасть с его апокалиптическим видением».[437]

Живший во Франции русский богослов приводит одно из наиболее поразивших его апокалиптических озарений писателя. Вот, что мы читаем: «Однажды в Париже, сидя в Café Anglais, подобно Даниилу, в делирии (мед. *белая горячка.* — Прим. *Е. Т.*), Достоевский вскричал Вогюэ: „Вы лучше взгляните на эти стены, невидимая рука чертит на них три слова, и это будет знак близкого конца старого мира“».[438] Эти три слова, или «Mene, mene, tekel, ufarsin», — и есть знак проклятия, окончательного падения, за кары идолопоклонства, какие позволял себе Валтасар и его люди,[439] и вместе с тем того идолопоклонства, с которым Европа «кредита» позволяет себе новых богов.

И поэтому: «Не железные дороги, нет-с! — возражал Лебедев, в одно и то же время и выходивший из себя, и ощущавший непомерное наслаждение: — собственно одни железные дороги не замутят источников жизни, а всё это в целом-с проклято, всё это настроение наших последних веков, в его общем целом, научном и практическом, может быть, и действительно проклято-с».[440]

В послании Откровения заложен духовный смысл, и это он составляет предмет экзегез Лебедева. В перспективе анализ «Достоевский-Лебедев» — это анализ мифа. Проясняя действительность, Достоевский создаёт новый миф, и то, что происходит в эмпирическом плане, он пытается понять в плане реальности высшего порядка. Не зря Георгий Флоровский писал, что

---

[437] *Ibid.*

[438] *Ibid.*

[439] Аллюзия к словам: «мене, мене, текел, упарсин» (Дан. 5:25). Эти слова, написанные таинственной рукой во время пиршества у царя Валтасара, были объяснены таким образом: «мене — исчислил Бог царство твоё и положил конец ему; текел — ты взвешен на весах и найден очень лёгким; перес — разделено царство твоё и дано Медянам и Персам» (Дан. 5:25–28).

[440] *Достоевский Ф. М.* Идиот / Указ. соч. — Т. 8, с. 310.

всё творчество Достоевского — одна «монументальная мифологема».[441]

Мы знаем, как были приняты откровения Лебедева, а потому нас не должно удивлять, что писатель спрятался за романным паясничаньем, эдаким народным «скоморошеством», ведь наивысшие истины не у одного только Достоевского скрыты под шутовским колпаком. Здесь попросту неуместна ирония Ипполита Терентьева, который цену «источников воды»[442] сводит к «железным дорогам», стараясь сделать фигуру Лебедева ещё комичнее. Делая из Лебедева откровенное посмешище, он лишь подтверждает одинокое положение пророка. По мнению Достоевского, капитализм с его идолом технического прогресса, культа науки и факта, создаёт мир, над которым уже никто и ничего не господствует, и у которого нет реальной силы. Буржуазия, говорит современный западный исследователь Маршалл Берман, вызвала к жизни демонов.[443]

В Откровении Иоанна в Обращении к Лаодикийской церкви есть такие слова: «Ибо ты говоришь: „я богат, разбогател и ни в чём не имею нужды“; а не знаешь, что ты несчастен, жалок и нищ, и слеп, и наг» (Откр 3:17). Кто тут нуждается в сострадании и милосердии?

«СНЯТИЕ ЧАР» С МИРА И КАПИТАЛИЗМ

Когда мы анализируем идейные пертурбации в «Идиоте», нельзя забывать, что этот роман Достоевский создаёт в Швейцарии, где не только сосредоточились русские эмигранты, как и анархисты с революционерами всех мастей (наравне с уже знакомыми нам по «Бесам»), но и то, что это — страна

---

[441] *Obolevitch T.* Dostojewski jako metafizyk / Metafizyka a literatura w kulturze rosyjskiej / Red. T. Obolevitch. S. 172.

[442] См. Откровение Иоанна (8:10–11): Третий ангел вострубил, и упала с неба большая звезда, горящая подобно светильнику, и пала на третью часть рек и на источники вод. Имя сей звезде «полынь»; и третья часть вод сделалась полынью, и многие из людей умерли от вод, потому что они стали горьки.

[443] *Берман М.* Всё твёрдое растворяется в воздухе…

банков и кредитов, а следовательно, у писателя есть возможность наблюдать мир капитализма как явление социальное, рождающееся буквально на его глазах. Это — небывалый феномен в истории человечества, втянувший в себя все сферы жизни, ведь в капитализме как форме «новой религии», по словам итальянского философа Джорджо Агамбена, «профанацией» стало всё, что было свято, неприкасаемо, достойно уважения, в том числе любовь, супружество, семья. В «капитализме как религии современности» возникает новый, квази-сакральный порядок.[444] Агамбен приводит мнение Вальтера Беньямина из его посмертно изданного исследования «Капитализм как религия», что капитализм означает не только, по своей сути религию, постоянно и паразитически развивающуюся на основе христианства. Сегодня, в эпоху постсекуляризации, мы скорее готовы доверять диагнозам Агамбена, нежели Вебера, и уж тем более диагнозам Фейербаха и Маркса, наравне с Контом и Ницше, общим убеждением которых было, что «вера в Бога ушла навсегда», или, как их мнение перефразировал Анри де Любак: «Это солнце удалилось с нашего горизонта и больше никогда не взойдёт».[445]

Чему ж удивляться, если в эпоху постсекуляризации для Рене Жирара позиция «окончательного» атеизма тоже представляется анахронизмом, который не стоит и защищать. Более того, по словам Жирара, такие романисты, как Пруст и Достоевский, показывают, что конец религии безнаказанно и окончательно не наступит, а вместо прежних богов родятся новые. Жирар опровергает веберовский тезис о «расколдовывании мира»[446] и противопоставляет его убеждению, согласно которому «истоки святости попросту высохли», собственное: «...Мы подражаем уже не Иисусу Христу, а ближнему».[447] Да, можно укрыться за мещанским ханжеством. Пруст и Достоев-

---

[444] *Агамбен Дж.* Профанации. — М.: Гилея, 2014.

[445] *Де Любак Анри.* Драма атеистического гуманизма. — М.: Христианская Россия, 1997, с. 5.

[446] Термин М. Вебера по-немецки: der Entzauberung Welt. https://ru.wikipedia.org/wiki/Расколдовывание_мира

[447] *Жирар Р.* Ложь романтизма и правда романа / Перевод с фр. Алексея Зыгмонта. — М.: Новое Литературное Обозрение, 2019, с. 90 и др.

ский не утверждают вслед за философами, что в их мире нет святости. Святость есть, но развращённая и исковерканная, постепенно отравляющая истоки жизни, заключает французский исследователь.

Для Достоевского-Лебедева капитализм вечен, ибо его суть извечна, религиозна, праздник Ваала продолжается всё время, прерываемый лишь периодами передышки от переедания. Капитализм возможен, поскольку существует религия, а не наоборот.

Согласно Достоевскому-Лебедеву, Откровение, говорившее о «мере пшеницы», обращается как к отчаявшимся, утратившим надежду людям поздней античности, так и к нам. И всё же она — Книга надежды, а не отчаяния, именно так её хочет показать писатель. Для автора Откровения причиной духовного сокрушения людей его времени была сила и всемогущество Римской империи, как и власть императора, возведённая в ранг божественной. Для Достоевского такой властью был капитализм, а кредит — символом его земных богов. И, тем не менее, автор Откровения, как и автор «Идиота», пусть в разное время и на разных языках, говорят об одном и том же — о зарождении новой фальшивой религии и вместе с тем — о необходимости возникновения «новой надежды», той, которая «не постыжает» (Рим 5.5) и предоставляет Слово этой Книге.

ИМЕНА ЗВЕРЯ

Для Автора Книги Откровения Римская империя и власть кесаря были земной формой имитации вечной власти Бога, а значит, той власти, которая показана как борьба апокалиптического «Зверя» с апокалиптическим же «Агнцем» (Откр. 13, 1–18). Богохульные имена Зверя, о которых повествует Книга, по мнению исследователей, относятся к титульным наименованиям «господин» (dominus), «Спаситель» (salvator), «Сын Божий» (divi filius), принадлежавшим Самому Богу, но их присвоили себе римские императоры, в результате чего это обрело характер богохульства, направленного против Бога. Цезарь Домициан, в период правления которого возникла эта Книга, жаждал, чтобы его называли и почитали как dominus et deus noster *(лат.)* — «господин и бог наш». «Богохульные имена» Зверя, выходившего из моря, символизируют в Откровении политическую силу этого мира,[448] прежде всего Рима и кесаря; в XIX веке они заменились понятиями «кредит», «товар» и «деньги».

По словам Лебедева, мы находимся теперь при «вороном коне» — третьем всаднике Апокалипсиса, о котором говорится как об «имеющем меру в руке своей, так как всё в нынешний век на мере и на договоре»,[449] на «весах» и на «мере». Именно «мера» и «весы», согласно эгзегезе Лебедева, символизируют всё, что связано с развитием капитализма, а также с современной экономикой свободного рынка и экономией, а значит — с абстрактностью денег, спекуляцией золотом, финансовым оборотом и финансовым риском, с крахом золота, торговли, товарообменом, различением цен потребительских и меновых, купли и продажи и т.д. Всё это, вместе взятое, олицетворяется, по Лобедеву, одним словом «кредит».[450] А потому «я вас всех вызываю теперь, всех атеистов», одновременно их спрашивая, «чем вы спасёте мир и нормальную дорогу ему в чём отыска-

---

[448] См: «И повёл меня в духе в пустыню; и я увидел жену, сидящую на звере багряном, преисполненном именами богохульными, с семью головами и десятью рогами». Семнадцатая глава (Откровения. — Прим. перев.) касается судьбы империи. Перед нами проходят картины, рисующие всемирное государство того времени, Римскую империю. Именно на это намекают слова о жене, которая сидит на семи холмах, — это семихолмный Рим (Откр. 17, 9). Почему империя называется Вавилоном и блудницей? Вавилон связан со смешением языков и одновременно это символ насильственной власти, объединяющей многонациональное царство, каким был во времена апостола Рим (17, 1–2). Воды многие — образ, взятый из древних пророчеств, обличающих Вавилон (Иер 51, 13). Но Рим действительно находился на «водах многих»: окружённый морями, он правил средиземноморским кругом. «Блудодействовали цари земные...» Блуд, разврат — очень древний символ измены Богу, это образ язычества. Язычество Римской империи, преимущественно культ кесаря, охвативший почти все страны средиземноморского мира, в данном случае называется блудодеянием. Но если мы продолжим эту временную линию, то увидим, что насаждение ложного духа империи совершалось неоднократно в самые различные эпохи вплоть до нашей». — *Мень Александр.* Читая апокалипсис. Беседы об Откровении святого Иоанна Богослова. — М.: ФОНД имени Александра Меня, 2000, гл. 17.

[449] *Достоевский Ф. М.* Идиот / Указ. соч. — Т. 8, с. 167.

[450] *Там же.* С. 310.

ли, — вы, люди науки, промышленности, ассоциаций, платы заработной и прочего? Чем? Кредитом? Что такое кредит? К чему приведёт нас кредит?».[451]

По сути дела, у Достоевского речь идёт, в итоге, не столько о кредите и абстрактных деньгах, сколько о связанном с господством свободного рынка и капитала новом и мёртвом принципе социальной организации. Именно эта, как пишет Кирпотин, «абстрактная и всеобщая эквивалентность денег способна обратить в товар, годный для продажи, любую качественную ценность»,[452] и на глазах писателя она становится господствующей. В период главенства этого принципа хлеб будет, но он будет не объединять, а разъединять. Сами мера и весы не позволят поделить хлеб, заключает Достоевский.

Автор «Идиота» хорошо разбирался в социально-экономических и общественных теориях своего времени, знал сочинения Маркса, как и относительно проработал книгу Энгельса «Положение рабочего класса в Англии», однако, по мнению П. Евдокимова, в отличие от Маркса, для Достоевского причиной «банкротства идеи о всеобщем сне капиталистического счастья („слова самого писателя“) имеют характер духовный: «„Коль скоро в действительности вы не хотите стать братом для каждого, братство не может существовать“. Тут вовсе не идёт речь о синтезе политическом или экономическом: „Ни одна абстрактная или естественная привилегия никогда не позволит человеку распределять богатства согласно иллюзии справедливости. — Без Христа вы никогда не поделите хлеб...“ Рабство в организованной толпе займёт место анархического рабства. Заря цивилизации просто превратится в закат своего последнего дня».[453]

Слова, вложенные Достоевским в уста Ивана Карамазова «Если Бога нет, всё позволено», — касаются не только этики, но и экономики. В экономике свободного рынка на смену религии приходит её инсталляция, единственная цель которой — прибыль. Автор «Бесов», кого когда-то подозревали в пополз-

[451] Там же.

[452] *Кирпотин В. Я.* Всадник на коне вороном (Мир в романе «Идиот»). С. 32.

[453] Цит. по: *Evdokimov P. Gogol i Dostojewski...* С. 245.

новениях на тоталитаризм в период разработки им философии народа и религии, ясно, следовательно, видел тоталитарный характер либеральных и демократических идей, как и связанного с ними капитализма. Первый же выезд писателя за границу, который ему удалось осуществить лишь в 40 лет, был уже запрограммирован идейно, а потому, по точному замечанию Дануты Кулаковской, «На Западе видишь, прежде всего то, что хочешь видеть — начала эсхатона».[454] Его «Зимние заметки о летних впечатлениях» за 1862 год, сделанные вроде бы холодным взором, даже кажется, что они представляют собой какие-то поверхностные суждения и размышления путешествующего, в сущности, есть голос пророка. Жёсткий, страстный, осуждающий.

Достоевский провозгласил анафему евангелию великих инквизиторов капиталистического мира, которые сначала дают хлеб, а потом «убивают душу», ибо без Христа человечество «не поделит хлеба». А потому, согласно учению ап. Павла: «...если бы даже мы, или Ангел с неба стал благовествовать вам не то, что мы благовествовали вам, да будет анафема» (Гал 1, 8). Писатель остался верен тому Евангелию, которое провозглашает сначала любовь, а потом хлеб. Он знал, что другого Евангелия у него нет и «до самого конца света» не будет.

«ЕВАНГЕЛЬСКАЯ ФУРИЯ»

Пшемыслав Чаплиньский нарёк Достоевского «евангельской фурией».[455] Писателя, замечает Кирпотин, называли «пророком» ещё при его жизни, причём, в двойном смысле — ироничном и серьёзном, однако сам Достоевский, что интересно, не возражал против подобных определений. Он знал самое важное на свете: *что* обычно скрывается под «философским колпаком» (по выражению Белинского о Гегеле),

---

[454] *Kułakowska D.* Dostojewski. Antynomie humanizmu... C. 29

[455] *Czapliński P.* Upadek w nowoczesność / Tygodnik Powszechny, Kraków, 2010, № 30, dodatek «Dostojewski. Reaktywacja». https://www.tygodnikpowszechny.pl/ upadekwnowoczesnosc-143,110

а нередко — и под шапкой шута, глупца, отщепенца, «скомороха»... Вот и стилизовал себя в романе «Идиот» в образе Лебедева. И если согласно Петру Чаадаеву, апокалиптическая мысль есть не что иное, как глубочайшее учение, которое без исключения имеет отношение к каждому моменту бесконечного времени, ко всему тому, что день за днём происходит вокруг нас,[456] то всем таким, кто подобным образом читает эту книгу, и есть Достоевский-Лебедев.

Перед лицом конца он не впадал в отчаяние, а пребывал в надежде («...а надежда не постыжает». — Рим 5, 5). Более того, он — тот, кто читал Откровение не только как книгу первых веков христианства, адресованную первым общинам в Асии (Откр. 1, 11), но как слово на сегодня. Сейчас.

Достоевский-Лебедев, петербургский любитель этой Книги, верит её Слову — «верит и толкует».[457]

---

[456] *Augustyn L.* O religii, tradycji i wolności. Religijny wymiar myśli Piotra Czaadajewa / Studia Religiologica. — Kraków: Uniwersytet Jagielloński, 2016, № 1.

[457] *Достоевский Ф. М.* Идиот / Указ. соч. — Т. 8, с. 168.

Театр Мышкина.
Юродство в театре повседневности

ЖИЗНЬ КАК ИГРА

Точно заметил Бурсов, что вопреки целому свету герои Достоевского демонстративно обнажают то, что иные старательно маскируют.[458] Делается это посредством определённого рода игры, которая представляет собой некий способ, с помощью чего выявляется сама жизнь, как игра. Такая игра тут вовсе не означает забаву, но даже наоборот, рассекречивает трагедию жизни.

Явление, о котором тут идёт речь, прочитывается в судьбах князя Мышкина и его сателлитов из «Идиота». Прибыв в Россию, главный герой романа Достоевского оказался не в той роли, в какой выступал в Швейцарии, находясь на пансионе в лечебном заведении для умственно больных. Само присутствие Мышкина активизирует силы зла. С того момента, как он ступил на русскую землю, он стал кем-то другим — как Логос в софиологическом мифе, Спасителем-Логосом перед павшей Софией — Душой мира, явившейся прообразом Настасьи Филипповны Барашковой. Трагедия заключалась в том, что защищающий «падшую» от стада демонов сам попал под силу её обаяния и не освободил её. В поисках «загубленной овцы» он погубил себя самого. А потому она живее всего своего петербургского окружения реагирует на рассказ шута и пьяницы Фердыщенко о том, что как-то

---

[458] *Бурсов Б.* Личность Достоевского. Роман-исследование. — 2-е издание — Л.: Советский писатель, 1979. См.: «Всякий гениальный художник тяготеет к изображению закулисных сторон человеческих душ». — С. 634.

раз в интимной компании, не чуждой выпить («— Нас однажды компания собралась, ну, и подпили это, правда»), «и вдруг кто-то сделал предложение, чтобы каждый из нас, не вставая из-за стола, рассказал что-нибудь про себя вслух, но такое, что сам он, по искренней совести, считает самым дурным из всех своих дурных поступков в продолжение всей своей жизни; но с тем, чтоб искренно, главное, чтоб было искренно, не лгать!».[459]

И в то время как иные, в том числе и содержащий Настасью миллионер Тоцкий, остаются равнодушными и далёкими в отношении самой идеи, Настасья Филипповна лишь одна подхватывает предложение Фердыщенко и даже заражается им. Эта «сумасшедшая» женщина, как называют её чуть ли не все, начиная с Тоцкого и генерала на вечере у Настасьи Филипповны,[460] но совсем в другом смысле — Мышкин,[461] и подходит в своём поведении к самым границам непристойности, хоть и не знает, почему так поступает, погрязает в них окончательно.

А вот, как её характеризует автор «Идиота»: «Настасья Филипповна всегда была неудержима и беспощадна, если только решалась высказывать их, хотя бы это были самые капризные и даже для неё самой бесполезные желания. И теперь она была как в истерике, суетилась, смеялась судорожно, припадочно, особенно на возражения встревоженного Тоцкого. Тёмные глаза её засверкали, на бледных щеках показались два красные пятна».[462]

Не было бы, однако, Настасьи Филипповны без Мышкина. Кто же тогда этот потомок старинного русского рода князь Лев Николаевич Мышкин?

«БЕЗУМИЕ И СМЕРТЬ»

Ныне уже покойный Цезарий Водзиньский позволил себе «апокрифическую» шутку и сочинил ставшее знаме-

---

[459] *Достоевский Ф. М. Идиот / Указ. соч. — Т. 8, с. 120.*
[460] *Там же. С. 145.*
[461] «„Остановить её нет никакой возможности, когда она убеждена в своей цели!" Это уже князь знал по опыту. „Сумасшедшая. Сумасшедшая".» — *Там же. С. 254.*
[462] *Там же. С. 121.*

нитым письмо,[463] якобы от имени Достоевского. Письмо было адресовано неизвестному молодому писателю. Водзиньский-*Достоевский* использует в нём несколько раз слово «игра», остерегая при этом молодого адепта пера от опрометчивых выводов относительно тождества Мышкина: «Там, где появляется идиот, начинается странная и жуткая игра, которую неотлучно сопровождает — постарайтесь это взвесить — безумие и смерть. Следовательно, это далеко не невинные забавы (игрушки)».[464]

Игра основана на том, пишет Водзиньский-*Достоевский*, отвечая молодому писателю, что «идиот высвобождает идиота в другом».[465] «Идиотизм» Мышкина, от чего его безуспешно пытались вылечить в Швейцарии, не только неизлечим, но и заразен. При этом сама проблема припадочной болезни князя кажется открытой. Его «идиотизм» в целом не так уж и очевиден, вроде того, что взято в скобки самим припадочным, ибо «идиот» — это он сам, Мышкин, который задаётся вопросом, а действительно ли он больной, или его просто таким считают? «Меня тоже за идиота считают все почему-то, я действительно был так болен когда-то, что тогда и похож был на идиота; но какой же я идиот теперь, когда я сам понимаю, что меня считают за идиота? Я вхожу и думаю: „Вот меня считают за идиота,

[463] *Wodziński C.* Dostojewski F. M. List / *C. Wodziński.* Św. Idiota. Чтобы отличать писателя от Достоевского — автора письма-апокрифа, будем применять двойное написание: Достоевский и Водзиньский-Достоевский. ««Апокриф» оказался настолько удачным, что, как читаем мы в книге Водзиньского, даже столь известный специалист по творчеству писателя, как Збигнев Подгужец, принял его за подлинник». После выхода в свет «Св. Идиота» Збышек позвонил мне невероятно возбуждённый, с упрёками, что я не дал ему копии не известного никому письма Фёдора Михайловича, который, переведя, опубликовал в качестве вступления к своей книге. Не он один попался на эту апокрифическую шутку. Однако этот ляпсус лучшего в Польше знатока Достоевского меня чрезвычайно удовлетворил. Когда же мы перед ним раскрылись, и я успокоил рассерженного Подгурца, он мне пообещал, что переведёт письмо на русский и опубликует в «Литературной газете»». См.: *Wodziński C.* Między anegdotą a doświadczeniem. Rozmowy w Ubliku z udziałem Piotra Augustyniaka, Justyny Góreckiej, Kuby Mikurdy, Marcina Rychtera. — Gdańsk: Wydawnictwo Słowo/ Obraz/ Terytoria, 2007, s. 61.

[464] *Wodziński C. F.* Dostojewski F. M. List / *C. Wodziński.* Św. Idiota… S. 12.

[465] *Ibid.*

а я всё-таки умный, а они и не догадываются..." У меня часто эта мысль».[466]

Но чтобы устранить всякие сомнения по поводу того, что он, всё же, — идиот, стоит обратить внимание на название романа, которое тоже свидетель, но не только оно. С самого начала ясно, с кем тут имеют дело — даже слуга Епанчиных не скрыл удивления, что князь заговорил с ним, как равный с равным, при этом разговор шёл серьёзный (видимо, в его понимании надо быть идиотом, чтобы так разговаривать с прислугой). Идиотом он представляется и Настасье Филипповне, и Гане, который не раз его так назовёт. И абсолютно в этом убеждён Ипполит Терентьев.

ЗАБАВА ИЛИ КАРНАВАЛ?

То ли тут всё совершенно очевидно, то ли же, как обычно бывает в мире Достоевского, всё это одновременно предстаёт относительным, неоднозначным, расплывчатым и туманным. Кажется, ключ к пониманию этого феномена заключён в категории карнавала. Как пишет Бахтин, «карнавал — это зрелище без рампы и без разделения на исполнителей и зрителей. В карнавале все активные участники, все причащаются карнавальному действу. Карнавал не созерцают и, строго говоря, даже и не разыгрывают, а живут в нём, живут по его законам, пока эти законы действуют, то есть живут карнавальною жизнью. Карнавальная же жизнь — это жизнь, выведенная из своей обычной колеи, в какой-то мере „жизнь наизнанку", „мир наоборот"». «Карнавализация» мира, считает Бахтин, позволяет Достоевскому достичь и показать то, что в нормальных условиях оставалось бы невыявленным, скрытым.[467] Однако здесь ещё не ставится точка. «В карнавале вырабатывается в конкретно-чувственной, переживаемой в полуреально-полуразыгрываемой форме новый

---

[466] *Достоевский Ф. М.* Идиот / Указ. соч. — Т. 8, с. 64.

[467] *Бахтин М. М.* Проблемы поэтики Достоевского, 1963. Работы 60-х –70-х гг. / *М. Бахтин*. Собр. соч. — М.: Русские словари: Языки славянских культур, 2002, т. 6, с. 138.

модус взаимоотношений человека с человеком, противопоставляемый всемогущим социально-иерархическим отношениям внекарнавальной жизни».[468]

Карнавал у Достоевского — не забава, а нечто значительно большее. После забав всё возвращается к норме, после карнавала — никогда. Именно в таком смысле, пишет В. Кантор, карнавал выступает в мире писателя, считая, что у Достоевского карнавал не ограничивает и не усмиряет оргии, как было принято в традиции Средневековой Европы, а наоборот — приводит к ней.[469] Наша попытка понять карнавальный мир Достоевского обнаруживает, что слово «забава» здесь, скорее, эвфемизм, а убеждают нас в этом, между прочим, события, описанные в двух главах «Бесов» («Праздник»/*забава* и «Окончание праздника»/*конец забавы*),[470] когда той памятной ночью возникло в пламени Заречье.[471] Не значит ли это, что в деле Петра Верховенского и его сотоварищей, как отмечают некоторые исследователи, в том числе и В. Кантор, дают о себе знать вечно живые стихии русской души и истории, связанные с фигурами Ивана Грозного и убитого им сына, как и очередного чудесным образом найденного «царевича» (vel Николая Ставрогина?). Этой ролью «Ивана Царевича» Пётр Верховенский пытается надавить на Ставрогина в планируемом революционном перевороте. Да вписывается ли в так понимаемую условность «карнавала» история бывшего постояльца пансионата в Швейцарии, откуда он и прибыл на русскую землю и, находясь в окружении своих приспешников, вызво-

---

[468] *Там же.* С. 139.

[469] *Кантор В.* Русская классика, или Бытие России. — М.: Российская политическая энциклопедия, 2005, с. 339 (серия Российские Пропилеи).

[470] *Достоевский Ф. М.* Бесы / Указ. соч. — Т. 10, с. 353 (Праздник) и с. 376 (Окончание праздника). Характерно, что польский перевод романа ближе подошёл к понятию «забава». Три главы романа, обозначенные: Пред праздником (с. 248), Праздник и Конец праздника, — переведены именно как «забава», усилив тем самым смысл, вложенный в слово «праздник» самим Достоевским, т.е. пустое веселье, чему писатель противопоставляет карнавал с его скрытым, разоблачительным смыслом, не позволяющим, подчёркивает Я. Красицкий, «вернуться к норме». — *Прим. переводчика.*

[471] *Там же.* С. 392.

лил укрытые, но в действительности живые российские «стихии» — российское дионисийство?[472]

ВЕСЁЛЫЙ АД. «ECCE HOMO!»

Юродство в истории «Святой Руси»,[473] так же, как и всякого рода дурачества, относят к русской смеховой культуре,[474] ведь и ад, и зло, по утверждению Михаила Бахтина, может быть для человека одинаково весёлым.[475] Однако в сочинениях Достоевского семиотика юродства значительно глубже. Глядя на юродивого, пишет российский исследователь Иван Есаулов, смеются, не до конца понимая, над чем смеются; смеются над тем, что «внешне», не понимая того, что «внутренне».[476]

Князь совсем не смешной, он — фигура трагическая, и там, где он появляется, трагедия разыгрывается подлинная, а не притворная. Шут — а за такого в романе принимают уже упоминавшихся нами Фердыщенко и Лебедева, — лечит смехом недостатки мира и людей, тогда как юродивый заставляет плакать над собой. Над своей человеческой кондицией! Над кем же ещё? Ответ может быть только один: над человеком. Эмблемой Мышкину служат слова: «Ecce homo!» — какие произнёс о Христе римский прокуратор Иудеи две тысячи лет тому назад, а в них заключена пророческая сила сказанного о человеке: таким воспринимается присутствие Мышкина.

Под влиянием князя в мире происходит кенозис (Фил 2:7: «Уничижил [εκένωσεν] Себя Самого, приняв образ раба»), вследствие чего, в свою очередь, изобличается суть прокуратора, фальшивая иерархия всего правления, ложь каждого ве-

---

[472] *Krasicki J.* Nietzsche, Dionizos i Rosja / *J Krasicki.* Po «śmierci Boga»...

[473] *Федотов Г.* Святые Древней Руси. — М.: Московский рабочий, 1991.

[474] *Wodziński C.* Dostojewski F. M. List / *C. Wodziński.* Św. Idiota... S. 41.

[475] В частности, русский учёный подчёркивает «карнавальный образ игры в дурачки в преисподней» в рассказе Гоголя «Пропавшая грамота». — См.: *Бахтин М.* Рабле и Гоголь. (Искусство слова и народная смеховая культура) / *М. Бахтин.* Вопросы литературы и эстетики. Исследования разных лет. — М.: Худ. лит., 1975, с. 485.

[476] *Есаулов И. А.* Юродство и шутовство в русской литературе / *И. А. Есаулов.* Пасхальность русской словесности. — М.: Кругъ, 2004, с. 156.

личия и каждой святости. Подзаголовок книги Водзиньского: «Проект апофатической антропологии» (*греч.* apofatikos — *отрицательное*[477]) соответствует «идиотизму» как болезни. «Идиотизм» Мышкина проникает не только в то, что сокрыто и не позволяет говорить о себе как о человеке, но именно в область самого явления.

И пусть не вводит нас в заблуждение условность игры и забавы. Шутовство, гротеск, театр даны именно в поэтике карнавала... Достоевский, а до него Шекспир и Гоголь, показывают мир, который «выпал из своей колеи». Согласно автору «Идиота», юродство приводит к тому, что этот мир, по крайней мере, на какой-то момент, но возвращается к равновесию: ретируется вон из игры и видимостей, становится правдой — подлежит «обнулению».

Кто такой юродивый?[478] — задаётся вопросом Водзиньский-*Достоевский*. Юродивый есть загадка, но не потому, что «у него нет документов», а значит, нет и сколько-нибудь достоверных источников о его личности, а его история обратит в прах любую возможную агиографию, — нет, именно потому, что загадкой является сам человек. Вот почему никто не напишет его биографии, ибо написать её — значило бы раскрыть тайну человека, уничтожив её.

По словам Водзиньского-*Достоевского*, «юродивый никого не изображает»,[479] он обнаруживает жизнь как игру, видимость и театр, а в итоге театром эту игру и детеатрализует. Мышкин, как, в свою очередь, пишет Халина Бжоза, детеатрализует «Театр мира».[480] Таким образом, жизнь как игра, жизнь как сцена[481] демаскированы, а сама театральность становится антропологической категорией.[482]

---

[477] Имеется в виду отрицательное богословие, подразумевающее запрет на рассуждения о Боге, говорить о Нём в силу его непознаваемости. — *Прим. переводчика.*

[478] *Wodziński C.* Dostojewski F. M. List / *C. Wodziński.* Św. Idiota... S. 40.

[479] *Ibid.* S. 208.

[480] *Brzoza H.* Dostojewski. Między mitem... S. 7.

[481] *Ibid.* S. 226–278.

[482] *Ibid.*

Как таковой юродивый мог многое себе позволить — из истории святой Руси известно, что даже в присутствии Ивана Грозного юродивым сходило с рук то, за что иных сажали на кол.[483] Именно им дозволялось переступать границы и нарушать нормы, находясь, как говорится, в подвешенном состоянии: своеобразно coniunctio oppositorum (лат.) — *сочетая противоположности* и ломая тем самым оппозицию sacrum i profanum (лат.) — *Божественное и мирское* с одновременным употреблением высокого и возвышенного с тем, что низко, а то и просто банально. Благодаря таким юродивым «мир навыворот»,[484] мир «вниз головой» хоть на какой-то момент оказывался «стоящим на ногах».

Юродивый — это в то же время постоянная и неотъемлемая мифологема российской культуры и духовной истории России. Она соединяет в себе «горы» и «долы», «низкое» и «высокое», «добро» и «зло», «грешность» и «святость». Вот эта своеобразная coincidentia oppositorum (лат.) — *совпадение противоположностей* обнаруживает тот факт, что любая, казалось бы, бесспорная ценность, каждая святость в нашем человеческом свете, в итоге, оказываются чем-то относительным. Ничего нет удивительного, если и сама святость тут оборачивается бесконечными возмущениями и скандалами. Как раз такую святость и представляет писатель.

К подобному роду относится и «святость» Мышкина. Пусть рождена она в мире Православия и в объёме его понятий, это — святость российского «юродивого Христа ради» (1 Кор 4, 10), того, кто, и это бывало не раз, жил вне всяких сообществ, взяв себе в спутники лишь бездомную собаку, спасающую его от лютого русского мороза своим теплом перед тем, как ему окончательно замёрзнуть; святость юродивого, который входил в женскую баню голым; который кланялся при виде кабака, но отводил глаз (а то и плевал), завидя монастырь... Не есть ли по сей день всё то, что было и позавчера, пищей для возмущения тех,

[483] *Thompson E.* Zrozumieć Rosję...
[484] Цит. по: *Panczenko A.* Staroruskie szaleństwo Chrystusowe jako widowsko / *A. Panczenko* Semiotyka dziejów Rosji / Wybór i przekład B. Żyłko. — Łódź: Wydawnictwo Łódzkie, 1993, s. 101.

кто почитает различные и, казалось бы, вечные, неизменные устои, в том числе святость?

Принимая во внимание эти исторические факты юродства, не станем удивляться тому, что оно жило не столько в границах ортодоксии, которая пыталась обуздать его рамками Церкви, хотя и она поддавалась влиянию его стихий, сколько в «скрытом сознании православного монашества»,[485] в движениях сект и раскола,[486] и, быть может, именно поэтому не кто иной, как тот самый тогдашний «старовер», *новый русский* купец Рогожин[487] с золотым крестом на груди и «массивным бриллиантовым перстнем на грязном пальце правой руки»[488] так легко находит общий язык с Мышкиным? Несмотря на то, что трудно увидеть в князе юродство, и это точно подметил Водзиньский-*Достоевский*, его разглядел не кто иной, как «тот угрюмый тип Рогожин уже во время их первой встречи: „Совсем ты, князь, выходишь юродивый, и таких, как ты, бог любит!"».[489]

ТАНЕЦ ПРОДОЛЖАЕТСЯ

Болезнь, которой страдал Мышкин, — и смертельная, и заразная — инфицирует некоторых. И всё же, может ли уменьшиться религиозная мимикрия? Или она извечна и лишь меняет

---

[485] *Nowosielski J.* Inność prawosławia. — W-wa: Anafora, 1991, s. 23–39.

[486] *Nasierowski T.* Świat rosyjskiej duchowości. Kościoły i ruchy dysydenckie a Cerkiew panująca. — W-wa: Wydawanictwo Neriton, 2005.

[487] В России существовал своеобразный купеческий «миф» среди старообрядцев, что они будто бы играли главенствующую роль в установлении купеческих или промышленных цен в России, по подсчётам, «в начале XX века около 60 процентов общего числа купцов и фабрикантов на территории России представляли собой приверженцев старого обряда». См.: *Mróz T.* Antoniego Czechowa antropologia pracy: rozprawa doktorska / *T. Mróz.* — Kraków: Uniwersytet Jagielloński. Wydziałowe Interdyscyplinarne Studia Doktoranśkie na Wydziale Studiów Międzynarodowych i Politycznych, 2018, s. 331 (компьютерный набор).

[488] *Достоевский Ф. М.* Идиот / Указ. соч. — Т. 8, с. 135; см. также: *Grossman L.* Dostojewski / Przeł. S. Pollak. — Warszawa: Czytelnik, 1968, pierwszy cytat w pliku książki PDF, przypis 11, s. 101.

[489] *Wodziński C.* Dostojewski F. M. List / *C. Wodziński.* Św. Idiota... s.11; см. также: *Достоевский Ф. М.* Идиот / Указ. соч. — Т. 8, с. 14.

форму? Ответ писателя однозначный: «Карнавальный танец»[490] затягивает в свой круг всё новых персонажей, в том числе главную *актрису действа* — «безумную» Настасью Филипповну, которая однажды похищенная живёт в ожидании следующих похищений. Не желает, а может, и не в состоянии, — продолжим за Рене Жираром, — разорвать всё расширяющийся миметический круг.[491] «Идиотизм», однажды индуцированный, индуцирует других. А потому заряжена им и Настасья Филипповна, которая никого не пропустит и каждого лично стремится втянуть в игру-танец: никому не ведомо, кто тут режиссёр, а кто крутит фигуры, вращающиеся на сцене жизни не то в полусне, не то в полуяви. (Любопытно, что Настасья Филипповна, которую ни автор, и ни один из героев не называют просто по имени, как бы подчёркивает постоянно употребляемым её отчеством, что она социально значимая и солидная дама, превращая всю свою фигуру в некий фарс — ведь она содержанка, а таких в приличное общество не пускали).

Однако осознает ли Настасья Филипповна, что творит? Кто она — субъект или орудие в чужих руках? Может быть, всё происходит потому, что сам Мышкин, которому надлежит её охранять от демонов, как оказывается в романе, не настолько прозрачен и вовсе не похож на «князя Христа — Прекрасного человека»? Да и его самого постоянно одолевают «двойственные мысли», темнота, и притаился «демон».[492] И что этот псевдомессия демонической стороной своей личности заряжает Настасью Филипповну и других?

Театр Мышкина действует все двадцать четыре часа в сутки, примечательно, что в присутствии князя и другие персонажи ведут себя нетипичным образом или проявляют скрытые стороны своей личности. Настасья Филипповна безумствует, но её поведение здесь не представляет собой правила, прямо наоборот, например, Рогожин при Мышкине перестаёт паясничать и становится серьёзным, он не разыгрывает «спектакль», как

[490] *Ibid*… s. 13.
[491] *Жирар Рене*. Козёл отпущения. — М.: Издательство Ивана Лимбаха, 2010.
[492] *Джоунс М.* К пониманию образа князя Мышкина / Пер. с англ. Р. Нойхойзера / Достоевский. Материалы и исследования… Т. 2, с. 106.

перед своей «шумной ватагой».[493] Наличие князя обусловливает и поведение Лебедева, который набирается смелости и перестаёт стесняться других, заявляя себя комментатором Откровения. То же самое происходит и с Ганей, в ком, в свою очередь, после разговора с Мышкиным открываются новые свойства его неприглядной натуры, да и присутствие князя не позволяет ему скрывать свои увёртки.

Как замечает Юрий Карякин, «обыкновенная полубуржуазная-полупомещичья семейка» Епанчиных испытывает перемены, именно тогда Мышкин пожаловал на их порог. «Он вошёл — и на мгновение они становятся другими, они сами».[494] То же самое происходит с Ганькой и Настасьей Филипповной.

В Мышкине есть и прямодушие, и театральность. Он заключает в себе и темноту, и свет, а его открытая и незащищённая натура остаётся с самого начала и до конца чем-то специально обнаруживаемым, вроде выставленного напоказ, что пробуждает, глядя на него, то смех, то восхищение, то жалость. Он как бы лишён защитного слоя, человек без кожи, а потому своими повадками он смешит и кажется беспомощным, как ребёнок. В ответ на его желание жениться Настасья Филипповна, которой он признаётся, говорит (уже не в первый раз): «Да и куда тебе жениться, за тобой за самим ещё няньку нужно!».[495]

Этот «детский предводитель»,[496] как его называет Эльжбета Микицюк, своеобразный «царь детей», сам ещё дитя и пришелец из мира идиотов, в силу своей болезни не имеет никакого опыта общения с женщинами, и пусть он терпит поражение, он будет не только стремиться жениться на Настасье Филипповне, но и высвободить её из силков мира, как вечный Логос — падшую душу мира, ибо «весь мир лежит во зле» (1Ин 5, 19). У Достоевского наличие ребёнка играет спасительную роль, а в данном случае такая роль выпадает прибывающему в Петербург Мышкину. «По мнению писателя, — считает Константин Исупов, — человечество можно спасти только при условии, что

[493] *Достоевский Ф. М.* Идиот / Указ. соч. — Т. 8, с. 14.
[494] *Карякин Ю. Ф.* Достоевский и Апокалипсис. — М.: Фолио, 2009, с. 507.
[495] *Достоевский Ф. М.* Идиот / Указ. соч. — Т. 8, с. 138.
[496] *Mikiciuk E.* Myszkin Lew / Идеи в России... Т. 8, s. 264.

оно станет человечеством детей, а соборность спасённых душ не будет оргией взрослых, но *Детским Собором* и *„детской церковью"*».[497]

ЛЮБОВЬ К «ОДНОЙ-ОДИНЁХОНЬКОЙ»

Суть миссии Мышкина в мире находит своё выражение также и в чувстве, которым он одаривает в период его пребывания в Швейцарии перед отъездом в Петербург больную чахоткой и отверженную альпийской деревней пастушку стада коров Мари. Это чувство сродни тому, какое он станет испытывать в отношении Настасьи Филипповны, окружённой роем мужчин. И хотя, к разочарованию местных детишек, Мышкин не влюбился в чахоточную Мари,[498] как потом влюбился в Настасью Филипповну, но и ту, и другую он любил совершенно бескорыстно и: «в противоположность многим выведенным в романе мужчинам никогда не унижает и не покупает женщин, а одаривает их огромным уважением».[499] Он руководил детьми в их опеке над Мари — только он и дети были в предсмертные дни «одной-одинёхонькой» в «пустом... доме» пастушки.[500] Будучи «царём детей», которые навещали её, «забегая по очереди», они «вдруг наутро приходят [к Мышкину] и говорят, что Мари умерла».[501] Именно дети радовались отношению князя к Мари, и хоронили её с почестями, но как раз «с этих похорон и началось на меня главное гонение всей деревни из-за детей»,[502] как о том рассказывает князь Мышкин сёстрам Епанчиным.

---

[497] *Isupow K. G.* Dziecięcość / Przeł. M. Kotowska / Идеи в России... Т. 6, s. 72.

[498] «Мне кажется, для них была ужасным наслаждением моя любовь к Мари, и вот в этом одном, во всю тамошнюю жизнь мою, я и обманул их. Я не разуверял их, что я вовсе не люблю Мари, то есть не влюблён в неё, что мне её только очень жаль было; я по всему видел, что им так больше хотелось, как они сами вообразили и положили промеж себя, и потому молчал и показывал вид, что они угадали». — *Достоевский Ф. М.* Идиот / Указ. соч. — Т. 8, с. 61.

[499] *Mikiciuk E.* Myszkin Lew / Идеи в России... S. 260.

[500] *Достоевский Ф. М.* Идиот / Указ. соч. — Т. 8, с. 62.

[501] *Там же.* С. 62–63.

[502] *Там же.* С. 63.

МИМЕТИЗМ И НАСИЛИЕ

Мир Достоевского, как уже писалось, — мир святости, которая является скандалом, и это отчётливо видно на примере описанных минуту назад событий по поводу истории деревенской отщепенки — пастушки Мари. Опороченную и обесчещенную, её не только проклинают, но и дословно, а не в переносном смысле, — гонят из деревни. «Идиотизм» Мышкина позволяет Достоевскому обратиться к безумию юродивых задолго до возникшей концепции жертвенного миметизма Рене Жирара, показавшего, что насилие возникает в ответ на инаковость и непохожесть. Вспомним, что этот *миметизм насилия* нарушает Христос в Гефсиманском саду, приведя в недоумение и недоверие апостолов, которым сначала советует «купить меч» (Лк 22, 35), а потом, когда настал час его применить, приказывает «вложить меч в ножны» (Ин 18, 11). Такой же круг насилия Мышкин разрывает в Швейцарии и Петербурге. В Швейцарии он защищает Мари, в Петербурге не отвечает насилием на насилие Рогожина, который готов его убить (и это притом, что считает его своим другом и даже братом). Как отмечает Жирар, в миметической позиции доходит до заражения злом, и реакцией на *инаковость* становится насилие против «козла отпущения».[503] Однако в Мышкине-ребёнке, этом «царе детей», миметизм насилия не только прерывается, но и оказывается лишённым своей уничтожающей силы. Евангелие Мышкина-Христа не понимают взрослые, но зато оно становится понятным горстке ребятишек, и это они, не стесняясь, сопровождают Мари в последний путь. Навещают её, когда, умирая от чахотки, она сидит в лохмотьях на своём постоянном месте на скале, почти без всякого контакта с внешним миром. Они же, когда у неё уже не было сил «выйти к саду»,[504] и она в полном одиночестве находилась «у себя в пустом доме»,[505] остаются с ней до последнего дня. Дети, как и их «царь», видят в ней

---

[503] *Жирар Рене.* Козёл отпущения.
[504] *Достоевский Ф. М.* Идиот / Указ. соч. — Т. 8, с. 62.
[505] *Там же.*

только хорошее, и это они, напомним, приносят Мышкину весть о её смерти.

Со страхом, недоверием и даже подавляемым раздражением, хотя и не столь грубо, как соседи Мари (они ведь жители столичного Петербурга, а не безлюдной альпийской деревни), реагируют домочадцы Епанчиных на *странные* швейцарские рассказы Мышкина. И всё же в итоге в них тоже происходит перемена. Аглая, правда, ставит ему в укор, что свои истории он не заканчивает положительно, но и она, в конце концов, сдаётся. Когда князь рассказывает о своих переживаниях и наблюдениях из жизни в Швейцарии, и прежде всего об экзекуции с отрубанием головы на гильотине, свидетелем чего стал в Лионе, куда его привёз доктор Шнейдер,[506] их мать молчит, однако и она соглашается. И так постепенно, медленно, но все Епанчины, начиная с хозяина дома, генерала, который, несмотря на стеснённое положение, предоставляет Мышкину крышу над головой и даёт работу каллиграфа в собственной канцелярии, начинают понимать, что в Мышкине их навещает не какой-то бродяга, рассчитывавший на связи из желания их использовать, а некто иной, при посредничестве кого открывается окно в другую действительность. До них доходит, что, впустив Мышкина в собственный дом, они как бы вставили в этом доме окно в Вечность — прямо икону. Сразу с появлением Мышкина у Епанчиных начинает происходить что-то невероятное. Как пишет Водзиньский-*Достоевский,* «чудеса затеваются меж людьми, стоит явиться вдруг им такому, как князь Мышкин, и на время задержаться, пожить у них. Призрак по своему обыкновению исчезает, а чудеса остаются».[507]

Юродивые, словно Отцы-пустынники или русские *старцы,* показывают, что мир в его повседневности поставлен «с ног на голову», и лишь его карнавализация, разворот, ставит его снова «на ноги». Повседневность создаёт конвенанс — правила хорошего тона, когда безличностное «ся» выгодно тем, чего, по сути, следовало бы стесняться. И наоборот — осуждения и порицания заслуживают искренность, наивность, порядочность и пря-

---

[506] *Там же.* Т. 8, с. 19.
[507] *Wodziński C.* F. M. Dostojewski. List / *C. Wodziński.* Św. Idiota... S. 13.

мота — все те черты, которые старается отыскать в Мышкине Аглая, при полной безответности его чувств к ней. В то время как Аделаида и Александра Епанчины делятся своими наблюдениями о князе, не скупясь на критику,[508] Аглая хоть и называет Мышкина «смешным», в то же время видит в нём другого и говорит ему: «Вы честнее всех, благороднее всех, лучше всех, добрее всех, умнее всех!».[509]

Иногда Мышкина в романе просто называют «человеком». Так его окрестили Аглая и Ипполит Терентьев, который, будучи совсем молодым, заболел чахоткой, и зная о своём близком конце, признаётся князю: «...я хочу посмотреть в ваши глаза... Стойте так, я буду смотреть. Я с Человеком прощусь».[510] Те же слова произнесла и Настасья Филипповна, расставаясь с Мышкиным, и звучат они однозначно: «Прощай, князь, в первый раз человека видела!».[511]

Писатель при этом не оставляет никаких иллюзий на счёт того света, куда прибывает Мышкин, приезжая в Петербург. Опубликованная в «одной еженедельной газете из юмористических»[512] и обсуждаемая на даче Лебедева статья Антипа Бурдовского, который претендовал на семейное наследство (по праву принадлежавшее князю[513]) и выдавал себя за «сына Павлищева»,[514] бывшего опекуна Мышкина, предполагалось, по замыслу её автора, должна была стать разоблачением истинного лица

---

[508] « — Хорош, да уж простоват слишком, — сказал Аделаида, когда вышел князь. — Да, уж что-то слишком, — подтвердила Александра, — так что даже и смешон немножко». — *Достоевский Ф. М. Идиот / Указ. соч.* — Т. 8, с. 66.

[509] *Там же. С.* 283.

[510] *Там же. С.* 348.

[511] *Там же. С.* 148.

[512] *Там же. С.* 217.

[513] Приведём слова самого Бурдовского: «Наш отпрыск, назад тому сполгода, обутый в штиблеты по-иностранному и дрожа в ничем не подбитой шинелишке, воротился зимой в Россию из Швейцарии, где лечился от идиотизма (sic!). Надо признаться, что ему везло-таки счастье, так что он, уж и не говоря об интересной болезни своей, от которой лечился в Швейцарии (ну можно ли лечиться от идиотизма, представьте себе это?!!), мог бы доказать собою верность русской пословицы: «известному разряду людей — счастье!»» — *Там же. С.* 217–218.

[514] *Там же. С.* 215.

Мышкина и его извилистого пути к наследству. Написанная под знаком «свободной прессы», она оказывается пасквилем. Более того, она являет собой извращённую и преднамеренную ложь, клевету и причинение вреда невиновным. Мир «свободного слова» представлял собой сферу скрытого насилия. Свободная пресса — эта ценность демократии, которая расширяет «свободу слова», одновременно уничтожая то, что для Достоевского остаётся самым важным: идеал Человека.

Разрушает она и *прекрасного человека* Мышкина. В *новом, замечательном мире* всё оказывается дурным театром.

«ЗА КУЛИСАМИ…»

Итак, за много лет до появления социологических и антропологических работ Ирвинга Гофмана[515] Достоевский предлагает нетипичную социологию и антропологию. И пусть она, высмеиваемая и шутовская, всё же раскрывает извечные истины, которые обнаруживают себя через неизбежное участие в игре всех членов общества. Неустанной игре — той, что называется жизнью, и как говорил Норвид, «театр жизнями оплачен».[516] В игре того, что на языке Гофмана есть «авансцена», как и того, что происходит «за кулисами».

Достоевский показывает, что мы играем лишь до определённого момента. А когда появляется кто-то вроде Мышкина, игра останавливается, роли зависают. Словно в стихотворении Рильке «Опыт смерти»:

> Когда же ты ушла, из леденящей
> щели на сцену лёг и не исчез
> знак истины: свет солнца настоящий,
> луг настоящий, настоящий лес.

---

[515] *Гофман Ирвинг.* Представление себя другим в повседневной жизни / Пер. с англ. и вступ. статья А. Д. Ковалёва / Малая серия LOGICA SOCIALIS серии Публикации Центра Фундаментальной социологии. — М.: КАНОН-пресс-Ц, Кучкозо поле, 2000.

[516] *Валевский Валентин.* Циприан Камиль Норвид (1821–1883). Марионетки / Пер. с польск. https://www.chitalnya.ru/work/3015480/

А мы играем дальше. Каждый раз
твердим, жестикулируя своё:
и лишь когда сокрытое от нас,
изъятое из пьесы бытие
на нас нахлынет страшным откровеньем<...>.[517]

Это вторжение вечности во время — то же самое, что выйти из исполняемой роли,[518] как и покинуть театр. Но такого уже не показывают. Это происходит «за кулисами», пишет Гофман в исследовании «Человек в театре повседневной жизни»: именно там проявляет себя тайна представления, и коль скоро исполнители тут покидают свои роли, это место, естественно, уже недоступно публике, даже его существование скрывают от неё.[519] Итак, «играем дальше».

[517] *Рильке Р. М.* Стихотворения (1906–1926) / Перевод В. Летучего. — Харьков: Фолио, М.: АСТ, 1999, с. 34.

[518] *Бальтазар Ханс Урс фон,* кардинал. Вера и вечность / *Ханс Урс фон Бальтазар.* Теологика. Том 1. Истина мира. — М.: ББИ, 2013, с. 358–362.

[519] *Гофман Ирвинг.* Представление себя другим в повседневной жизни... Театральное воплощение... С. 63–67.

Настасья Филипповна,
или Из женщины «сделать мужчину»

ДОСТОЕВСКИЙ И ЖЕНСКИЙ ВОПРОС

Достоевского, пожалуй, волновали все существующие вопросы и проблемы, которыми жили современные ему Россия и Европа. Был среди них и широко обсуждавшийся тогда женский вопрос, которому в России в XIX — начале XX вв. уделяли серьёзное внимание В. Соловьёв, Л. Толстой, М. Арцыбашев, В. Розанов, Н. Бердяев.[520]

В таком *окружении* у Достоевского была собственная оригинальная позиция, а его видение проблемы носило двойственный характер: с одной стороны, своими корнями оно глубоко уходило в реалии своего времени, о чём свидетельствует его публицистика, а с другой — в мысль о перспективности и даже, назовём точнее: софиологически,[521] профетиче-

---

[520] *Рябов О. В.* Русская философия женственности (XI–XX веков). — Иваново: Юнона, Ивановский государственный университет, 1999; *Евдокимов А. М.* Женщины и спасение мира. — Мн: Лучи Софии, 2009; *Kosiewicz J.* Problematyka ciała, płci i miłości w filozofii rosyjskiego prawosławia końca XIX i początku XX wieku. — Edukacja Filozoficzna, 1994, № 18.

[521] На тему софийности у Достоевского см.: *Новикова Е. Г.* Христианские тексты и проблема софийности романа Ф. М. Достоевского «Идиот» / *Е. Г Новикова.* Роман Достоевского «Идиот»: раздумья, проблемы. — Иваново: Ивановский государственный университет, 1999; *Новикова Е. Г.* Одна евангельская цитата в романе Ф. М. Достоевского «Идиот» / Православие и Россия: канун третьего тысячелетия. — Томск: Томская епархия Русской Православной Церкви, 2000; *Новикова Е. Г.* Евангельские тексты и проблема преступления и наказания в романе Ф. М. Достоевского «Идиот» / *Е. Г. Новикова.* Роман Ф. М. Достоевского «Идиот»: современное состояние

ски и эсхатологически — такое видение органично вписывалось в традиции русской мысли,[522] тем самым не только опережая своё время, но и легко вмещаясь в мифологический, профетический и эсхатологический порядок, отличавшийся от порядка исторического. И если сегодня так много пишут о доминирующем в истории «мужском» взгляде на женский вопрос, об угнетающем маскулизме, то писатель, при всех идейных отличиях, представляется, шёл навстречу этим положениям с отвагой, не уступавшей современной феминистской теологии.[523]

Он не был декаденским знатоком эроса, согласно моде последних русских «оргистов», к которым причисляли Д. Мереж-

изучения / Ред. Т. А. Касаткина. — М.: Наследие, 2001; *Сапронов П. А.* Русская софиология и софийность. — СПб.: Церковь и культура, 2006.

[522] *Krasicki J.* Człowiek i Bóg w tradycji rosyjskiej...

[523] *Briggs K. J.* Dostoevsky, Women, and the Gospel: Mothers and Daughters in the Later Novels; *Napiórkowski A.* Teologia feministyczna / *A. Napiórkowski*. Teologie XX i XXI wieku. — Kraków: Wydawnictwo WAM, 2016.
Не менее ярко, хоть и специфично, тема представлена и в русской не столько философской, сколько общественно-социальной жизни. Например: *Пушкарёва Н. Л.* У истоков русского феминизма: сходства и отличия России и Запада // Материалы V конференции, посвящённой теории и истории женского движения. — 2001, с. 79–84; *Фридан Б.* Загадка женственности. — М., 1994, с. 44–50: Феминизм в общественной мысли и литературе. — М.: Грифон, 2006; *Ситникова Я.* Трансфеминизм и радикальный феминизм: когда приватное ставит под вопрос публичное. — Женщины в политике: новые подходы к политическому. Феминистский образовательный альманах. — Вып. 3. — 2013, с. 78–88; *Страхова К. А.* Проблема равенства полов в конфронтации антифеминизма и феминизма. — Вестник Южно-Уральского государственного университета. Серия: Социально-гуманитарные науки. — 2007, № 24(96); *Геворкова К. В.* Феминизм как экстремизм. — Философия права. — 2008, № 2.

ковского, В. Розанова,[524] Ф. Сологуба, В. Брюсова,[525] однако при всём сходстве с ними трудно признать в нём патрона русского дионисийства[526] и декадентского новоязычества[527] на рубеже XIX–XX вв. Его позицию в этом вопросе определял глубокий христоцентризм.

Достоевский не только своим творчеством, но и просто как человек поражает и сегодня. Пишущие о нём обычно обращают внимание на скандальные стороны его биографии, в том числе и на злоупотребление сексом, какое он себе позволял.[528]

---

[524] Идеи Достоевского, касающиеся женщины, тела и пола, особенно привлекли Василия Розанова, которого связывал с писателем не только долг интеллектуальный, каким этот мыслитель был ему обязан, но и очень личный биографический момент. Автор «Опавших листьев» женился на бывшей возлюбленной Достоевского, много его старше — Аполлинарии Сусловой: в образе Настасьи Филипповны, как и других инфернальных женщин, в творчестве писателя обычно находят портрет именно этой роковой женщины. Розанов был не только аналитиком и комментатором сочинений Достоевского, но его подлинным знатоком. Бердяев пишет, что Розанов не просто творчески развивал поднятые писателем проблемы, а прямо «в творческой фантазии Достоевского зародился Розанов». — См.: *Бердяев Н.* Миросозерцание Достоевского. С. 299. Стоит однако, отметить и оригинальность воззрений самого Розанова на фоне идей эпохи. Не повторяя в целом модных теорий модернизма, учёный создавал оригинальную метафизическую гендерную философию, далеко шагнувшую за пределы мизогиничного схематизма теории Отто Вайнингера, изложенной им в книге «Пол и характер» (1903), как и схематичной сексуальной теории Фрейда. — См.: *Розанов В.* Люди лунного света Метафизика христианства. — М.: Дружба народов, 1990; *Розанов В.* Женщина перед великою задачей / *В. Розанов.* Религия и культура. Сборник статей. — Paris, 1971. См. также: *Krasicki J.* Człowiek i Bóg w tradycji rosyjskiej. S. 188–193; *Рябов О. В.* Русская философия женственности. — Иваново: Издательский центр «Юнона», 1999, с. 124 и др. На тему взаимосвязей Розанова и Достоевского см.: *Биллингтон Дж. Х.* Икона и топор; *Сараскина Л.* Возлюбленная Достоевского: Аполлинария Суслова биография в документах, письмах, материалах. — М.: Согласие, 1994.

[525] *Malej I.* Chucie dekadentów (Walerij Briusow — Fiodor Sołogub) / *I. Malej.* Eros w symbolizmie rosyjskim. — Wrocław: Wydawnictwo Uniwersytetu Wrocławskiego, 2008.

[526] *Krasicki J.* Mit dionizyjski a religijna myśl rosyjska przełomu XIX/XX wieku / Dionizos i dionizyjskość. Mit, sztuka, filozofia, nauka / Red. T. Drewniak i A. Dittmann. — Nysa-Goerlitz, 2009; *Krasicki J.* Nietzsche, Dionizos i Rosja / *J. Krasicki.* Po «śmierci Boga»...

[527] *Гайдуков А.*, *Де Лазари А.*, *Жаковская М.*, *Надскакула О.* Неоязычество / Идеи в России... Т. 6.

[528] *Michalska–Suchanek M.* Kobiety Dostojewskiego / *M. Michalska–Suchanek* Piętnaście odsłon Dostojewskiego. — Katowice: Śląsk sp. z o.o. Wydawnictwo

И если правда то, что каждый герой Достоевского — это замаскированный Достоевский: писатель «делал его своим уполномоченным»,[529] полагает Бурсов (на это обращают внимание и другие исследователи), то правда и то, что чуть ли не каждого из своих героев он одаривал какой-нибудь частичкой себя, и в своём творчестве выразил не только тёмные, но и тонкие, идеальные стороны. В первую очередь это касается его отношения к женщине, что в «Идиоте» находит проявление в образе Мышкина.

Позиция, избранная писателем в романе «Идиот», в сущности, была попыткой посмотреть на женщину глазами кого-то, кто в полном смысле не был мужчиной... То есть в какой-то степени и вопреки позиции самого Достоевского, не раз обвиняемого в тяжких грехах. По свидетельству Николая Страхова (из известного его письма Л. Толстому), писатель был «зол, завистлив, развратен, и он всю жизнь провёл в таких волнениях, которые делали его жалким...».[530]

Что тут правда, а что «конфабуляция или приукрашивание»,[531] — в нашу задачу решать не входит.

Опираясь на различные свидетельства эпохи, прежде всего распространяемые Страховым, который не раз писал со злобным удовлетворением о грязной и даже уголовной стороне биографии его «жестокого таланта» (Н. Михайловский),[532] о «человеке, который побывал в аду» (Т. Манн),[533] а по словам всё того же

Naukowe, 2018, s. 9; *De Jonge A.* Dostojewski i wiek intensywności / Przeł. A. Grabowski. —Literatura na Świecie, 1983, № 3, s. 34–50.

[529] *Бурсов Б.* Личность Достоевского. С. 633.

[530] *Достоевская А. Г.* Воспоминания. — М.: Художественная литература, 1971, с. 396. Здесь приводится оскорбительное и вызвавшее большой скандал письмо Н. Н. Страхова Л. Н. Толстому (от 28 ноября 1883 года, но опубликованное только в октябрьском номере «Современного мира» за 1913 год). Подробно см. с. 14 данного издания, сноска 52.

[531] *Michalska-Suchanek M.* Mistrz bluźnierstwa / *M. Michalska-Suchanek.* Piętnaście odsłon Dostojewskiego. S. 49.

[532] *Михайловский Н. К.* Жестокий талант... См. полностью описание: сноска 68,

[533] *Манн Т.* Достоевский, но — в меру. Предисловие к американскому однотомнику избранных романов и повестей Достоевского. Статьи 1929–1955 / *Т. Манн.* Собр. соч. в 10 тт. — М.: Худ. лит., 1961, т. 10. С. 330. Здесь же писатель вспоминает: «глубокий, преступный и святой лик Достоевского». — Там же. С. 328.

Страхова, «был истинно несчастный и дурной человек»,[534] с намёком на его склонность к педофилии (ходили слухи о сексуальных принуждениях малолеток) и т.д. А между тем, за много лет до возникновения феминизма этот человек одним из первых поднял феминистские темы. И тут надо отметить, что, поднимая их, он разделял взгляд на половую любовь философа Владимира Соловьёва,[535] точно так же далёкого как от вульгарного материализма, так и от дряхлеющего спиритуализма.[536] Этот «грешник» и «преступник», как его окрестил Фрейд,[537] в интерпретации Д. Мережковского, был некий пророк исповедуемой Мережковским религии св. Духа, Третьего Завета, религии, представляющей дуализм духа и тела.[538] Согласно Мережковскому, существует религиозность не только соединяющая — дуалистическая, но и «символическая» (Мережковский напоминает, что греч. слово «символ» методологически связано с «единением»), и в таком положении «плоть точно так же потусторонняя», как дух, а «пропасть» того, что «звериное», «низкое», становится равнозначной пропасти того, что духовное. Все эти проблемы, известные и более или менее задокументированные, находят отражение в творчестве Достоевского. Даже пишут, что его герои носят в себе многократно умноженные черты его личности, как и её патологической стороны (З. Фрейд, Л. Гроссман, А. З. Штейнберг).[539] Без сомнения, эти факторы накладывают свой отпеча-

---

[534] *Достоевская А. Г.* Воспоминания... С. 397. См. также: *De Jonge Alex.* Dostojewski i wiek intensywności. — Literatura na Świecie. — 1983, № 3, s. 20–53. В своей книге, и в частности в письме, который стал комментарием к ней, Николай Страхов сыграл в нём роль позднего Антония Сальери, «подсыпав в бокал посмертной славы писателя чуточку „яда“» — См: *De Lazari A.* W kręgu Fiodora Dostojewskiego... S. 29.

[535] *Соловьёв В.* Смысл любви. Избранные произведения. — М.: Современник, 1991, с. 125–182.

[536] *Michalska-Suchanek M.* Mistrz bluźnierstwa / M. Michalska-Suchanek. Piętnaście odsłon Dostojewskiego. S. 49.

[537] Цит. по: *Freud Z.* Dostojewski i ojcobójstwo / Przeł. B. Kocowska / *K. Pospiszyl.* Zygmunt Freud. Człowiek i dzieło, Wrocław: Wyd-wo Zakładu narodowego imienia Ossolińskich, 1991, s. 309.

[538] *Д. С. Мережковский.* Л. Толстой и Достоевский, Издание подготовила Е. А. Андрющенко. — М.: Наука, 2000; *Шпенглер О.* Закат Европы (Spengler O. Zmierzch Zachodu / Przeł. J. Marzęcki. — Warszawa, 2014, s. 307–308).

[539] *Штейнберг А. З.* Система свободы Ф. М. Достоевского. — Берлин: Скифы, 1923.

ток на его видение женщины, и можно задаться вопросом, а какой смысл в постановке темы человеком, который якобы отдавался распутству, подозревался, между прочим, в растлении малолетних и педофилии?

При всём том и независимо от того, что написано о приведённых выше подозрениях, стоит повнимательнее взглянуть на то, как Достоевский — христианин, человек и мыслитель воспринимал женщину. Неслучайно ярко и символично он всплывает в памяти Томаса Манна вместе с главой «О бледном преступнике» из книги Ницше «Так говорил Заратустра».[540] И это именно Достоевский сказал о женском вопросе больше, чем Пруст и все другие, с которыми сопоставляет его автор «Доктора Фаустуса»: «Психологические находки, новшества и смелые ходы француза не более, чем пустяшная игра в сравнении с жуткими откровениями Достоевского».[541] Несмотря на то, что он «побывал в аду», несмотря на его «падение», он смотрел на женщину, как не смотрел ни один из блюстителей морали и нравов.

ПЕРЕД ТЕМ, КАК ВЫЙТИ ИЗ ВАГОНА

Женский вопрос поставлен на первых же страницах «Идиота», в сцене описания возвращения Мышкина в Россию. Ситуация складывается прямо перед самым выходом Мышкина из вагона на перрон Варшавского вокзала, где он познакомился с Рогожиным. Вот Порфирий Петрович обращается к князю с вопросом: « — А до женского пола вы, князь, охотник большой? Сказывайте раньше.

— Я, н-н-нет! Я ведь... Вы, может быть, не знаете, я ведь по прирождённой болезни моей даже совсем женщин не знаю.

— Ну, коли так, — воскликнул Рогожин, — совсем ты, князь, выходишь юродивый, и таких, как ты, бог любит!»[542]

Уже сам по себе этот вопрос и способ, каким его ставит Рогожин, обращает на себя внимание. Когда же столь удиви-

---

[540] *Манн Т.* Достоевский, но — в меру... С. 329
[541] *Там же.* С. 330.
[542] *Достоевский Ф. М.* Идиот / Указ. соч. — Т. 8, с. 14.

тельный приезжий обосновался в Петербурге и в доме Ивана Фёдоровича Епанчина украдкой целует фотографию Настасьи Филипповны,[543] возникает новый вопрос, а нет ли фальши в признании, сделанном князем тогда, в вагоне, что «по прирождённой болезни» он «женщин не знает». Опять же когда Ганя Иволгин спрашивает князя, а женился бы он на такой женщине, — разумеется, речь идёт о Настасье Филипповне, чья репутация, без сомнения, хорошо известна в петербургском свете, и она это отлично знает, называя себя просто «содержанкой»,[544] — князь отвечает: «Ни на ком не могу жениться, поскольку я не здоров».[545] При этом, о какой болезни идёт тут речь, остаётся непроясненным, — о его «идиотизме», от которого его лечили в Швейцарии, об эпилепсии[546] или о чём-то близком к физическому недугу, мешающему половым отношениям с женщиной?

Позволительно ли рассматривать эту проблему исключительно как психологическую или медицинскую патологию? А может быть (мы всё же находимся в России!) она имеет более глубокий — духовный смысл? Не идёт ли тут речь о связи недомогания Мышкина с развивавшейся за пределами церковного учения практикой кастраций, среди хлыстов и скопцов — представителей «духовного христианства» на Руси, начиная с XVII в.?[547] Так или иначе, однако свести всю проблему к утверждению, что Мышкин был просто импотентом или кастратом, а по-русски — скопцом для царства Небесного, тоже было бы упрощением.

---

[543] «Эта ослепляющая красота была даже невыносима, красота бледного лица, чуть не впалых щёк и горевших глаз; странная красота! Князь смотрел с минуту, потом вдруг спохватился, огляделся кругом, поспешно приблизил портрет к губам и поцеловал его. Когда через минуту он вошёл в гостиную, лицо его было совершенно спокойно». —*Там же.* С. 68.

[544] *Там же.* С. 141.

[545] *Там же.* С. 32.

[546] *Gerigk H.-J.* Epilepsis in den großen Romanen Dostojewskijs als hermeneutisches Problem / Dostoevsky Studies. New Series. — 2006, Vol. X, s. 141–153; *Michalska-Suchanek M.* Epilepsja Dostojewskiego / *M. Michalska-Suchanek.* Piętnaście odsłon Dostojewskiego, s.75–86.

[547] *Nasierowski T.* Świat rosyjskiej duchowości. Kościoły i ruchy dysydenckie a Cerkiew panująca; *Розанов В.* Тёмный лик. Метафизика христианства / *В. Розанов.* Собр. соч. в 2 тт. — Т. 1, с. 369–582.

СМОТРЕТЬ НА ЖЕНЩИНУ

Для нашего анализа ключевым является слово «смотреть», а точнее — вопрос о том, как Мышкин «смотрит» на женщину. Именно здесь, говоря психоаналитическим языком, в Настасье Филипповне он нашёл свой «объект», но разве только это? Мышкин, как бы невероятно и дерзко это ни звучало, смотрит на Настасью Филипповну с двух позиций. Как мужчина, ибо откровенно в неё влюблён, и не… «как мужчина».

Чтобы объяснить, что мы имеем в виду, приведём отрывок из гностического апокрифического Евангелия Фомы, в котором читаем, что на вопрос учеников о том, каким способом можно попасть в Царствие Божье, Иисус так отвечал: «Когда вы сделаете двоих одним, и когда вы сделаете внутреннюю сторону как внешнюю сторону, и внешнюю сторону как внутреннюю сторону, и верхнюю сторону как нижнюю сторону, и когда вы сделаете мужчину и женщину одним, чтобы мужчина не был мужчиной и женщина не была женщиной, когда вы сделаете глаза́ вместо гла́за, и руку вместо руки, и ногу вместо ноги, образ вместо образа, — тогда вы войдёте в [царствие]».[548]

Несомненно, Настасья Филипповна возбуждала в мужчинах желание, а в женщинах — удивление и даже ревность, и у младшей дочери генерала Епанчина Аглаи — красивой, влюблённой в Мышкина, и у её сестры Аделаиды.

А как смотрит на Настасью Филипповну Мышкин? Так же ли «симметрично» женскому умению смотреть или по-мужски? И да, и нет. Это он — «идиот», единственный среди героев романа, кружащихся вокруг Настасьи Филипповны, в своём смотрении остаётся за границами дихотомии «мужское-женское», «женщина-мужчина», о чём говорит Иисус в апокрифе Фомы. В то время как все оказались — как мужчины, так и женщины, глядящими «плотски», и заключённые в свои «плотские» взгляды они остаются на стороне действительности, Мышкин смотрит как бы над этой дихотомией. Его феноменология смотре-

---

[548] Евангелие от Фомы: 2, 27. https://www.rulit.me/books/evangelie-ot-fomy-read-404169–2.html

ния будто бы «из другого мира», из приходящего мира эсхатологического рая и эсхатологической полноты.

«НЕ ЖЕНЯТСЯ И НЕ ПОСЯГАЮТ...»

Несмотря на половые различия, стремление преодолеть врождённую чуждость и даже враждебность полов сопровождает человечество постоянно, а Мышкин становится выразителем и своеобразным представителем повсеместной регенерации бытия, о чём повествуется в разнообразных мифах. Приведём лишь для примера: известный знаток этого предмета Василий Розанов выявляет, как в мифах богиня любви «Венера представлялась иногда андро-гином (ανηρ+γὺνη — *греч.*) и называлась и „Марсом Элиаде" и „Венерою"».[549] Вне всякого сомнения, идея андрогинизма (*греч.* andros — *мужчина* и gyne — *женщина*) значительно глубже рациональной памяти и мифически сопровождает людей от самых истоков истории,[550] выражая извечное их стремление обнаружить трансцендентальное единство человеческой сущности, утраченное посредством греха падения, то есть гностическую космическую катастрофу, и преодолеть ставшее результатом этого разделение людей по половому признаку.[551] В образе Мышкина обычно видят юродивого,

---

[549] «*Особенно в мистериях признавалась она intriusque sexus.* Её называли поэтому «Deus Venus», как и сирийскую богиню Луны «Deus Lunus» и «Dea Luna». На острове Кипр была даже «бородатая Венера, «Venus barbatus» *Молох превращался в Мелитту и наоборот. Вот почему мужчины перед Венерой приносили жертву в одежде женщин, а женщины перед Марсом в мужской одежде.* См.: *Розанов В. В.* Люди лунного света / *В. В. Розанов.* Соч. в 2 тт. — Приложение к журналу «Вопросы философии», т. 2. Уединённое, с. 13.

[550] *Элиаде Мирча.* Мефистофель и Андрогин / Пер. с фр. Е. В. Баевской О. В. Давтян. — СПб.: Алетейя, 1998.

[551] М. Элиаде пишет: «Иная, но также сосредоточенная на первичном единстве человека, теория была предложена Иоанном Скотом Эриугеной, который, впрочем, опирался на Максима Исповедника. Для Эриугены разделение полов было частью космического процесса. Разделение субстанций началось в Боге и последовательно продолжалось вплоть до разделения в природе самого человека, который оказался разделён на мужчину и женщину. Вот почему соединение субстанций должно начаться в человеке и вновь завершиться на всех уровнях бытия, в том числе и в Боге. В Боге не существует разделения, ибо Бог — это Всё в Одном. Для Иоанна

а юродивый, считает Вячеслав Иванов, не кто иной, как «женственный мужчина»,[552] или мужчина в христианском смысле, он просто находится на пути к этой андрогинности, которой полностью владеет Тот, для Кого юродивый «стал глупцом», т. е. Христос.

Кроме библейской традиции, где слово «познать» соответствует смыслу, заключённому в факте, что библейский Адам «познал» Еву,[553] а это обозначило не только начало жизни, но и падение человеческого рода, — к идее андрогинности обращались многие мыслители, начиная с Платона. Тут были Я. Бёме, Ф. ван Баадер, В. Соловьёв, Н. Бердяев, Н. Фёдоров... О том, как драматичное событие полового разделения повлияло на формирование взглядов немецкого философа-мистика Якоба Бёме (1575–1624), свидетельствует то, что автор «Авроры, или Утренняя заря в восхождении» обратился к сравнению андрогиничного разделения природы Адама с распятием Христа,[554] да и само половое различение рассматривал как след-

---

Скота Эриугены разделение на два пола было последствием греха, но этому придёт конец благодаря воссоединению человека, вслед за которым наступит эсхатологическое объединение земного круга с раем. Христос предвосхитил эту последнюю, заключительную реинтеграцию. Иоанн Скот Эриугена цитирует Максима Исповедника, согласно которому Христос соединяет в своей природе оба пола, ибо после своего воскресения он не был «ни мужчиной, ни женщиной, хотя рождён был и умер мужчиной». *М. Элиаде.* Мефистофель и андрогин. Глава «Миф об андрогине».

Элиаде обращает внимание на то, что во многих Мидрашах Адам представляется андрогином. — *Там же.*

[552] *Иванов В.* «Огромная наша надежда», или женственность «русской идеи» у Достоевского. — Достоевский и мировая культура. — 2007, № 22, с. 221.

[553] Библейское понятие следует рассматривать в контексте «жизни». «У семитов <...> познание (ивр. אָדַע) выходит за границы абстрактных знаний и выражает определённое экзистенциальное сообщение. Познать что-либо означает испытать нечто конкретное. <...> Речь идёт о действительной и такой вовлечённости, отклики которой достигают самых глубин. Познать кого-то — это значит войти с ним в личный контакт. Такие отношения могут приобретать самые разные формы и проходить разные степени. Глагол «познать» содержит, следовательно, большой объём значений» — от обозначения семейной общности до супружеских отношений. Точно так же это относится и к понятию «познать» Бога. См.: *JCoAV* [J. Corbon, A. Vanhoye]. — Słownik teologii biblijnej. Dzieło zbiorowe / Red. X. Léon Dufour, przeł. K. Romaniuk. — Poznań: Pallottinum, 1994, s. 750.

[554] *Элиаде М.* Мефистофель и Андрогин...

ствие этого падения, когда, писал: «Адам познал Еву (женщину), но утратил Девственность (Jungfrau)».[555]

В то же время, эсхатологическая надежда не умирает: св. Максим Исповедник утверждал, что Христос родился мужчиной, однако воскрес как Андрогин, вот почему он призывает и своих последователей обратиться к этой андрогинной и эсхатологической надежде. И когда саддукеи (отрицавшие Воскресение) поочерёдно спрашивают Христа, чьей женой после смерти станет та, у которой было семь мужей, но они умирали, Христос им просто отвечал: «Этим ли приводитесь вы в заблуждение?» «Ибо когда из мёртвых воскреснут, тогда не будут ни жениться, ни замуж выходить, но будут, как Ангелы на небесах» (Мк 12, 25).

В контексте нашего анализа невольно задумываешься, а не цитирует ли Достоевский приведённые выше слова из евангельской перекопы (*греч.* περικοπή — отделение) в записке, составленной после смерти своей первой жены, Марии Исаевой, когда даёт определение будущему эсхатологическому состоянию человеческих существ: «Мы знаем только одну черту будущей природы будущего существа, которое вряд ли будет и называться человеком (след<овательно>, и понятия мы не имеем, какими мы будем существами). Эта черта предсказана и предугадана Христом — великим и конечным идеалом развития всего человечества, представшим нам, по закону нашей истории, во плоти; эта черта: „Не *женятся* и не *посягают*, а живут, как ангелы божии“. Черта глубоко знаменательная.

---

[555] Стоит тут привести мысль Франца фон Баадера, по мнению которого «андрогин был началом всего — и вновь появится в конце времён». Основным источником, вдохновлявшим Баадера, был Якоб Бёме. Он заимствовал у Бёме идею первого падения Адама: сон Адама, во время которого его небесная подруга отделилась от него. Но благодаря Христу человек вновь станет андрогином, подобным ангелам. Баадер писал, что «цель брака как таинства — восстановление небесного или ангельского образа человека, такого, каким он должен быть». Сексуальную любовь не следует путать с инстинктом продолжения рода: её истинная функция — «помогать мужчине и женщине внутренне восстанавливать совершенный человеческий облик, то есть изначальный божественный облик». Баадер считал, что над всеми прочими теологиями восторжествует та, которая представит «грех как распад человека, а искупление и воскресение — как его воссоединение». — *Элиаде М.* Мефистофель и андрогин. Глава «Немецкий романтизм».

1) Не женятся и не посягают — ибо не для чего; развиваться, достигать цели, посредством смены поколений уже не надо и;

2) женитьба и посягновение на женщину есть как бы величайшее оттолкновение от гуманизма, совершенное обособление пары *от всех* (мало остаётся для всех). Семейство, то есть закон природы, но всё-таки ненормальное, эгоистическое в полном смысле состояние от человека. Семейство — это величайшая святыня человека на земле, ибо посредством этого закона природы человек достигает развития (то есть сменой поколений) цели. Но в то же время человек по закону же природы, во имя окончательного идеала своей цели должен беспрерывно отрицать его. (Двойственность)».[556]

Конечно, не обрати Мышкин внимания на «ослепляющую красоту» Настасьи Филипповны, не был бы он человеком и мужчиной. И сразу в неё влюбляется. В то же время он смотрит на неё так, как до него на неё не смотрел никто. Ни богач Тоцкий, который содержал Настасью Филипповну как свою любовницу, а в конце жизни для успокоения совести решил дать ей приданое и выдать замуж.[557] Ни бедный карьерист Ганя, которого Настасья Филипповна презирает, но которому одновременно с тем отдаёт руку за 100 тысяч рублей. Ни сходящий от неё с ума купец Рогожин, который выкупил её у Гани и с которым она, в итоге, связывает судьбу — будет жить в его огромном и мрачном родовом доме, где их будет навещать Мышкин, вплоть до ночного бдения с Рогожиным около убитой им Настасьи Филипповны.

Но не этот трагический, по своей сути, ход событий становится тут самым главным, а символическая, мифическая и эсхатологическая значимость романа. Продолжая затронутый мотив, обратившись к апокрифическому Евангелию Фомы, можно сказать, что Мышкин смотрит на Настасью Филипповну

---

[556] *Достоевский Ф. М.* Записная книжка 1863–1864 гг. / Указ. соч. — Т. 20, с. 173.

[557] «Тоцкий прямёхонько начал с того, что объявил ей о невыносимом ужасе своего положения; обвинил он себя во всём; откровенно сказал, что не может раскаяться в первоначальном поступке с нею, потому что он сластолюбец закоренелый и в себе не властен, но что теперь он хочет жениться, и что вся судьба этого в высшей степени приличного и светского брака в её руках; одним словом, что он ждёт всего от её благородного сердца». — *Достоевский Ф. М.* Идиот / Указ. соч. — Т. 8, с. 40.

не столько как на женщину, сколько как на... человека (библейское слово *адам* означает «человек»).[558] По сути, в таинственной связи Мышкина и Настасьи Филипповны Достоевский пытается разрешить не столько такого рода связь женщины и мужчины, сколько как такового Человека с большой буквы.

Мышкин смотрит на Настасью Филипповну не только как один из мужчин, которые её окружают. Смотрит как библейский Адам, этот «первый человек», перед тем, как «познал» Еву, женщину, перед тем, как познал жизнь, которая... оказалась смертью («Ибо возмездие за грех — смерть, а дар Божий — жизнь вечная во Христе Иисусе, Господе нашем» — Рим 6, 23).[559] Смотрит, как Адам, то есть Человек перед падением, до разделения по половому признаку, пока «не познал» ещё Еву и пока как Адам, так и Ева, ещё «не узнали они, что наги» (Быт 3, 7). И, по словам Джорджа Агамбена, наши Прародители не утратили ещё *сверхъестественной благодати*,[560] то есть не «обесчестились» полом.

---

[558] Ада́м (ивр. םדֶאָ, букв. человек; однокоренное со словами ивр. המָדָאֲ (адама) земля и םדֶאָ (адом) красный; греч. Ἀδάμ, араб. آدَم), в Пятикнижии и Коране — первый человек, сотворённый Богом, и прародитель человеческого рода. — Фундаментальная электронная библиотека. Русская литература и фольклор. Словари, энциклопедии: Словарь русского языка МАС. http://feb-web.ru/feb/mas/mas-abc/01/ma102524.htm?cmd=0&istext=1 См. также: Adam / Praktyczny słownik biblijny / Red. A. Grabner-Haider / Przeł. T. Mieszkowski. — W-wa: Inst. Wydawniczy Pax, 1994, s. 14.

[559] Женское имя, которое впервые появилось в 2000 году до н.э. в языке шумерских народов как «Ава», означало «жизнь». В предыстории Яхве имя, какое дал Адам своей жене, раньше было «человек» (Быт 2, 23). — См.: Praktyczny słownik bibli[j]ny... S. 334.

[560] «Нагота в нашей культуре неотделима от теологической символики. Всем известна сцена из Бытия, где, совершив грех, Адам и Ева впервые ощущают свою наготу: «И открылись глаза у них обоих, и узнали они, что наги» (Быт 3.7). По мнению теологов, причиной тому послужило не просто прежнее неведение, перечёркнутое грехом. До грехопадения первые люди не знали наготы, и даже несмотря на то, что на них не было никакой человеческой одежды, их покрывала благодать, плотно облегавшая их тела как одеяние славы (в иудейской версии этого толкования, которую можно найти, например, в книге «Зоар», говорится об «одежде из света»). Грех лишает их именно этой сверхъестественной одежды, и они, обнажившись, вынуждены сначала прикрыться самодельной набедренной повязкой из листьев смоковницы («и сшили смоковные листья, и сделали себе опоясания»), а затем, в момент изгнания из Рая, надеть шкуры животных, приготовленные для них Господом. Это означает, что наши предки были обнажёнными в земном Раю только дважды: первый раз в тот предположительно очень короткий период между осознанием своей

В последней части (№ 114) цитированного выше *гностического* «Евангелия» от Фомы читаем: «Симон Пётр сказал им: Пусть Мария уйдёт от нас, ибо женщины недостойны жизни. Иисус сказал: Смотрите, я направлю её, дабы сделать её мужчиной, чтобы она также стала духом живым, подобным вам, мужчинам. Ибо всякая женщина, которая станет мужчиной, войдёт в царствие небесное».[561]

Насколько рискованной и преувеличенной может казаться такая интерпретация на фоне Гани и Рогожина, соперничающих друг с другом за руку и сердце Настасьи Филипповны, ослеплённых страстью и полных вожделения, настолько образ Мышкина прочитывается именно в данном библейском, то есть гностическом ключе. Мышкин, хоть и не до конца ему это удаётся, пытается «сделать» из Настасьи Филипповны не женщину, возлюбленную, жену, а мужчину в смысле Человека, Адама, из чьего ребра взята была Ева: «кость от кости моей», которую, в соответствии с обещанием из апокрифа Фомы, «повёл» Иисус.

В нашей феноменологии смотрения обратим внимание на ещё один момент. В отрывке о богатом молодом человеке, на этот раз — не гностическом, а каноничном, Евангелист повествует: «Иисус, взглянув на него, полюбил его» (Мк 10, 21). Обычно толкователи этой эгзегезы сосредотачиваются на том, какое место занимает в данном эпизоде молодой человек, который не справился с евангельским призывом и после слов Иисуса, «смутившись», «отошёл с печалью, потому что у него было большое имение» (Мк 10, 22). А между тем ещё до этого ответа Иисуса Его словам предшествовал взгляд: Он «полюбил его».

Можно сказать и так: то, кем я есть, берётся из того, кто и как на меня смотрит. Взгляд побуждает к существованию или сталкивает в небытие. Мышкин не только физически прибывает из другого мира, но и из иного, если можно так сказать, «мира смотрений». Слушательницы его рассказов о заграничной жизни, дочери генерала Епанчина — Аглая, Аделаида и Алексан-

наготы и изготовлением набедренной повязки, а второй раз, когда они сняли листья смоковницы, чтобы надеть одеяния из шкур». — См.: *Агамбен Джорджо*. Нагота. — М.: ООО «Издательство Грюндриссе», с. 91, 94.

[561] *Наживин И. Ф.* Евангелие от Фомы. — М.: Книга по требованию, 2021, с. 10.

дра глубоко не вникают в его слова, и в этом смысле трудно тут говорить о какой-либо встрече. Они жаждут услышать прежде всего новости о «большом мире», их охватывает трепет эмоций при виде столь необычного гостя, и они с нетерпением ожидают его историй. А тем временем он их разочаровывает, говоря о проблемах, скорее, оставляющих неприятный осадок, нежели приносящих психологическое удовлетворение: о наблюдаемой им сцене гильотины или о больной деревенской пастушке Мари,[562] над которой нещадно издевались жители деревни. Князь, что точно подмечает Е. Мелетинский, не был в неё влюблён, однако через своё участие в её страдании он «был счастлив иначе».[563] Можно любить, но не соблазнять, и, по утверждению Хорста-Юргена Герика, именно такой «акосмической личной любовью» (akosmische Personenliebe)[564] в шелеровском смысле любит Мышкин не только Настасью Филипповну, но и Мари.

АНАСТАСИС

Чтобы сделать наглядной эту истину, зададимся вопросом: кого узнаёт Настасья Филипповна в Мышкине, встречаясь с ним? Разве только смешного и неловкого мужчину, да ещё кандидата себе в мужья? Ставшего вдруг богатым благодаря получению наследства, а значит, и сама она будет богатой женой, к тому же «княгиней» (как сама говорит не без язвительной иронии)? А не распознает ли она в нём кого-то ещё?

Встреча Мышкина с «наложницей», как себя называет Настасья Филипповна, выстраивается на основе ежедневных событий вхождения в особый мир, который удаётся понять лишь путём сопоставления с миром библейских архетипов, в мистическом и символическом ракурсах. Если взглянуть в реалистическом

---

562 *Достоевский Ф. М.* Идиот / Указ. соч. — Т. 8, с. 57.

563 *Мелетинский Е. М.* Об «Идиоте» / *Е. М. Мелетинский.* Заметки о творчестве Достоевского. — М.: РГГУ, 2001, с. 96.

564 *Gerigk H.-J.* Epilepsie in den großen Romanen Dostojewskijs... S. 147. Исследователь ссылается на работу: *Шелер М.* Сущность и формы симпатии (Часть А, I–II) / Пер. с нем. Д. Дорофеева, А. Шапкина. — HORIZON. Феноменологические исследования. — 2017, Т. 6, № 2, с. 303–319.

плане — в том понимании, от которого Достоевский отказался, более того, презирал его, тогда мир «Идиота», да и мир писателя в целом, получит вид полицейских хроник, нравственного упадка, вырождения и сплошных преступлений. На этом проблема кончается. Но увиденный другими — библейскими и эсхатологическими глазами, этот мир становится префигуративным обновлением всех вещей, реставрацией падшей и подлежащей злу земной действительности, её преображению и возвращению в рай. Так первая книга Святого Писания, книга Бытия, проясняется в последней и завершающей книге Откровения (и наоборот). Говоря словами св. Максима Исповедника, протология — в эсхатологии, а эсхатология — в протологии.[565]

Мифические тропы как стилистические фигуры у писателя одновременно оказываются предопределением одной сущности в метаисторическом и мифическом измерении, за пределами строго определённого времени и пространства — на протяжении метаистории; возвращением к миру, как пишут религиоведы, к его «нулевому времени», то есть состоянию мира in nullo (*лат.*) — *нулевому*. Это возвращение в возрождённый и обновлённый уже мир единства и полноты, в котором нет разделения на мужское и женское, горы и долы, правое и левое, добро и зло — в тот мир, что был «в начале», и который измеряется эсхатологией, и всё движется в этом направлении («се, творю всё новое» — Откр. 21, 5).

Говоря о рае, мы имеем в виду то его значение, о каком писал Бердяев, заметив, что рай — «за пределами добра и зла»,[566] а потому этика «не знает рая» и знать не может. Рай, знаковым выражением которого в «Идиоте» становится красота Настасьи Филипповны, присутствует в мире скорее посредством «аморального» Ада, чем всегда подразумеваемой нравственности Добра. Вместе с тем это — и образ мира, который вернулся в состояние своего первоначального единства, о каком говорят мифы-гене-

---

[565] *Евтич Афанасий (епископ).* Протология и эсхатология св. Максима Исповедника. Опыт толкования 60-го Ответа Фалассию / Материалы Богословской конференции Русской Православной Церкви «Эсхатологическое учение Церкви» (Москва, 14–17 ноября 2005 г.). — М.: Синодальная Богословская Комиссия, 2007, с. 292–301.

[566] *Бердяев Н. А.* Рай. По ту сторону добра и зла / *Н. А. Бердяев.* О назначении человека. Опыт парадоксальной этики. Харьков: Фолио, 2003, с. 404–421. (Сер. «Philosophy»).

зисы или эсхатологические мифы,[567] и какой в софиологическом мифе нашёл наиболее яркое выражение в традиции «русской философии женственности».[568]

Обычно при анализе и интерпретации поэтических текстов ищут скрытый, метафорический смысл. В случае сочинений Достоевского подобное ограничение перестаёт работать как правило. Сразу подчеркну очевидное отличие самого его романа от как такового романного реализма: в отношении творчества автора «Идиота» дословный, первоначальный смысл и есть тот самый скрытый, образный, переносный — именно так прочитывается произведение писателя. Свой образный смысл имеет у Достоевского цвет, например, жёлтый как символ зла[569] — таковы названия местонахождения его героев, их имена.[570] Имя Настасья (Филипповна), от полного имени Анастасия, своими истоками уходит в греческое слово *анастасис*, что значит «воскресение». Фамилия же возлюбленной Мышкина — Барашкова, происходит от барашка,[571] это животное, как известно, символизирует незинную жертву.

У Достоевского нет движения вверх, восставших из мёртвых без сошествия в ад.[572] В произведениях писателя, считает Эльж-

---

[567] Цит. по: *Eliade M.* Sacrum, mit, historia / Przeł. A. Tatarkiewicz. — W-wa: Państwowy Instytut Wydawniczy, 1993, s. 98 i nn. См. также: *Broda M.* «Zrozumieć Rosję»? O rosyjskiej zagadce tajemnicy. — Łódź: Wydział studiów międzynarodowych i politologicznych Uniwersytetu Łodzkiego. Interdyscyplinarny zespół badań religioznawczych, 2011, s. 29 i nn.

[568] *Рябов О. В.* Русская философия женственности...

[569] Вспомним, что жёлтый цвет играет особую роль в «Преступлении и наказании»: он на обоях в комнате Раскольникова; жёлтые обои, мебель и рамы картин на стенах комнаты убитой им ростовщицы; жёлтым становится лицо Мармеладова от постоянного пьянства. В комнате Сони такие же жёлтые обои. И даже на груди умирающего Мармеладова, который пьяным попадает под проезжавший экипаж, «было зловещее, большое, желто-чёрное пятно — жестокий удар копытом». — *Достоевский Ф. М.* Преступление и наказание / Указ. соч. — Т. 6, с. 142.

[570] Высокомерие Раскольникова было раздавлено в символическом месте — в доме Капернаумов (ср. «И ты, Капернаум, до неба вознёсшийся, до ада низвергнешься». — Лк 10, 15). Фамилия Ставрогин близка греческому слову *стаурос* — «крест».

[571] *Paprocki H.* Lew i mysz... S. 76.

[572] *Mikiciuk E.* Chrystus w grobie i rzeczywistość Anastasis. Rozważania nad «Idiotą» Fiodora Dostojewskiego. — Gdańsk: Wyd. Uniwersytetu Gdańskiego, 2003; *Mikiciuk E.* «Chrystus w grobie» i rzeczywistość Anastasis. O symbolice

бета Микицюк, «невероятно часто тайна сошествия в ад напоминает воскресение, о чём свидетельствует икона Анастасис. В романе „Идиот" действительность этой иконы скрыта за именем героини Настасьи Барашковой. <...> Гольбейновский Христос в в гробу и действительность Анастасис, пробивающейся сквозь смерть и отчаяние, — вот два измерения той самой пасхальной реальности».[573]

С этой сотериологической перспективы образ Настасьи Филипповны можно прочесть и как топос Марии Магдалины, поднявшейся из своего падения под одним взглядом Христа. Подобно Сонечке Мармеладовой, Настасья Филипповна соответствует и топосу Софии — Души мира, ожидающей своего Логоса (София — по-греч. «мудрость»). Вместе с Настасьей Филипповной в ад спускается и Мышкин.

УВИДЕТЬ СЕБЯ В ДРУГОМ. ИНОЙ И ИНЫЕ

Есть взгляды, которые унижают, втаптывают в грязь, а есть — которые поднимают с колен. Взгляд говорит обо всём. Во взгляде Мышкина заметно преодоление вожделения. Под таким взглядом женщина перестаёт ощущать себя женщиной, а мужчина — мужчиной. Можно сказать, что под его взглядом исчезает извечное разделение по половому признаку и взаимная неприязнь полов. Отсюда наперекор логике этого мира женщина оказывается мужчиной, а мужчина — женщиной. Правое есть левое, а левое есть правое. И уже нет никаких различий — женщина это или мужчина. Это — Благая Весть. Приблизилось Царство Небесное: мужское и женское стало «одним»: «когда вы сделаете мужчину и женщину одним, чтобы мужчина не был мужчиной и женщина не была женщиной».[574]

---

grobowej w «Idiocie» Fiodora Dostojewskiego. — Kraków: Znak, 1999, № 10, s. 118–130.

[573] *Mikiciuk E.* Dostojewski i ikona /Symbol w kulturze rosyjskiej / Red. K. Duda, T. Obolevitch. — Kraków: Wydawnictwo WAM, 2010, s. 394. На эту тему см. также: *Есаулов Н.* Пасхальность русской словесности. — М.: Круг, 2004.

[574] Евангелие от Фомы: 2, 27. https://www.rulit.me/books/evangelie-ot-fomy-read-404169–2.html

Христос взял под защиту откровенную грешницу. Мышкин тоже делает подобное и так сильно её любит, что хочет стать её мужем, несмотря на то, что Настасья Филипповна бросает с упрёком: «...ему самому ещё няньку надо».[575] Мышкин соединяется с Настасьей Филипповной, как святой с грешницей. В таинственной связи греха и святости небо сочетается с землёй, гора — с долом.

Диалектику лица и маски, подлинной жизни и маскарада, правды и театра в мире Достоевского всегда вскрывает появление другого человека — Другого, Иного, некоего Ты. Ибо этот Иной является ключом к нам самим. Мы не можем видеть себя собственными глазами. Настасья Филипповна видела себя глазами иных и себя порицала, лишь в конце пришёл спасительный взгляд Мышкина. И тогда она сама, пусть и на короткое время, стала иной. Такой себя до встречи с Мышкиным не знала. Увидела и поверила, что она не исключительно такая, какой её брали Тоцкий, Ганя, Рогожин. Мышкин — другой, для него и она — другая, и такой является благодаря ему.

Юзеф Тишнер пишет: «Иной содержит в себе парадокс: он — иной по сравнению со мной, и, однако, похож на меня — похож в инаковости, он — иной в подобии. У опыта иного две стороны: эготическая и альтеристская, и одна не позволяет отделить себя от другой. Инаковость иного проявляет мою собственную инаковость. Инаковость взаимна. Инаковость поражает, она постоянно преподносит сюрпризы и во всей своей непредвиденности остаётся непредвидимой. Ход испытаний иного замыкают две границы: „нам" никогда не достичь самотождественности и „между нами" никогда не достичь абсолютного уравнивания».[576]

---

[575] Позволяя «купить» себя Рогожину и уезжая с ним, Настасья Филипповна на прощанье говорит ему: «Да неужто же мне его загубить было? (Она показала на князя.) Где ему жениться, ему самому ещё няньку надо — вон генерал и будет у него в няньках, — ишь за ним увивается! Смотри, князь, твоя невеста деньги взяла, потому что она распутная, а ты её брать хотел! Да что ты плачешь-то? Горько, что ли? А ты смейся, по моему (продолжала Настасья Филипповна, у которой у самой засверкали две крупные слезы на щеках)». — *Достоевский Ф. М.* Идиот / Указ. соч. — Т. 8, с. 144.

[576] *Tischner J.* Inny Eseje o spotkaniu. — Kraków: Wydawnictwo Znak, 2017, s. 11–12.

До знакомства с Мышкиным проклятый мир интриг и продажности, окружавший Настасью Филипповну и покорявший её своей неотразимостью, сложился, как подлинный и конечный. А между тем этот мир, со всей наглостью подающий себя как единственный, оказался фальшивой подменой мира действительно правдивого, но невидимого. Мира, к которому, несмотря на проклятие жизни и фатализм своей красоты, Настасья Филипповна отчаянно пыталась пробиться и которым излучалась фигура Мышкина. У Настасьи Филипповны, бывшей «содержанки» Тоцкого, который ею торгует, с появлением Мышкина открываются глаза. Приходит Иной-Мышкин, и всё становится иным. Пришелец из мира «идиотов» среди нормальных и здоровых обнаруживает «новые вещи»: «Я расскажу им то, что было неведомо со дней сотворения мира»[577] (Мф. 13:34). Иных около неё может быть сколько угодно, но Иной — только Один.[578]

«ЦАРЬ ДЕТЕЙ» И ЕГО БРАЧНЫЙ ПЕРИОД

Мышкин, «царь детей», подобен Алёше Карамазову, который на похоронах Илюши обращается к детям, как Мышкин в Швейцарии — словно ко взрослым, и начинает свою речь со слова «Господа».[579] Князь, этот своеобразный «предводитель детей», создававший братские сообщества, обративший внимание детей на Мари, ужасно её, обиженную, высмеивавших, чтобы вместе с ними окружить опекой умирающую девочку, открывает путь, неведомый взрослым.

У этого пришельца из мира «идиотов» по причине его болезни нет никакого опыта в общении с женщинами, именно женщину он спасает. Влюбляется в женщину и даже хочет на ней жениться. Но зачем «идиоту» женщина? И тем не менее, Настасья Филипповна выбирает его, а не Рогожина. В мире «идио-

---

[577] Канонические Евангелия / Перевод с греч. В. Н. Кузнецовой. Под ред. С. В. Лёзова и С. В. Тищенко. — М.: Наука. Издательская фирма «Восточная литература», 1993, с. 161.

[578] Подробнее о различиях в понятиях «иные» и «Иной» в философии диалога см. дальше, в главе «Tu es ergo sum» данного издания.

[579] *Достоевский Ф. М.* Братья Карамазовы / Указ. соч. — Т. 15, с. 194.

тов», как и в мире детей, возможно всё. Брачный период для Мышкина — период символический и апокалиптический, когда всё возвращается к райскому состоянию, о чём читаем, что в таком состоянии мужчина и его жена, несмотря на свою наготу, «не стыдились» (Быт 2, 25). Христос убирает все разделения и уже, по словам Павла, «нет ни мужеского пола, ни женского: ибо все вы одно во Христе» (Гал 3, 28).[580]

Конечно, в самом романе всё происходит иначе. Мышкин терпит поражение, а Настасья Филипповна так и не избавилась от семи демонов. Князь не только не освободил её, но ещё хуже: сам вызывает демонов в «безумной».[581] Если бы освободил, был бы Христом.

Настасья Филипповна, однако, распознаёт в Мышкине его особую детскость. В письме к Аглае она пишет, как сама нарисовала бы Христа — не «по Евангельским сказаниям», как обычно делается, а в Его одиночестве, с маленьким ребёнком, играющим рядом.[582] В этом ребёнке у ног Христа она видит князя, который, подчёркивает, сам ещё ребёнок.[583]

Известный немецкий славист Людольф Мюллер составил целый список добродетелей и черт характера, которые дела-

---

[580] XLD [X. Léon Dufour]. Płeć / Słownik teologii biblijnej... S. 681.

[581] «Он вспомнил, как ещё недавно он мучился, когда в первый раз он стал замечать в ней признаки безумия. Тогда он испытал почти отчаяние». — См.: *Достоевский Ф. М.* Идиот / Указ. соч. — Т. 8, с. 191.

[582] «Вчера я, встретив вас, пришла домой и выдумала одну картину. Христа пишут живописцы всё по евангельским сказаниям; я бы написала иначе: я бы изобразила его одного, — оставляли же его иногда ученики одного. Я оставила бы с ним только одного маленького ребёнка. Ребёнок играл подле него; может быть, рассказывал ему что-нибудь на своём детском языке, Христос его слушал, но теперь задумался; рука его невольно, забывчиво осталась на светлой головке ребёнка. Он смотрит вдаль, в горизонт; мысль великая, как весь мир, покоится в его взгляде; лицо грустное. Ребёнок замолк, облокотился на его колена и подперши ручкой щеку, поднял головку и задумчиво, как дети иногда задумываются, пристально на него смотрит. Солнце заходит... Вот моя картина! Вы невинны, и в вашей невинности всё совершенство ваше. О, помните только это! Что вам за дело до моей страсти к вам? Вы теперь уже моя, я буду всю жизнь около вас... Я скоро умру». — *Достоевский Ф. М.* Идиот / Указ. соч. — Т. 8, с. 379–380.

[583] На тему связи между мужским, женским и детским в свете Достоевского см.: *Власкин А.* На перекрёстках человеческой природы: мужское — женское — детское в художественном мире Достоевского. — Достоевский и мировая культура, 2007, № 22, с. 255.

ют Мышкина образом Христа,[584] и в их числе на первый план выступает любовь к детям. Князь, несмотря на свой возраст, сохранил в себе ребёнка. А в противоположность ему Ганя уже убил его в себе, ведь если подходить по-человечески, он достаточно зрелый, следовательно, беспощадно себя губит. Потому и теряет всё.

Миф о женщине и мужчине, созданный в «Идиоте», подтверждает тезис Георгия Флоровского, что всё творчество Достоевского — это «монументальная мифологема».[585] В этом плане, вне реалий романа, брачный период Мышкина и Настасьи Филипповны эсхатологичен, демонстрируя убедительность «реализма в высшем смысле». Прочувствовав в себе жену Мышкина, а точнее — «княгиню», Настасья Филипповна телесно уезжает с Рогожиным, тогда как духовно она остаётся с Иным — со своим Спасителем и Просветителем, со своим Логосом. Такими есть и такими должны быть подобные помолвки, ибо это брачный период не в дословном, а в скрытом значении. Это генезис брачности и в то же время её апокалипсис, когда всё возвращается к своему «началу» и когда то, что было «в начале», проясняет себя тем, что случится «в конце». Иными словами, так называемая протология находит своё разрешение в эсхатологии (и наоборот).

Здесь возврат к райскому состоянию. Когда Адам и Ева — первые люди — были в раю, они были теми, кто будет до скончания века, и это им принадлежит «Царство Небесное». Они просто были детьми. Такими были и такими вновь будут...

---

[584] *Мюллер Л.* Образ Христа в романе Достоевского «Идиот». — См.: https://cyberleninka.ru/article/n/obraz-hrista-v-romane-dostoevskogo-idiot
[585] *Obolevitch T.* Dostojewski jako metafizyk... S. 172.

Какая красота спасёт мир?

Красота женщины — ещё тайна.
Н. Гоголь[586]

ЖЕНСКАЯ КРАСОТА:
БОЯТЬСЯ ЕЁ ИЛИ НЕ БОЯТЬСЯ?

Достоевский, о чём мы уже говорили, не был равнодушен к женским чарам, даже наоборот, «у него была слабость в отношении женщин, влюблялся он часто и нередко в замужних женщин».[587] Вместе с тем он отдавал себе отчёт в том, что нет ничего, что так бы противостояло красоте Мадонны Рафаэля Санти, которая изумила его в Дрезденском музее, как красота Настасьи Филипповны. Попытку этого амбивалентного подхода можно увидеть во многих его сочинениях, прежде всего в трёх больших романах «Братья Карамазовы», «Бесы» и «Идиот».[588] И никто ведь не понял и не испытал во всей глубине этой истины, как он, что «Ужасно то, что красота — страшная и таинственная вещь».[589] У Достоевского, пишет Павел Ев-

[586] *Гоголь Н. В.* Сочинения и письма / *Н. В. Гоголь.* Собр. соч. в 9 тт. Всемирная библиотека. — СПб.: Книгоиздательское товарищество «Просвещение», 1909, т. 8, с. 27.

[587] *M. Michalska-Suchanek.* Kobiety Dostojewskiego / *M. Michalska-Suchanek* Piętnaście odsłon Dostojewskiego. S. 9.

[588] *Красицкий Я.* Красота, которая спасает / *Я. Красицкий.* Разум и Другой. Опыты по русской и европейской мысли. — СПб.: Издательство Русской христианской гуманитарной академии, 2015, s. 38–50.

[589] «Красота — это страшная и ужасная вещь! Страшная, потому что неопределимая, и определить нельзя потому, что Бог задал одни загадки. Тут берега сходятся, тут все противоречия вместе живут... Иной высший даже сердцем человек и с умом высоким, начинает с идеала Мадонны, а кончает идеалом содомским». — См.: *Достоевский Ф. М.* Братья Карама-

докимов, красота «раздваивается, она может околдовать, очаровать и погубить».[590] Прав был Вячеслав Иванов, когда отмечал, что несмотря на то, что все его романы написаны в форме прозы, они являются трагедиями в античном их значении. Ведь топос красоты, данный в «Илиаде» Гомера в образе Елены, прочитывается в качестве аналога топосу красоты Настасьи Филипповны. Елена — не единственная красивая женщина, которая возбуждает вожделение, однако через неё нарочито подчёркиваются сверхчеловеческие силы, выступающие в роли трагического фатума. Её безнравственная красота, как и красота Настасьи Филипповны, ослепляет и губит; там, где она появляется, начинается война, уничтожение и смерть.[591]

В романе «Идиот» эта красота с лицом Януса одновременно поражала и захватывала Аглаю, как и её сестру Аделаиду, которая, глядя на фотографию Настасьи Филипповны, не скрывает своих подлинных чувств: «Такая красота — сила, — горячо сказала Аделаида, — с этакою красотой можно мир перевернуть!».[592] В свою очередь князь Мышкин, стоя перед фотографией, говорит: «Это гордое лицо, ужасно гордое, и вот не знаю, добра ли она? Ах, кабы добра! Всё было бы спасено!».[593] Именно такая красота в итоге «переворачивает мир» романа: Мышкин сходит с ума, Рогожин убивает Настасью Филипповну.

Красота интригует героев Достоевского, и не должна удивлять запальчивость, с какой Ипполит Терентьев возражает Мышкину, говорившему о спасительной роли красоты, иронично сводя его метафизические высказывания к тому, что «у него оттого такие игривые мысли, что он теперь влюблён».[594] Смертельно больной туберкулёзом восемнадцатилетний подросток «скончался в ужасном волнении и несколько раньше, чем ожи-

---

зовы / Указ. соч. — Т. 14, с. 100. См. также: *Bohun M.* Między Madonną a Sodomą / *M. Bohun.* Fiodor Dostojewski i idea upadku cywilizacji zachodniej. — Katowice: Śląsk, 1996, s. 35.

[590] *Евдокимов Павел.* Искусство иконы. Богословие красоты. — Клин: Христианская жизнь, 2005, с. 44.

[591] *Drewniak T., Smolka-Drewniak E.* Normatywny wymiar kultury. Eros, polityka i figury ojcostwa. — Nysa, 2015, s. 93 i nn.

[592] *Достоевский Ф. М.* Идиот / Указ. соч. — Т. 8, с. 69.

[593] *Там же.* С. 32.

[594] *Там же.* С. 317.

дал, недели две спустя после смерти Настасьи Филипповны»,[595] а незадолго до этого на даче у Лебедева в Павловске, в предчувствии своего скорого ухода с этой земли, и стоя уже на пороге смерти, спрашивает князя: «Какая красота спасёт мир?».[596]

Нельзя не согласиться с Николаем Лосским, который в своих размышлениях о красоте у Достоевского обращает внимание на различия в его оценке: согласно Мышкину, «красота спасёт мир», но у того же Достоевского Дмитрий Карамазов в своих откровениях Алёше прямо заявляет: «Красота — это страшная и ужасная вещь!», «страшная» — «иной <...> начинает с идеала Мадонны, а кончает идеалом содомским».[597] «А есть в Содоме ад?» — задаётся вопросом Димитрий и сам отвечает: «В Содоме ли красота? Верь, что в Содоме-то она и сидит для огромного большинства людей, — знал ты эту тайну иль нет? Ужасно то, что красота есть не только страшная, но и таинственная вещь. Тут дьявол с богом борется, а поле битвы — сердца людей».[598]

Аким Волынский точно подметил, что личность Настасьи Филипповны не только возбуждает страсть, но и вызывает ощущение чего-то демонического, как улыбка Джоконды Леонардо да Винчи.

СОН ИППОЛИТА ТЕРЕНТЬЕВА

В «Идиоте», пишет Евгений Древерманн, это амбивалентное отношение писателя к женщине, его собственные страхи и сексуальные наваждения выражены в кошмарном сне Ипполита Терентьева. В том сне, рассказанном собравшимся на даче Лебедева в Павловске, когда мать Ипполита кликнула их собаку Норму, чтобы защитила её и сына от гадины, что бегает по комнате.[599]

595 *Там же.* С. 508.

596 *Там же.*

597 *Лосский Н. О. Достоевский и его христианское миропонимание.* — С. 128.

598 *Достоевский Ф. М.* Братья Карамазовы / Указ. соч. — Т. 14, с. 100. См. также *Волынский А. Л. Достоевский* / вступ. ст., подгот. текста В. А. Котельникова; коммент. В. А. Котельникова, Л. Н. Мурзенковой. — СПб.: Академический проект: ДНК, 2007, с. 140–144.

599 *Достоевский Ф. М.* Идиот / Указ. соч. — Т. 8, с. 324.

Этот сон, считает немецкий теолог, интерпретирующий его психоаналитически,[600] по характеру исключительно сексуальный, архетипически и мифически он выражает страх мужчины перед силами природы, представляющимися женщиной, которая, рождая, одновременно как даёт жизнь, так и забирает её посредством биологического потока жизни. Этот «красивый» сон, как его с горькой иронией оценивает Терентьев, находясь перед лицом скорой смерти («через две недели я, как мне известно, умру...»[601]), показывает, что страх любви — это страх смерти, как эрос и танатос — неразлучные братья. Сон Ипполита, в котором, как он сам признаётся: «Тут слишком много личного, соглашаюсь, то есть собственно обо мне...»,[602] по оценке Древерманна — психологическая шифрограмма души — не только Ипполита, но и самого автора.

Позиция Достоевского в отношении женщины и её красоты всегда как бы двулика: хтоническая, натуралистичная, в единении со стихиями природы и телесностью — одна, и небесная, утончённая, идеальная — другая. А потому кроме стороны «фаллической», «совокупления»,[603] что в этом сне выражено через пожирание и грызение и, быть может, является сублимацией и компенсацией, часто в подобном виде присутствующие в биографиях художников, тут есть и сторона идеальная, некий порт-пароль писателя — князь Мышкин. Конечно, подавая свой голос в такой позиции, Достоевский говорит в поэтике маски и вопреки тому портрету собственной жизни, который он оставил по себе в скандальных не раз биографических материалах и воспоминаниях знавших его лично людей, провозглашает веру в Красоту как силу избавления и спасения.

---

[600] Цит. по: *Drewermann E.* Zstępuję na barkę Słońca. Medytacje o śmierci i zmartwychwstaniu / Przeł. na polsk. M. L. Kalinowski. — Gdynia: Uraeus, 2000, s. 55.

[601] *Достоевский Ф. М.* Идиот / Указ. соч. — Т. 8, с. 239.

[602] *Там же.* С. 325.

[603] *Drewermann E.* Zstępuję na barkę Słońca... S. 55 i n. Символом фаллоса, в понимании Древерманна, является монстр, этот гад, а влагалища — „огромная красная пасть" собаки Нормы».

ИНАЯ КРАСОТА

Красота у Достоевского может быть путь как добра, так и зла. С точки зрения двойственного характера красоты писатель, что отмечает Василий Зеньковский, в конечном счёте склонялся не только к мысли о том, что «красота спасёт мир», но утверждал ещё и что в мире следует спасать красоту.[604]

Автор «Идиота» выражал веру в то, что красота — это не только очарование прелестями этого мира, но также экстаз и переход в иной мир. О такой именно красоте говорит князь Мышкин — не о красоте в классической оппозиции красота — уродство, а о красоте эсхатологической и спасительной. Красота как некий транзит, переход в другое измерение. Достоевский, как и Владимир Соловьёв, знал, что существует красота-смерть, но существуют также красота-исцеление и жизнь. Есть красота, которая, как писал Соловьёв, «сжигает» людские сердца, и «красота, которая лечит».[605] Красота-смерть и красота-бессмертие. Есть красота, которая ожидает спасения, а есть красота спасающая. Первая красота — красота античных богов. Вторая — Красота-Христос. Влюбившийся в Настасью Филипповну Мышкин, вопреки словам Ипполита, оказывается поэтому глашатаем иной красоты, нежели красота этого мира. Осознавая её силу и подчиняясь ей, он, тем не менее, понимает, что его телу такая красота заказана. Ведь вспоминая при сёстрах Епанчиных своё пребывание в Швейцарии и то, как ему удалось подружиться с детьми и больной Мари, он признаётся с ноткой печали и горечи: «... я знаю, что я и собой дурён...».[606]

А нет ли в слове «дурён собой» идентификации Мышкина с юродством? Во всяком случае, *юродивый* фонетически сопри-

[604] *Зеньковский Б. В.* История русской философии... Т. 1, с. 496.

[605] *Красицкий Я.* Красота, которая «спасает». Оправдание Красоты в философии В. С. Соловьёва / Соловьёвские исследования. — Ивановский государственный энергетический университет. 2009, вып. 3(23), с. 86–95. См. также: *Красицкий Я.* Красота, которая «спасает» / Разум и другой. Опыты по русской и европейской философии. — СПб.: Изд-во Русской Христианской гуманитарной академии, 2015, с. 44–45.

[606] *Достоевский Ф. М.* Идиот / Указ. соч. — Т. 8, с. 58.

касается со словом «урод», означающим то же, что и «дурён собой» со значением недостатка, в том числе и физического (в польском языке слово «uroda» — *красота*, является антонимом слову «brzydota» — *уродство*).

Интересно, что Настасья Филипповна, которой не откажешь в её красоте, чему не смог противостоять Мышкин, сумела разглядеть иную, спасительную красоту, скрытую за физической некрасивостью Мышкина. Его Красоту: «Вида лишён и величья — мы на него и не смотрели» (Ис 53, 2).[607] И пусть она остановила свой выбор на Рогожине, сердце её осталось с князем. Рогожин, называя Мышкина братом, знает, что именно такая красота притягивает её к князю, когда в отчаянии и ярости бросает: «Так бери же её, коли судьба! Твоя! Уступаю!..»,[608] — а в конце, изводимый до сумасшествия ревностью, готов даже убить Мышкина: «Так бы тебя взял и отравил чем-нибудь!».[609] Но подобным отказом одержимы все, и Настасья Филипповна тоже, когда кричит Аглае: «Ну, возьмите же ваше сокровище… вот он, на вас глядит, опомниться не может, берите его себе…».[610]

КРАСОТА И «КОРОТЕНЬКИЕ ЛЮДИ»

Красота для Достоевского — с того и этого света: космическая, богочеловеческая, эсхатологическая, пасхальная. Подлинная красота неразрывна с жизнью, как зло — с уродством, старостью и смертью. А потому красота — не проблема эстетики. Она обладает спасительной силой, являясь настоящим лекарством от несчастий человеческого бытия и зла жизни, от падшего духа нашего времени, ибо красота владеет силой воплощения добра. Без красоты, считает Соловьёв, полемизируя с Л. Толстым, добро бессильно.[611]

---

[607] Библия. Книги Священного и Нового Завета Канонические. Современный русский перевод. — М.: Российское Библейское общество, 2011.

[608] *Достоевский Ф. М.* Идиот / Указ. соч. — Т. 8, с. 186.

[609] *Там же.* С. 174.

[610] *Там же.* С. 474.

[611] *Krasicki J.* Bóg, człowiek i zło… S. 345.

Высказывая эту мысль Соловьёва, Степан Трофимович Верховенский в романе «Бесы» обращается к «коротеньким людям», или, говоря словами Заратустры Ницше, к «последним людям», с предостережением — без красоты всё, что человечество имеет самого ценного, обернётся ничем: «...коротенькие люди, чего вам недостаёт, чтобы понять? Да знаете ли, знаете ли вы, что без англичанина ещё можно прожить человечеству, без Германии можно, без русского человека слишком возможно, без науки можно, без хлеба можно, без одной только красоты невозможно, ибо совсем нечего будет делать на свете! Вся тайна тут, вся история тут! Сама наука не простоит минуты без красоты, — знаете ли вы про это, смеющиеся, — обратится в хамство...».[612]

Презираемый пророк, которого не почитают в своём отечестве, Степан Тимофеевич Верховенский заканчивает свою гневную филиппику знаменательными словами: «Отрясаю прах ног моих и проклинаю... Конец... конец...».[613]

В письме к В. А. Алексееву от 7 июня 1876 года Достоевский писал: «Христос же знал, что хлебом одним не оживишь человека. Если при том не будет жизни духовной, идеала Красоты, то затоскует человек, умрёт, с ума сойдёт, убьёт себя или пустится в языческие фантазии. А так как Христос в Себе и в Слове своём нёс идеал Красоты, то и решил: лучше вселить в души идеал Красоты; имея его в душе, все станут один другому братьями и тогда, конечно, работая друг на друга, будут и богаты. <...> Но если дать и Красоту и Хлеб вместе? Тогда будет отнят у человека *труд, личность, самопожертвование своим добром ради ближнего* — одним словом, отнята вся жизнь, идеал жизни. И потому лучше возвестить один свет духовный».[614]

Своими взглядами на роль и место красоты в жизни обществ и народов Достоевский стоял с противоположной стороны — в сравнении с главными идейными выразителями своей эпохи, которые склонны были бы заменить сочинения Шек-

[612] *Достоевский Ф. М.* Бесы /Указ. соч. — Т. 10, с. 373.

[613] *Там же.* С. 374.

[614] *Достоевский Ф. М.* Письма <письмо 619> / Указ. соч. — Т. 29, кн. 2, с. 85.

спира не только на «пару башмаков»,[615] а и все человеческие желания успокоить «хлебом». Но Достоевский не просто занимает противоположную позицию в отношении русских нигилистов и материалистов — шестидесятников XIX в., но также русских позитивистов и утилитаристов, вместе с тем, однако, сюда можно отнести и позицию Л. Толстого, высказанную им в его трактате «Что такое искусство?».[616] Как мы видим, Достоевский является полноправным наследником веры в спасительную силу Красоты.

По учению православных философов и богословов, красота — одно из имён Святого Духа, Духа Параклета, или Утешителя. Он прощает тяжкий грех уныния,[617] избавляет от «умершего сердца», «смертельной болезни», уродств повседневности. Красота способна изменить человека и мир. Так утверждает Сергей Булгаков, когда в будущем излиянии Духа Святого в конце времён (Иоиль, 2, 28–29) лица людей прояснятся Его светом, их коснётся блеск его Сияния. Явление Духа Святого

---

[615] Мы тут обращаемся к речи Степана Трофимовича Верховенского, который утверждал: «Все недоумение лишь в том, что прекраснее: Шекспир или сапоги, Рафаэль или петролей?» — См.: *Достоевский Ф. М.* Бесы / Указ. соч. — Т. 10, с. 372.

[616] *Толстой Л. Н.* Что такое искусство? / *Л. Н. Толстой.* Собр. соч. в 22 тт. — М.: Худ. лит. 1983, т. 15, с. 41–136. Здесь же публикуется и предваряющая издание этой работы в России изложенная самим Толстым история того, с каким трудом удавалось ему выпустить её в свет, как её уродовали цензоры: «Сообразно уже давно принятому мною решению не подчинять свои писания цензуре, которую я считаю безнравственным и неразумным учреждением, а печатать их только в таком виде, в котором они написаны, я намеревался печатать книгу эту только за границей, но мой хороший знакомый, профессор Грот, редактор московского психологического журнала, узнав о содержании моей работы, просил меня напечатать книгу в его журнале. Грот обещал мне провести статью через цензуру в её целости, если я только соглашусь на самые незначительные изменения, смягчающие некоторые выражения. Я имел слабость согласиться, и кончилось тем, что вышла книга, подписанная мною, из которой не только исключены некоторые существенные мысли, но и внесены чужие и даже совершенно противные моим убеждениям мысли». См.: *Толстой Л. Н.* Предисловие к английскому изданию «Что такое искусство?» / Указ. соч. — с. 222–224.

[617] См.: *L. a.* [Lidia Macheta], Уныние (Acedia). Unynije (Acedia) / Идеи в России... — Т. 8.

будет явлением трансцендентальной Красоты, которая осветит серые человеческие лица светом прибывающей Парусии.[618]

В таком контексте уместно привести мысль Достоевского, которая привлекла внимание В. Зеньковского во вновь опубликованных материалах о писателе, а именно: «Дух Святой есть *непосредственное понимание красоты, пророческое сознавание гармонии и, стало быть, и неуклонное стремление к ней».*[619]

КРАСОТА-ХРИСТОС

Существует также иная красота, нежели «ослепляющая красота» Настасьи Филипповны,[620] — та, чьей глашатаем и заступником является князь, несмотря на то, что физически «дурён собой». Существует учение о красоте, писал Соловьёв, полемизируя с Ницше, которое «умирает с каждым покойником и погребено на всех кладбищах»,[621] но вместе с тем существует и красота, которая оказывается сильнее смерти, и в этом случае «действительная сила, величие и красота нераздельны с Абсолютным добром».[622] Такой преображающей и спасительной Красотой является Христос. Это убедительно показывает икона, которая, как точно отмечает о. Вацлав Хрыневич, «открывает теперь уже красоту мира, преображённого Божественной красотой».[623]

Красота Настасьи Филипповны требует преображения и спасения, иначе останется «красотой» тела-трупа, по голове кото-

---

[618] «Полное преображение мира, осияние его красотой, излияние Даров Св. Духа лежит за пределами теперешнего бытия <...>. Святые видят мир иначе, чем мы, он существует для них в софийной красе, светоносной преображённости». См.: Булгаков С. Н. Свет невечерний. Созерцания и умозрения. — М.: Республика, 1994, с. 200. — (Мыслители ХХ века).

[619] Зеньковский В. В. Проблема красоты в миросозерцании Достоевского / В. В. Зеньковский. Русские мыслители и Европа. — М.: «Республика», 1997, с. 270.

[620] Достоевский Ф. М. Идиот /Указ. соч. — Т. 8, с. 68.

[621] Соловьёв В. С. Оправдание добра: Нравственная философия / Вступ. ст. А. Н. Голубева и Л. В. Коноваловой. — М.: Республика, 1996, с. 51.

[622] Там же. С. 18.

[623] Hryniewicz W. Teolog Boskiego Piękna / Leksykon wielkich teologów XX/XXI wieku / Red. J. Majewski, J. Makowski. — W-wa: Więź, 2003, t. 1, s. 111.

рого расхаживает муха, а от него самого в жаркий летний день идёт несносный дух, его Рогожин силится ослабить, «и четыре стклянки ждановской жидкости откупоренной поставил».[624] И как говорит потом князю Мышкину: «Купить разве, пукетами и цветами всю обложить?».[625]

---

[624] «Так пусть же она теперь тут лежит, подле нас, подле меня и тебя...
— Да, да! — с жаром подтвердил князь.
— Значит, не признаваться и выносить не давать.
— Н-ни за что! — решил князь, — ни-ни-ни!
— Так я и порешил, что ни за что, парень, и никому не отдавать! Ночью проночуем тихо. Я сегодня только на час один и из дому вышел, поутру, а то всё при ней был. Да потом повечеру за тобой пошёл. Боюсь вот тоже ещё, что душно и дух пойдёт. Слышишь ты дух или нет?
— Может, и слышу, не знаю. К утру наверно пойдёт.
— Я её клеёнкой накрыл, хорошею, американскою клеёнкой, а сверх клеёнки уж простынёй, и четыре стклянки ждановской жидкости откупоренной поставил, там и теперь стоят.
— Это как там... в Москве?
— Потому, брат, дух. А она ведь как лежит... К утру, как посветлеет, посмотри. Что ты, и встать не можешь? — с боязливым удивлением спросил Рогожин, видя, что князь так дрожит, что и подняться не может». — См.: *Достоевский Ф. М.* Идиот / Указ. соч. — Т. 8, с. 504.
[625] *Там же.* С. 505.

TU ES ERGO SUM *

ЕСЛИ БОГА НЕТ, ВСЁ ПОЗВОЛЕНО

При всех модернистских диагнозах, что нет «Великого Иного»,[626] по многим причинам своё тождество человек находит чаще всего в философии Иного.[627] После разрушения метафизического образа человека в ответе на вопрос о «загубленном человеке» появляется, замечает Ален Финкелькраут, «смерть Человека ради человека Иного».[628] Подобное мнение высказывает и Сергей Хоружий, когда указывает на «перемещение фокуса философской мысли с Я (Эго, субъекта...) на Другого»,[629] делая вывод, что «в этом перемещении отражается именно исчезновение твёрдого центра Человека: глядя в себя самого, я больше не вижу, перестал видеть, кто я и что я; и в поисках себя я теперь обращаюсь за пределы себя, к Другому».[630] Именно так считает и Михаил Бахтин, полагая, что «субъект обращения»[631] и «роль

---

* Ты есть, следовательно, я есть. — *Лат.*

[626] Цит. по: *Eagleton T.* Kultura a śmierć Boga / Przeł. B. Baran. — W-wa: Wydawnictwo Aletheia, 2014, s. 188.

[627] В этом смысле, считает Константин Исупов, в философии Иного (Другого) можно обнаружить «предпосылки главных течений философии третьего тысячелетия». — См.: *K.I.*[K.Isupow]. Drugi/ Inny. // Przeł. M. Kotowska/ Идеи в России. Ideas in Russia. Idee w Rosji. Leksykon rosyjsko-polsko-angielski... t. 6, s. 88. На эту тему также: *Красицкий Я* Предисловие / *Я. Красицкий.* Разум и Другой... S. 9; *Красицкий Я.* Какой разум нам нужен сегодня? / *Я. Красицкий.* Разум и Другой... S. 256, 262–263.

[628] Цит. по: *Finkielkraut A.* Zagubione człowieczeństwo / Przeł. M. Fabjanowski. — W-wa: Państwowy Instytut Wydawniczy, 1999, s. 32.

[629] *Хоружий С. С.* Очерки синергийной антропологии. — М.: Институт философии, теологии и истории св. Фомы, 2005, с. 14.

[630] *Там же.*

[631] *Бахтин М. М.* Проблемы поэтики Достоевского. — М.: Советский писатель, 1963, с. 169.

другого человека как „другого", кто бы он ни был»,[632] представляется ключевой в понимании межличностного мира героев Достоевского. «В этом смысле можно сказать, что человек у Достоевского есть субъект обращения. О нём нельзя говорить, — можно лишь обращаться к нему».[633]

Голос Иного громко раздаётся из мира творчества Достоевского. Разделяя взгляды на цивилизацию других русских консервативных мыслителей, например, Константина Леонтьева, писатель находил угрозу не только в технической цивилизации, но и в идолатрии прогресса, «антрополатрии»[634] и т.д., показанных в его сочинениях апокалиптически («Бесы», «Идиот»[635]), а также в том, что всё в нашем мире становится всё более подобным себе, прямо точно таким же. Эмануэль Левинас, обращаясь к известной мысли Достоевского (и не раз здесь цитируемой[636]) «Если Бога нет, всё позволено», использует её в формулировке, данной уже позднее Сартром[637] и получившей распространение именно в таком виде, хотя в действительности само высказывание разбросано по тем диалогам, которые на эту тему бесконечно вёл Иван Карамазов. По мнению Левинаса, данный аргумент становится убийственным для человека нашей научной эпохи. «Нет ничего, — пишет Левинас, — абсолютно иного в жизни в понимании наукой, где всякое разнообразие сменяется монотонностью». Не о том ли смысл Книги Притчей: «И при смехе иногда болит сердце, и концом радости бывает печаль» (14, 13)?

---

[632] *Там же.* С. 176.

[633] *Там же.* С. 169.

[634] *Kline G. L.* Rosyjscy i zachodni myśliciele o tradycji, nowoczesności i przyszłości / Rozmowy w Castel Gandolfo / Red. K. Michalski. — W-wa: Res Publica, 1990, s. 167.

[635] Такой, пожалуй, смысл имеют слова Лебедева о развитии «железных дорог» и всемирной власти «кредита»: «Не железные дороги, нет-с! — возражал Лебедев, в одно и то же время и выходивший из себя, и ощущавший непомерное наслаждение: — собственно одни железные дороги не замутят источников жизни, а всё это в целом-с проклято, всё это настроение наших последних веков, в его общем целом, научном и практическом, может быть, и действительно проклято-с». — *Достоевский Ф. М.* Идиот / Указ. соч. — Т. 8, с. 310.

[636] См. стр. 129, 181–182.

[637] Подробно см.: «Если Бога нет, всё позволено».Из истории цитат. *Душенко К. В.* «Всё позволено». — Литературоведческий журнал. — М.: ИНИОН РАН, 2018, № 44, с. 257–260.

«Современный мир, технический и потребительский, не видит для себя никакого выхода — то есть Бога — и не потому, что всё в нём позволено и благодаря технике возможно, а именно потому, что всё в нём одинаково».[638] Согласно Достоевскому, мир исчезнет не из-за нехватки «хлеба» («Без Христа вы никогда не поделите хлеб»[639]), но вследствие отсутствия «инаковости». Эту суть точно уловил знаменитый специалист по православной традиции иезуит Томаш Шпидлик, утверждая, что русская мысль — не столько другая философия человека, сколько просто «другое видение человека».[640] Визионерское творчество Достоевского исчерпывающе это подтверждает. Он был не только творцом идеи человека как системы, хоть и это (особенно для немецкого исследователя) можно вывести из его произведений,[641] но и выразителем подобного видения.

ДРУГОЙ И ПУТЬ К «ИНЫМ МИРАМ»

Путь к «иным мирам» (по выражению старца Зосимы) проходит у Достоевского не через богословскую науку или тайное знание, хоть и такие элементы (например, сведенборгианство) можно в его произведениях найти, а через *тот* мир и человека в нём. И если П. Евдокимов писал, что в христианском представлении человек является «одухотворением человеческого существа»,[642] то земной мир у Достоевского, по Г. Померанцу, отличается «таинственным прикосновением мирам иным»,[643] и они «всегда соприкасались с небесными звёздами» («Сон маленького человека»).[644] Как говорит Зосима в своих

---

[638] Цит. по: *Lévinas E.* O Bogu, który nawiedza myśl / Przeł. M. Kowalska. — Kraków: Wydawnictwo Homini, 1994, s. 59.

[639] Цит. по: *Evdokimov P.* Gogol i Dostojewski... C. 245.

[640] *Špidlik T.* Myśl rosyjska. Inna wizja człowieka...

[641] *Лаут Р.* Философия Достоевского...

[642] *Евдокимов П.* Православие. Историческое введение. Глава I. Введение. https://predanie.ru/book/219968-pravoslavie/

[643] *Померанц Г. С.* Открытость бездне. Встречи с Достоевским. — М. — СПб.: Центр гуманитарных инициатив, 2013, с. 42.

[644] *Там же.* С. 389, 204.

«поучениях»: «Многое на земле от нас скрыто, но взамен того даровано нам тайное сокровенное ощущение живой связи нашей с миром иным, с миром горним и высшим, да и корни наших мыслей и чувств не здесь, а в мирах иных. Вот почему и говорят философы, что сущности вещей нельзя постичь на земле. Бог взял семена из миров иных и посеял на сей земле и взрастил сад свой, и взошло всё, что могло взойти, но взращённое живёт и живо лишь чувством соприкосновения своего таинственным мирам иным, если ослабевает или уничтожается в тебе сие чувство, то умирает и взращённое в тебе. Тогда станешь к жизни равнодушен и даже возненавидишь её. Мыслю так».[645]

Если же обратиться к высказыванию Григория Померанца, то «инаковость» Достоевского проявляет себя в столкновении с другим человеком, в связях с ним. В образах «странных людей» Достоевский пытается показать, что Иной, Другой не только находятся вне нас, но также что они есть и в нас самих, это легко заметить в продолжение идеи современного немецкого феноменолога Бернарда Вальденфельса, и что они представляют собой коренную, хоть и неосознаваемую и нераспознанную, часть нашего собственного существа.[646]

Оказывается, у него «alterальная» природа (*лат.* alter — *другой, иной*). В мире Достоевского Иной в нас оказывается прежде, чем мы его узнали. Внешний Иной, как например, юродивый князь Мышкин, Лебядкин, Лизавета Смердящая, Алёша Карамазов, старец Зосима, Сонечка Мармеладова — единственные, кто знакомит нас с тем внутренним Иным, Другим.

---

[645] *Достоевский Ф. М.* Братья Карамазовы / Указ. соч. — Т. 14, с. 291–292.

[646] «Каждое испытание, как и испытание самого себя, подлежит определённым ограничительным обусловленностям. Фрейд и другие до него и после него подвергали сомнению мысль, что **Я** есть господин собственного дома. Знаменитая формулировка Рембо «Je est un autre», если дословно: «**Я** другой», указывает неграмматическим перекрещиванием первого и третьего лица, что существует не только alter ego — другое **Я** (*лат.*), но и alterальность ego, которая оставляет на чуждости свой отпечаток. **Я** не позволяет себе без учёта обстоятельств величать себя от первого лица, тогда как самого себя удваивает в **Я** или **моё**, в **их** или **мои**. «Я» высказывания никогда не сливается с «Я» того, что было высказано». Цит. по: *Waldenfels B.* Topografia obcego / Przeł. J. Sidorek. — W-wa: Oficyna Naukowa, 2002, s. 24. См. также: *Waldenfels B.* Podstawowe motywy fenomenologii obcego / Przeł. J. Sidorek. — W-wa: Oficyna Naukowa, 2009.

В мире Достоевского человек всегда есть, по словам Поля Рикёра, одновременно i idem, i ipse (лат.) — *и я тоже, и я сам*,[647] где в дистинкции idem и ipse первая категория указывает на мою явную тождественность, а вторая категория (ipse) указывает на тождественность глубинную, скрытую от меня и других. Как таковой человек остаётся существом парадоксальным — сам для себя одновременно известный и неизвестный.

Так представляется, прочитывает Достоевского и Михаил Бахтин, когда утверждает, что «Я как субъект никогда не совпадаю с самим собой».[648]

Остаётся вопрос, каким образом может человек узнать эту вторую, неизвестную для себя сторону своей индивидуальности? Как может он исполнить наказ древнегреческого дельфийского оракула «Познай самого себя» (Γνωρίστε τον εαυτό σας)? Как это происходит — путём уединённого философского или духовного созерцания, пристального всматривания в самого себя, изучения самого себя (Гераклит, Сократ), а потому вдали от внешнего мира и связей с другими людьми, но, может, и наоборот — в межчеловеческих связях и общении? Этот вопрос задавали ещё древние, а св. Августин, размышляя над парадоксом близости и вместе с тем отдалённости человека от самого себя, говорил: «Неудивительно, если то, что вне меня, находится от меня далеко, но что же ближе ко мне, чем я сам? И вот я не могу понять силы моей памяти, а ведь без неё я не мог бы назвать самого себя».[649]

Ответ Достоевского на поставленный выше вопрос отличается от ответов древних и средневековых мыслителей. Отличается он и от ответов современной философии субъекта, начало которой было положено знаменитым cogito ergo sum Декарта. Он, с одной стороны, предвосхищает открытия современной философии диалога, а с другой — продолжает и развивает «со-

---

[647] *Рикёр П.* Я — сам как другой. — М.: Электронная библиотека, 2008.: http://www.odinblago.ru/ya_sam_drugoi/

[648] *Бахтин М. М.* Автор и герой в эстетической деятельности / М. М. Бахтин. Собр. соч. в 7 тт. — М.: Языки славянских культур, 2003. — Т. 1, с. 183.

[649] *Августин Аврелий* / Пер. с лат. М. Е. Сергеенко / Вступит. статья А. А. Столярова. — М.: Ренессанс, СП ИВО — СиД, 1991, с. 252. — (Памятники религиозно-философской мысли).

борную» концепцию Восточной Церкви. Согласно ей, только «соборное» бытие может проявить мне меня самого, показать меня таким, каким я сам себя не знаю, меня как ipsum (*лат.*) — *себя*. И единственно лишь посредством сообщества, посредством встречи с другим человеком в причастии и диалоге человек, по выражению немецкого философа Манфреда Франка, получает возможность «самосознания и самопознания».[650] Более того, становится тем, кого на всём протяжении своего произведения ищет писатель, то есть «человеком в человеке». В этом случае Иной выступает рычагом, выталкивающим меня из моего монадического и монологического sum — *я*, в диалогическую сторону, к причастию sursum (*лат.*) — *наверх*.

РЕЧЬ, ПИСАНИЕ И ДРУГОЙ

В откровении Другого привилегированную роль писатель отводил речи. В мире Достоевского речь — не язык, который, по известной формуле де Соссюра, представляет собой «знаковую систему». Речь — вот откровение личности и её способности к диалогу. Таким и есть откровение Другого.

Язык сам по себе, язык как система лишён функции откровения, а, следовательно, и диалоговой функции. Эту функцию языка выполняют слово и речь. Вот почему язык как систему не следует путать с живой речью и живым словом — неотъемлемой частью художественной стихии мира Достоевского.[651]

---

[650] *Франк Манфред*. Самосознание и самопознание или о некоторых трудностях, возникающих при редукции субъективности. — Топос: философско-культурологический журнал. 2001, № 1(4), с. 4–23. — Проблема Другого в современной философии. http://journals.ehu.lt/index.php/topos/issue/view/49.

[651] «В языке, как предмете лингвистики, нет и не может быть никаких диалогических отношений: они невозможны ни между элементами в системе языка», «ни между элементами „текста" при строго лингвистическом к нему подходе». «Диалогические отношения, таким образом, внелингвистичны. Но в то же время их никак нельзя оторвать от области слова, то есть от языка как конкретного целостного явления. Язык живёт только в диалогическом общении пользующихся им. Диалогическое общение и есть подлинная сфера жизни языка. Вся жизнь языка, в любой области его употребления (бытовой, деловой, научной, художественной

Так считают философы-диалогики Фердинанд Эбнер и Эммануэль Левинас. Человек не может опережать высказывание (речь). «Речь, — говорит Левинас — это производство смысла».[652] Речь, утверждает Фердинанд Эбнер, сама по себе есть откровение, рассмотрение своей философии как «пневматологии духа».[653] Речь являет МЫ. Мир, по словам Мартина Бубера, складывается не из отдельных слов, а из пар, и две основные пары слов — это Я — ТЫ и Я — ОНО.[654]

Может встать вопрос, почему в мире Достоевского столько говорят, даже болтают, между тем сила его высказываний никак не в эпичности, она в диалогичности. О том, как мало значит в его произведениях фабулярность, свидетельствует хотя бы тот факт, что свои фабулы писатель черпал из криминальных хроник, публикуемых в газетах, и приключенческой литературы. Ответ в данном случае очевиден: то, что действительно происходит в мире Достоевского, разворачивается не в плане романного повествования, а в диалогическом ракурсе, и как таковой этот мир разыгрывается не в пространственно-временных границах, но в мире межличностных сообщений, выходящем за пределы времени, хоть и укоренённом в нём. Можно даже говорить, что в представляемом Достоевским мире много чего происходит в фабульной перспективе, хотя, по сути, не происходит «ничего», пока человек не встречает другого человека. Действительность в его мире проявляет себя только тогда, когда на пути одного человека возникает другой человек.

Достоевский не является ни «фабулистом», как окрестил его Вячеслав Иванов, ни «пейзажистом», как выразился его польский биограф Станислав Мацкевич Цат. Можно даже сказать, что он был «городским человеком», в чём он представляет полную противоположность Толстому, и если «гениально воссоздает

и др.), пронизана диалогическими отношениями». —*Бахтин М.* Проблемы поэтики Достоевского. С. 121–122.

[652] *Левинас Эммануэль.* Избранное.Тотальность и бесконечное. — М.; СПб.: Университетская книга, 2000, с. 100.

[653] *Ebner Ferdinand.* Das Wort und die geistigen Realitäten. Pneumatologische Fragmente / Red. Richard Hörmann. — Wien — Berlin — Münster — Zürich — London: Lit Verlag, 2009.

[654] *Бубер Мартин.* Я и Ты / *Мартин Бубер.* Два образа веры / Перевод с нем. В. В. Рынкевича. — М.: Республика, 1995, с. 15–92.

какой-то город, то только Петербург».[655] Его занимают не красоты природы,[656] а одна лишь тайна человека, и в этом он подобен Сократу, который не представлял своей жизни без Афин и часто приговаривал: «Я ведь любознателен, а местности и деревья ничему не хотят меня научить, не то, что люди в городе».[657]

ГОВОРИТЬ И СЛУШАТЬ

В главе «Достоевский и философия» мы поставили вопрос об изучении творчества автора «Бесов» в аспекте двух метафор: метафоры «слышания» и метафоры «видения», а точнее — «между *слышимым и видимым*».[658] Учитывая аргументы с диалогической стороны, стоящие под знаком методологии и мысли Михаила Бахтина (метафора «слышимое»), мы приводили одновременно и аргументы с противоположной стороны — «иконической» (метафора «видимое»), выразителем которой является прежде всего Татьяна Касаткина. Мы подчёркиваем, что, хотя, по мнению Игоря Евлампиева, Бахтиновская методология в целом утратила свою «живость», в частности, он упрекает исследователя в «ошибочности ряда поэтологических идей»,[659] однако, на наш взгляд, «прощаться» с Бахтиным представляется пока преждевременным: это, впрочем, подтверждает и проводимая ниже работа.

Более того, не стихия видения, а стихия именно слышания и живая речь были для Достоевского тем, в чём его диалогический мир мог существовать. Константин Мачульский обратил

---

[655] *Mackiewicz S.* (Cat). Dostojewski... S. 58.

[656] Вот красноречивое доказательство. В годы своей ссылки в сопровождении А. Я. Врангеля, во время похода в степь в околицах Змиевска «Врангель смотрит на изумительное озеро посреди скал. Это озеро знаменитый тогда географ Гумбольдт назвал чудом света, самым красивым видом на земном шаре (на глобусе). Но Достоевский и взглянуть на это озеро не захотел, что расстроило Врангеля. «Как он не понимает красоты природы», — пишет Врангель. *Там же.* С 71.

[657] *Платон.* Федр / Платон. Избранные диалоги / Перевод с древнегреч. А. Егунова. — М.: Художественная литература, 1965, с. 190.

[658] См. с. 40 данного издания, глава «Между *слышимым и видимым*».

[659] *Евлампиев И. И.* Личность как Абсолют. Метафизика Ф. Достоевского / И. И. Евлампиев. Метафизика Ф. Достоевского... — Примечания, сноска 38.

внимание на этот факт в повести «Двойник»: «Как Девушкин в „Бедных людях“, так и герой нового произведения Голядкин возникает и вырастает из словесной стихии. Писатель должен сначала усвоить интонации своего персонажа, проговорить его про себя, вникнуть в ритм его фраз и особенности словаря, и только тогда он увидит его лицо. Герои Достоевского рождаются из речи, — таков общий закон его творчества».[660]

Самым важным у Достоевского является то, что высказано. Этот особый принцип его произведений более всего, пожалуй, углубил Бахтин. И всё же, то, что высказано, всегда как-то дополняется тем, что высказано не было. Молчание, писал Норвид, — это «забытая всеми лингвистами Европы и Америки» «часть речи».[661]

Бахтин показал — и не только в отношении народной смеховой культуры, но и представленного Достоевским мира, что в нём берёт верх устная стихия, речь. Отсюда — сумасшедший темп сочинений писателя, разговоров, которые, как пишет русский учёный, напряжённо крутятся и как бы стоят «при входе». Поскольку неотъемлемым фоном речи является молчание, именно оно, и не единожды с упором, составляет у Достоевского существенный и длящийся компонент высказанного. В «Преступлении и наказании» Раскольников, представляется, сохранял молчание намеренно, а пока он молчит, молчит и Разумихин. Метафизике диалога и разговора в произведениях писателя соответствует метафизика молчания.[662]

---

[660] *Мочульский К.* Достоевский. Жизнь и творчество. С. 37.

[661] «Пусть господа грамматики попробуют объяснить всем лингвистам Европы и Америки, а также всем понимающим людям: Как так получилось, что целая часть речи опущена во всех грамматиках всех языков? Не по той ли причине, что эти грамматики редко дают определение части речи?.. Я не знаю причины... Но я, в меру своего знания, утверждаю, что в существующих грамматиках опущена целая часть речи. И как раз та, на которой строится и осаживается фраза, — и даже не одна только фраза, но и логическое начало следующей, а затем и конструкция третьей, четвёртой и так далее... Этой частью речи является умолчание...» — *Норвид Циприан Камиль.* Молчание / Циприан Камиль Норвид. Пилигрим, или Последняя сказка. Стихотворения, поэмы, проза / Пер. В. А. Хорева. — М.: Вахазар, 2002, с. 335.

[662] См. на эту тему статью *Маркова В.* Семантика безмолвия в «Преступлении и наказании». — Русская речь, 2015, № 3, с. 11–18.

Говорение предполагает слушание, а слышание — то, что в феноменологическом значении есть осознанное бытие: слышишь себя — понимаешь то, что слышится. Слушать, считает Валерий Подорога, «значит понимать то, что говорится, сразу. Если мы слышим голос и вслушиваемся в него, то он уже отмечен смыслом: смысл и то, что услышано, даны в неразрывной целостности; мы слышим и выслушиваем для того, чтобы понимать. А не потому, что мы вообще что-то слышим. Слышать — чисто голосовая перцепция, не связанная с пониманием. Слушать — стремиться к тому, чтобы преобразовать то, что услышано, в смысл».[663] Этой цели, подчёркивает Подорога, служат и префиксные языковые преобразования, например, «прислушиваться» «в-слушиваться» и т.д..[664] Пользуясь терминологией структурной лингвистики, скажем, что существа, наделённые сознанием (люди), слышат фонемы, а лишённые его (животные) — звуки.[665]

В феноменологическом смысле то, что слышится, — это смысл, и это он, представляется, определяет суть диалога у Достоевского.. В таком значении в мире этого писателя субъект высказывания всегда сопряжён с самим собой, и оба они взаимодополняют друг друга посредством актов речи — в бахтиновском значении (logoi).[666] Основываясь на этом, можно сказать, что диалог у Достоевского происходит как бы на двух уровнях: фабулярном

---

[663] *Подорога В. А.* Рождение двойника. Логика психомимесиса и литература Ф. Достоевского / *В. А. Подорога*. Материалы по аналитической антропологии литературы. — С. 512.

[664] *Там же.*

[665] В отличие от животных, человек — существо, способное к «опредмечиванию», и эта способность включает также возможность «опредметить» понимание физиологических и психологических состояний. Человек может испытывать боль и одновременно осознавать, что чувствует боль, знать, что то, что чувствует, и есть боль, ставя вопрос по существу: «Что такое боль?» Макс Шелер писал: «Животное и слышит, и видит, не зная, что оно слышит и видит». Психика животного функционирует, живёт, но оно не может быть ни психологом, ни физиологом. — *Шелер М.* Положение человека в Космосе / Перевод А. Филиппова. — Проблема человека в западной философии / Переводы / Сост. и послесл. П. С. Гуревича; общ. ред. Ю. Н. Попова. — М.: Прогресс, 1988, с. 31–95. Иначе говоря, у зверей есть переживания, но они не переживают их как свои собственные.

[666] *Markowski M. P.* Bachtin / *A. Burzyńska, M. P. Markowski.* Teorie literatury XX wieku. Podręcznik. — Kraków: Wydawnictwo Znak, 2007, s. 158–159.

и более глубинном, — а именно диалогическом. В первом случае он непосредственно связан с сюжетом сочинения, то есть с тем, что уже непосредственно произошло или может произойти. Во втором случае конкретные события — лишь фон для чего-то более важного по сути. Точно подмечает Бахтин, что сюжет у Достоевского совершенно лишён каких-либо важнейших функций. Его цель — представить человека в различных ситуациях, которые его провоцировали бы и разоблачали, так направлять людей (людьми управлять), чтобы контакты между ними не только не ограничивались сюжетными связями, но их преодолевали. (Аналогичные связи обозначаются там, где обычный сюжет, выполнив свою служебную роль, заканчивается.)

На диалогическом уровне Бахтин особо выделяет в романах Достоевского роль «чужого слова»: «Острое и напряжённое взаимодействие с чужим словом в его романах дано двояко. Во-первых, в речах персонажей дан глубокий и незавершённый конфликт с чужим словом в жизненном плане („слово другого обо мне“), в жизненно-этическом (суд другого, признание и непризнание другим) и, наконец, в плане идеологическом (мировоззрения героев как незавершённый и незавершимый диалог). Высказывания героев Достоевского — арена безысходной борьбы с чужим словом во всех сферах жизни и идеологического творчества. <…> Во-вторых, и произведения (романы) в их целом, как и высказывания их автора, являются такими же безысходными, внутренне незавершёнными диалогами между героями <…> и между самим автором и героями. <…> Испытания героев и их слова, сюжетно законченные, внутренне остаются в романах Достоевского незавершёнными и нерешёнными».[567]

В ДОМЕ РОГОЖИНА

Итак, сделаем упор на феноменологическом «что» озвученного высказывания. В романе «Идиот» Ипполит Терентьев обращается к Мышкину: «Господа, — закричал он громко

---

[567] *Бахтин М.* Слово в романе / *М. Бахтин.* Вопросы литературы и эстетики. Исследования разных лет. — М.: Художественная литература, 1975, с 161.

всем, — князь утверждает, что мир спасёт красота!».[668] Нечто подобное происходит и в доме Рогожина, когда Мышкин всматривается в копию образа Ганса Гольбейна «Мёртвый Христос в гробу». Рогожин с упорством просит тогда князя обратить внимание, подчёркивая, что хочет спросить его о **чём-то** важном (в разговоре ставится вопрос о вере в Бога).[669] Озвучивая свою проблему в родном доме во время разговора с Мышкиным, Рогожин подчёркнуто ведёт себя иначе, нежели среди своей пьяной компании, приветствовавшей его на вокзале в Петербурге, что описано было в самом начале романа. Сейчас он сосредоточенный и серьёзный. Хочется заметить, что эта Инаковость Мышкина вызывает некую инаковость и в нём самом, приоткрывая неизвестную и спрятанную дотоле благородную сторону его сложной и мрачной личности. И уже он предстаёт не купеческой и вспыльчивой личностью, а погруженным в окончательные метафизические проблемы. Без этой Инаковости он был бы обыкновенным забиякой и соперником в стараниях заполучить ту самую женщину. Но при этом он чуть ли не убеждён, что с тем, что носит на сердце и что хочет приоткрыть в связи с картиной, на которую сейчас смотрит Мышкин, не приоткрыл бы ни перед кем иным.

И, конечно, прав Бахтин, когда пишет, что «диалог Мышкина с Рогожиным — диалог „человека с человеком", а вовсе не диалог двух соперников, хотя именно соперничество и свело их друг с другом», это диалог идеологический, а не сюжетный: «Диалог у Достоевского <...> всегда внесюжетен, т.е. внутренне независим от сюжетного взаимоотношения говорящих, хотя, конечно, подготовляется сюжетом. <...> Основная схема диалога у Достоевского очень проста: противостояние человека человеку, как

---

[668] *Достоевский Ф. М.* Идиот / Указ. соч. — Т. 8, с. 317.

[669] «— А что, Лев Николаич, давно я хотел тебя спросить, веруешь ты в бога иль нет? — вдруг заговорил опять Рогожин, пройдя несколько шагов.

— Как ты странно спрашиваешь и... глядишь? — заметил князь невольно.

— А на эту картину я люблю смотреть, — пробормотал, помолчав, Рогожин, точно опять забыв свой вопрос.

— На эту картину! — вскричал вдруг князь, под впечатлением внезапной мысли, — на эту картину! Да от этой картины у иного ещё вера может пропасть!

— Пропадает и то, — неожиданно подтвердил вдруг Рогожин». — *Там же.* С. 182.

противостояние „я" и „другого"».[670] На примере их обмена репликами писатель обнажает не только диалогическое сознание Рогожина, но и показывает диалогичность каждого человеческого сознания, подтверждая, что *я обнаруживаю сознание себя и становлюсь собой исключительно через открытость на другого человека, благодаря ему и с его помощью:* «Я перевожу на язык отвлечённого мировоззрения то, что было предметом конкретного и живого художественного видения и стало принципом формы. Такой перевод всегда не адекватен. Не другой человек, остающийся предметом моего сознания, а другое полноправное сознание, стоящее рядом с моим и в отношении к которому моё собственное сознание только и может существовать».[671] Без него я — самотождественность, но пустая и мёртвая.

А потому это Иной, Другой, в данном случае юродивый Мышкин, вытаскивает Рогожина из его нравственной опустошённости и рутины. «Эта зависимость от другого (в процессе самосознания и самооценки) — одна из основных тем Достоевского», — считает Бахтин.[672] И в пример подобной диалогики приводит то, каким образом Шатов обращается к Ставрогину перед началом их резкого разговора: «Мы два существа и сошлись в беспредельности... в последний раз в мире. Оставьте ваш тон и возьмите человеческий! Заговорите хоть раз в жизни голосом человеческим».[673]

Как известно по сюжету «Идиота», разговор Мышкина с Рогожиным представляет собой одновременно подготовку к ещё более важному моменту, когда исполнится своеобразный акт заключения духовного союза, в знак которого оба обмениваются крестами, что носят на груди: князь — оловянный, а Рогожин, как и пристало богачу, — золотой. Это событие настолько для него знаменательно, что он сообщает об этом своей матери,

[670] *Бахтин М. М.* Проблемы творчества Достоевского. Проблемы поэтики Достоевского. — 5-е изд., доп. — Киев: Next, 1994, с. 161.

[671] *Там же.* С. 188.

[672] *Бахтин М. М.* К вопросам самосознания и самооценки... / Собр. соч. в 7 т. — Т. 5, с. 73.

[673] *Достоевский Ф. М.* Бесы Указ. соч. — Т. 10, с. 195. См. также: *Bachtin M.* Estetyka twórczości słownej... S. 278; *Bachtin M.* Problemy poetyki Dostojewskiego... S. 270.

которая живёт вместе с ним, и которую он, должно быть, чрезвычайно уважает. Представляя ей Мышкина, он просит её благословить и князя: «он мне за родного брата в Москве одно время был, много для меня сделал».[674]

Нельзя не отметить знаменательную и уже упоминаемую в предыдущих главах семантику фамилий у Достоевского. Фамилия Рогожин сближается со словом *рогожа,* что означает плетение из лыка, а фамилия Мышкин по своему происхождению — от *мыши.*[675] Созданная внутри них связь тоже имеет особый характер, что выявляет своеобразную *coincidentia oppositorum (лат.)* — совпадение противоположностей, символическое и мистическое соединение спеси и смирения, связанных в одно целое того, что, согласно здравому рассудку и логике, следовало бы различать. Приведённая выше сцена в то же время показывает, что между Рогожиным и Мышкиным возникла единая и уникальная диалогическая связь, также отличная от их трудных отношений, имплицированных питаемым обоими чувством к Настасье Филипповне.

«КОГДА ДИАЛОГ КОНЧАЕТСЯ — ВСЁ КОНЧАЕТСЯ»

Мир Достоевского диалогичен: насколько легко можно представить себе одиноких героев романов Толстого или Тургенева, не говоря о героях романтических или байроновских, настолько это совершенно невозможно в мире Достоевского. А потому его герои один без другого не существуют, приговорены друг к другу. Так Рогожин нуждается в Мышкине, а Кириллов нуждается в Ставрогине. Смердяков необходим Ивану не только для того, чтобы исполнить задуманное им убийство отца, но и в качестве комментатора его философских выводов («С умным человеком и поговорить любопытно»[676]). Иван, с его персонификацией разума, обретает для себя дополнение в покорности Алёши. Мышкин, юродивый, «другой» — не из мира сего,

---

[674] *Достоевский Ф. М.* Идиот /Указ. соч». — Т. 8, с. 185.
[675] *Paprocki H.* Lew i mysz... S. 26.
[676] *Достоевский Ф. М.* Братья Карамазовы / Указ. соч. — Т. 14, с. 250.

зато Рогожин из этого мира, но и он требует своего дополнения, как небо и ад, гора и дол.

У Достоевского человек только через диалог проявляет самые глубины своей сущности, получая шанс вырваться из инфернального круга Я. Один — открытый диалогу, будто стучится в ворота Неба, другой, отказавшись от диалога и его связей, добровольно замыкает себя в эгоцентричном пекле, которое сам же себе и выстраивает. Точно так поступает и оказавшийся в инфернальном круге собственного «я» и совершенно выключенный из всех межчеловеческих отношений Ставрогин, который свою самоубийственную жизнь «замкнул клочком бумаги со словами, карандашом» написанными, прежде чем на его шее затянулась намыленная петля: «Никого не винить, я сам».[677] И однако пока продолжается диалог, всё возможно, и ворота Неба стоят распахнутыми.

Устами старца Зосимы Достоевский говорит, что ад — это «страдание о том, что нельзя уже более любить»,[678] что означает в то же время: более не в состоянии открыться Другому, диалогу. Писатель, что связывает его так или иначе с апокалиптической традицией православия,[679] показывает тем самым «невозможность» ада, ибо пока человек продолжает диалог, он не осуждён.

Поставленная таким образом проблема, представляется, обосновывает, если можно так сказать, «диалоговый» аргумент против догматов вечного ада. Человек в глубине своего бытия — существо диалогическое, он открыт «Ты», Другому. Быть человеком, говоря по-простому, — быть с «Ты». И пока он открывается «Ты», окажись он посреди ада, «огонь его не коснётся»,[680] если

---

[677] *Достоевский Ф. М.* Бесы / Указ. соч. — Т. 10, с. 516. См. также: *Krasicki J.* Koniec Antychrysta / *J. Krasicki* Przeciw nicości. Eseje... S. 54 i n.

[678] *Достоевский Ф. М.* Братья Карамазовы / Указ. соч. — Т. 14, с. 292.

[679] *Hryniewicz W.* Apokatastaza / Encyklopedia katolicka. Red. F. Gryglewicz, R. Łukaszyk, Z. Sułowski. — Lublin: Towarzystwo Naukowe Katolickiego Uniwersytetu Lubelskiego, 1985, t. 1, s. 756–758.

[680] *Мицкевич А.*: «Грех есть горючей стихией. И если ты без греха, / Стой хоть посередине ада — не коснётся огонь тебя» («Grzech jest palnym żywiołem: więc kto grzechu nie ma,/Może stać w środku piekła, ogień go nie ima»). — См.: *Mickiewicz A.* Wiersze / Zdania i uwagi dzieł Jakuba Bema, Anioła Ślązaka (Angelus Silesius) i Św Martena. — W-wa: Czytelnik, 1975, s. 352.

воспользоваться суждением мистика и поэта Якоба Бёме в передаче Мицкевичем.

И как глубоко в таком контексте звучат слова Бахтина: «Быть — значит общаться диалогически. Когда диалог кончается — всё кончается. Поэтому диалог в сущности не может и не должен кончиться».[681] Диалог «не может и не должен кончиться» — ибо его конец означал бы и конец человеческой сущности, которая является диалоговым бытием — эту её черту Бахтин возводит к вечности.[682] А поскольку диалог «не может кончиться», человеческий ад *истощаем* и должен иметь свою границу, свой конец. Вот почему пока диалог продолжается, в мире нет ничего «предрешённого», не существует закрытой эсхатологии. И Бахтин делает вывод: «*ничего окончательного ещё в мире не произошло, „последнее слово“ мира и о мире ещё не сказано, мир открыт и свободен, всё впереди и всегда будет впереди*».[683] И если Бахтин говорит, что «в романах Достоевского всё устремлено к несказанному ещё и непредрешенному „новому слову“»,[684] то это значит, что именно такое «новое слово» писатель посылает миру. Одновременно это слово есть и его «последнее слово».

ДИАЛОГ КАК ЦЕЛЬ САМА ПО СЕБЕ

Становление действительности в романе Достоевского осуществляется в диалоге. И эту действительность, что отметил Вячеслав Иванов ещё до знаменитых работ Бахтина 20–30-х годов, писатель выстраивал, «подобно творцу симфоний», применив «к роману метод, соответствующий тематическому и контрапунктическому развитию в музыке», а его «роман-трагедия» — так охарактеризован роман писателя в жанровом отношении, — по существу, обозначил конец «фабулизма»

---

[681] *Бахтин М. М.* Проблемы творчества Достоевского. Проблемы поэтики Достоевского. С. 162

[682] *Там же.*

[683] *Там же.* С. 380.

[684] *Там же.*

(определение Пушкина).[685] Представляемый Достоевским мир — реальность идеи, концепции, не повествования или сюжета. Это мир «трагедии духа»,[686] в которой никто не сумел увидеть себя иначе, нежели «глазами другого».[687] Следовательно, Другой — то не Я. Основываясь на этом, писатель императивом своего мышления выносит собственное суждение о человеке, что отметил Бахтин: «Самосознание героя у Достоевского сплошь диалогизовано: в каждом своём моменте оно повёрнуто вовне, напряжённо обращается к себе, к другому, к третьему. Вне этой живой обращенности к себе самому и к другим его нет и для себя самого. <...> Овладеть внутренним человеком, увидеть и понять его нельзя, делая его объектом безучастного нейтрального анализа; нельзя овладеть им и путём слияния с ним, вчувствования в него. Нет, к нему можно подойти и его можно раскрыть, — точнее, заставить его самого раскрыться — лишь путём общения с ним, диалогически. И изобразить внутреннего человека, как его понимал Достоевский, можно, лишь изображая общение его с другими. Только в общении, во взаимодействии человека с человеком раскрывается и „человек в человеке" как для других, так и для себя самого».[688]

Отсюда, подчёркивает Бахтин, диалог у Достоевского получает самостоятельную, а не инструментальную ценность. В центре воссоздаваемого мира писателя находится диалог, причём, не как средство, а именно «как цель сама по себе», и в этом смысле диалог представляет собой не вступление к действию, а само действие. «Всё в романах Достоевского, — отмечает Бахтин, — сходится к диалогу, к диалогическому противостоянию как к своему центру. Всё — средство, диалог — цель. Один голос ничего не кончает и ничего не разрешает. Два голоса — минимум жизни, минимум бытия. Потенциальная бесконечность диалога в замысле Достоевского уже сама по себе решает вопрос о том, что такой диалог не может быть сюжетным в стро-

---

[685] *Иванов В. И.* Достоевский и роман-трагедия / *В. И. Иванов.* Родное и вселенское. — С. 288.

[686] *Там же.* С. 287.

[687] *Бахтин М. М.* Проблемы творчества Достоевского. Проблемы поэтики Достоевского. С. 196.

[688] *Там же.* С. 162.

гом смысле этого слова, ибо сюжетный диалог так же необходимо стремится к концу, как и само сюжетное событие, моментом которого он, в сущности, является. Поэтому диалог у Достоевского, как мы уже говорили, всегда внесюжетен, то есть внутренне независим от сюжетного взаимоотношения говорящих, хотя, конечно, подготовляется сюжетом».[689] Таким, считает Бахтин, является диалог Мышкина с Рогожиным: «диалог „человека с человеком", а вовсе не диалог двух соперников, хотя именно соперничество и свело их друг с другом».[690] Таков и «диалог Аглаи с Настасьей Филипповной».[691]

Речь идёт не только о существенно важном *нечто* диалога, но и о том, чтобы диалог продолжался. В мире Достоевского точкой отсчёта, но и пунктом достижения есть МЫ, а не это *нечто*, что бы оно ни означало. Всё в этом мире открыто и возможно, если диалог продолжается.

Вот почему напрасно искать в сочинениях Достоевского богословие как некий замкнутый религиозный трактат. Его богословие — это именно богословие человека как особого «диалогического места», а кредо писателя «раздаётся не в вышине», говоря словами Теодора Адорно, а «в низине». И как таковой диалог представляет собой своего рода скандал для любого, кто захотел бы найти себе опору в богословских тезисах Достоевского, искать их в его сочинениях бессмысленно. В то же время, может, именно поэтому в мире писателя легко уживаются коммунист Анатолий Луначарский, атеист Дьёрдь Лукач, экзистенциалист Альбер Камю и католик Романо Гвардини? Можно сказать, что богословие Достоевского антибогословское, ибо богословием является для Достоевского сам человек и его связи.

Повторим за Бахтиным: «В романах Достоевского всё устремлено к не сказанному ещё и не предрешённому „новому слову", всё напряжённо ждёт этого слова, и автор не загромождает ему путей своей односторонней и однозначной серьёзностью».[692]

---

[689] *Бахтин М. М.* Проблемы поэтики Достоевского. С. 169.
[690] *Там же.*
[691] *Там же.*
[692] *Бахтин М. М.* Проблемы творчества Достоевского. Проблемы поэтики Достоевского. С. 380.

Не поэтому ли в мире Достоевского Бог поразительно отсутствует, и всё с Ним происходит под пустым небом? Верно, диалог может развиваться на глазах у «Бога» как «третьего» лица в диалоге, левинасовского «свидетеля», при этом Сам Он в диалог не вмешивается. Тот третий, пишет Кэрил Эмерсон, американская бахтинистка, скорее, является медиумом коммуникации или медиумом доверия, чем постоянным участником коммуникации с «готовым репертуаром ответов».[693] Спасение, рай в мире Достоевского — как таковые межчеловеческие связи. Бог Достоевского находится за пределами всякой онтологической категориальности. В этом же значении философ «дара» Жан-Люк Марион писал о «Боге без бытия».[694] Дитрих Бонхёффер, в свою очередь, выразил эту антионтологическую истину о Боге в утверждении, что Бог существует, не существуя.

Достоевский молчит о Боге, ибо это именно Бог как Бог, который существует,[695] стал в современном философском и богословском дискурсе прямо заговорённым космическим Не-

---

[693] Цит. по: *Emerson C.* Niewspółobecność: czym jest, a czym nie jest / Frzeł. M. Adamiak // Ja — Inny. Wokół Bachtina. Antologia / Red. D. Ulicka. — Kraków: Universitas, 2009, t. 2, s. 142.

[694] *Марион Жан-Люк.* Идол и Дистанция… С. 240 и далее.

[695] Точно так же эту проблему понимает Ален Бадью: «Поэтому, согласно логике Павла, надо идти вплоть до того, чтобы сказать: *Христос-событие не есть Бог бытия, не есть Бытие.* Павел предваряет критику того, что Хайдеггер впоследствии назовёт онто-теологией, в которой Бог мыслится как высшее сущее и, стало быть, как мера того, на что способно бытие как таковое. Наиболее радикальным в комментируемом нами тексте является следующее выражение: «Ничего не значащее избрал Бог (ta me onta), чтобы упразднить значащее (ta onta)». То, что Христос-событие возводит в свидетельство Бога, скорее, не значащих, не-сущих, чем значащих или сущих, что речь идёт об упразднении декларируемого всеми предшествующими дискурсами как существующего, бытия — всё это указывает на размер онтологического переворота, к которому антифилософия Павла побуждает декларирующего событие или, иначе говоря, воителя. Именно в языке, в котором познающий разум, порядок и сила вытеснены безумием, соблазном и слабостью, в языке, где не-бытие есть единственно значимое утверждение бытия, артикулируется христианский дискурс. По мнению Павла, такая артикуляция не совместима ни с какой «христианской философией» — недостатка в них впоследствии не было. — См.: *Бадью Ален.* Апостол Павел. Обоснование универсализма / Перевод с франц. О. Головой. — М. — СПб.: издательство Московского философского фонда «Университетская книга», 1999, гл. 4. Теория дискурсов. (Библиотека современной французской философии.)

мым.[696] Когда говорят другие о Нём — он молчит (Легенда о Великом Инквизиторе).[697] Бог писателя являет себя как Причастие и Сообщество, не как Я, а только МЫ. Неслучайно в его произвелениях так прекрасно нашёл себя его гениальный комментатор «атеист» Бахтин, который писал, что «основой нашему мышлению служит не Я, а Мы»,[698] как и другие «атеисты»-диалогисты. А потому одиночество как бытие-с-самим-собой, как бытие одинокой монады «без окон» — в мире Достоевского это ад. «Ад — это ты сам», — сказал св. Исаак Сирин, а Достоевский, который был усердным читателем его сочинений,[699] наверное, согласился бы с этими словами. Тогда как Небо в мире Достоевского всегда МЫ.

СЛУШАЯ, СТАНОВИШЬСЯ ДРУГИМ

Французский феноменолог Морис Мерло-Понти подчёркивает: если вникнуть в структуру вербального высказывания, можно обнаружить, что в этом акте не только возникает коммуникация, как и сообщение определённого содержания, но и происходит изменение статуса самого участника коммуникации. То есть я сам, который входит в словесную коммуникацию с Другим посредством речи, не только выражаю себя, но и сам становлюсь им. По мнению Мерло-Понти, «чужое слово не только пробуждает во мне уже сформировавшиеся мысли, но

---

[696] Od «śmierci Boga» do «śmierci człowieka». Rodowody, konteksty, destrukcje we współczesnej myśli filozoficznej / Red. J. Krasicki, S. Kijaczko. — Opole: Wydawnicto Uniwersytetu Opolskiego, 2001, s. 7.

[697] *Krasicki J.* Sąd nad Bogiem / *J. Krasicki* Przeciw nicości... S. 125–128.

[698] *Бонецкая Н. К.* М. М. Бахтин и традиции русской философии. — Вопросы философии. — М., 1993, № 1, с. 83–93. См. также: *Бонецкая Н. К.* Философия не кончается. Из истории отечественной философии. XX век. 1920–50-е годы / Ред. В. А. Лекторский. — М.: Российская политическая энциклопедия, 1998, с. 516.

[699] Как пишет Хенрик Папроцкий: «Фёдор Достоевский читал его сочинения, и в романе „Братья Карамазовы" есть такой момент, когда на столике появляется книга под названием „Святого отца нашего Исаака Сирина слова"». — См.: *Paprocki H.* Koncepcja miłosierdzia Bożego w liturgii prawosławnej. https://teologiapolityczna.pl/ks-prof-henryk-paprocki-koncepcja-milosierdzia-bozego-w-liturgii-prawoslawnej-tpct-35-.

и вводит меня в мыслительное движение, в отношении которого я сам бы не смог проявить никакой инициативы, и, наконец, открывает передо мной неизвестные дотоле значения. Далее, я должен признать, что живу не только собственной мыслью, но и — когда произносится слово — становлюсь тем, кого слушаю».[700]

А в таком значении, о чём нельзя забывать, сочинение Достоевского подчиняется специфическим и только ему свойственным законам, и сама диалогичность привела к тому, что оно никогда не было законченным, как незаконченным оставался и сам диалог.[701] Мировоззрение писателя находится всегда *in statu nascendi* (*лат.*) — в состоянии рождения и продолжается как его порт-пароль в разговоре героев произведения. Верно отмечает Халина Бжоза относительно слов, произнесённых героями Достоевского: «В высказывании всегда создаётся некий проект, очерк нового бытия-в-мире, и более того, проектирование данного мира, и ещё некий Другой (вписанный в этот же мир), происходящий и высчитанный с калькулятором в руках в нём смысл, мыслительная интенция автора (субъекта высказывания) и вербальное значение текста».[702] С этой точки зрения речь у Достоевского никак нельзя отнести к обычному житейскому действию. Даже наоборот, это — акт исключительный, привилегированный, подтверждающий, что «ситуация говорения, использования речи открывает нас — даже независимо от нас самих — на новые ценности и иного человека: открывает нас на Другого».[703]

Итак, в речи происходит одновременно становление и меня самого, и создаваемой мною действительности. «Речь, речевое действие, — пишет Валерий Подорога, — своего рода антиписьмо. Ещё один вид миметизма».[704]

[700] *Merleau-Ponty M.* Ekspresja algorytmiczna i ekspresja słowna / *M. Merleau-Ponty.* Proza świata: Eseje o mowie / Przeł. J. Skoczylas. — W-wa: Czytelnik, 1999, s. 49.

[701] *Бахтин М. М.* Проблемы поэтики Достоевского. С. 150.

[702] *Brzoza H.* Dostojewski. Między mitem... S. 197.

[703] *Там же.*

[704] *Подорога В. А.* Рождение двойника. План и время в литературе Ф. Достоевского. — М.: РИПОЛ Классик», 2019, с. 36. — (Мимесис).

Если же обратиться к теории «языковой игры» Людвига Витгенштейна, следует заметить, что вопреки логике позитивистов, австрийский философ показал, что говорение есть часть определённой деятельности, определённого образа жизни, иными словами: «Я также назову языковой игрой целое, включающее язык и действия, с которыми он переплетён»,[705] и это не просто обычный акт обмена информацией.

ИНОЙ И COGITO

Традиция всегда усматривала основы субъективности человека, его сущности и достоинства в его разумности, духовности, в сознании (самосознании). Труды *мастеров подозрений* Ницше, Маркса и Фройда; исследования в области семиотики и структурной лингвистики, начало которым было положено Фердинандом де Соссюром («Cours de linguistique générale» — «Курс общего языкознания», 1916); затем последовала Пражская лингвистическая школа, в которую вошли Роман Якобсон и Сергей Трубецкой; её открытия использовались структурной антропологией Леви-Стросса; признание «примата языка над мыслью»[706] привело к тому, что догмат *самопрозрачного* субъекта Я, его сознания и субъектности оказались поверженными. По мнению Катаржины Гурчиньской-Сады, которая обращается к критике интроспекции, проделанной Витгенштейном, «концепция изолированного существования и самопрозрачной субстанции есть философская фикция»,[707] то есть в том именно смысле, в каком Сартр писал о невозможности конституирования человеческого бытия иначе, как «бытия-в-паре-с-другим».[708] Человек — не одинокая монада, он существует только в паре.

---

[705] *Витгенштейн Людвиг.* Философские исследования / Пер. и прим. Л. Добросельского. — М.: АСТ, 2018, с. 3.

[706] *Kowalczyk S.* Człowiek w myśli współczesnej. Filozofia współczesna o człowieku. — Wrocław: Michalineum, 1990, s. 143.

[707] *Gurczyńska-Sady K.* Człowiek jako słowo i ciało. — Kraków, 2013, s. 20.

[708] *Сартр Ж. П.* Бытие и ничто: Опыт феноменологической онтологии / Пер. с фр., предисл., примеч. В. И. Колядко. — М.: ТЕРРА — Книжный клуб; Республика, 2002. Раздел 4 Взгляд. С. 276.

Однако слишком мало или почти совсем не уделяется внимания в работах той роли, какую в этом процессе сыграло творчество Достоевского, которое открывает в человеке глубины, не снившиеся картезианцам в том смысле, что имеет Кшиштоф Помян: «Есть определённые границы понимания человеческой сущности. Вполне возможно, что какие-то вещи мы не поймём никогда. Я тут — антикартезианец. Я убеждён, что человек не может быть прозрачным для себя самого ни как индивидуальность, ни в глобальном масштабе. Иногда мне приходит в голову, что это было бы даже очень хорошо, если бы мы себя до конца не понимали. Что было бы, если бы мы себя во всём поняли? Вот испугались бы!».[709]

Да, Бахтин подчёркивал, что Достоевский создал новую форму романа, полифоническую форму. Вместе с тем его теория романа формулирует основы для постановки вопроса о концепции субъекта, сложившейся в истории современной философии, то есть, как пишет французский герменевтик, «учреждения»[710] Cogito как символа современной субъектности. Отсюда со всей уверенностью можно отстаивать мнение, что субъект мира Достоевского являет собой антитезу западноевропейской философской традиции, в частности картезианской и посткартезианской. И если в «герменевтике себя»[711] (Поль Рикёр) формула cogito ergo sum (*лат.*) — *я мыслю, следовательно, я есмь* выражает программу автора «Рассуждений о методе» (1637) и современной ему философии, то позицию писателя наиболее точно призваны выразить слова: amo ergo sum (*лат.*) — *я люблю, следовательно, я есмь*. Субъект Достоевского является в современном смысле не эпистемологическим субъектом, а субъектом этической ответственности. Это субъект в том значении, в каком Левинас в разговоре с Филиппом Немо, ссылаясь на автора «Идиота», сказал: «Я могу заменить любого, но никто не может заменить меня. Такова моя неотъ-

[709] http://kobieta.gazeta.pl/kobieta/56,107881,20821697.html

[710] *Рикёр П.* Я-сам как другой / Пер. с франц. — М.: Издательство гуманитарной литературы, 2008 (французская философия XX века).

[711] *Там же.* С. 32.

емлемая идентичность субъекта»,[712] приведя известное высказывание Достоевского: «Все люди ответственны один за других, и я больше всех других», — на которое он ссылается в разных работах, в данном случае иллюстрируя свой тезис: «В действительности я ответствен за другого даже тогда, когда он совершает преступление».[713]

Феноменологически проблема познания Другого основана на том, что между Я и Другим господствует своеобразная ассиметрия. Другой предшествует мне. В этой ситуации, пишет Рикёр, «феноменология даёт два варианта, открыто противостоящие этой изначальной асимметрии, в которых в качестве полюса референции выступает либо „я“, либо другой; один из них — позиция Гуссерля в „Картезианских размышлениях“, остаётся позицией феноменологии восприятия, теоретическим подходом; другой вариант, позиция Левинаса в работах „Тотальность и бесконечное“ и „Иначе, чем быть, или по ту сторону сущности“, является откровенно этическим и, как следствие, сознательно анти-онтологическим».[714]

В таком контексте концепция Другого у Достоевского должна быть противоположна трансцендентальному идеализму Гуссерля, у которого Другой, как ни посмотри, — всегда только аналог моему Я, интенциональный объект моего сознания или смысл, конституированный трансцендентным сознанием.

И не удивительно, что в концепции «интермонадического сообщества» Гуссерля (в котором «заключено *взаимное бытие друг для друга»* — курсив источника)[715] мышление о Другом становится своего рода трансцендентальной эгологией, без надежды достичь Другого как именно Другого.

А между тем, как для Достоевского, так и для Левинаса, Другой всегда первоначален в отношении сознания, а не только

---

[712] Цит. по: *Lévinas E.* Etyka i nieskończony. Rozmowy z Ph. Nemo / Przeł. B. Opolska-Kokoszka. — Kraków: Wydawnictwo Naukowe Papieskiej Akademii Teologicznej w Krakowie, 1991, s. 57.

[713] *Левинас Эммануэль.* Избранное. Тотальность и бесконечное. С. 359.

[714] *Рикёр Поль.* Путь признания: три очерка. — М.: Российская политическая энциклопедия, 2010, с. 148.

[715] *Гуссерль Эдмунд.* Картезианские размышления / Пер. с нем. Д. В. Скляднева. — СПб.: Наука, 2001, с. 240–250.

конституирован сознанием, что мы открываем в этическом сообщении (у Левинаса в Эпифании Лица). «Эпифания» — ключевой термин философии Левинаса — не сознательностное представление, а припоминание этическое. Такого рода переспективу, то есть именно этического характера, и преследует Достоевский. У Гуссерля познание Другого осуществляется путём аналогии, но аналогия может только расти, никогда не достигая Другого.[716] Однако чтобы такое осуществить, необходим выход за пределы онтологии, что, по сути, и осуществляют как Левинас, так и Достоевский, и нет ничего удивительного в том, что именно в идее русского писателя об «ответственности одного за других» французский философ нашёл исходную точку для выхода к своей метафизике как этике.

Субъект Достоевского, выражаясь языком постмодернизма, предстаёт жидким (liquid), ризоматическим, рассеянным и всегда нетождественным самому себе. По словам Мити Карамазова, «Нет, широк человек, слишком даже широк, я бы сузил»,[717] себя ему не объять. Как пишет Рикёр, «Фрейд, говорили мы, заменяет бытие сознания (*Bewusstsein*) становлением сознания (*Bewusstwerden*)».[718] «Я есть, но каков я тот, который есть? Вот этого-то я больше и не знаю. Иными словами, рефлексия утратила уверенность сознания».[719]

При этом надо заметить, что, независимо от критики сознания, предпринятой *мастерами подозрений*, в мире Достоевского речь на этом, пожалуй, не заканчивается, писатель показывает, что то, «что я есть, столь же проблематично, как аподиктично *то, что я* есть».[720] Для него, считает польский исследователь Дамиан Михаловский, тетичность cogito A=A есть только логичной, то есть пустой и нематериальной. У Достоевского иначе, чем у Декарта, а посему не могу никоим образом иден-

[716] *Поль Рикёр.* Путь признания: три очерка. С. 149–150.
[717] *Достоевский Ф. М.* Братья Карамазовы / Указ. соч. — Т. 14, кн. 3, глава 3, с. 100.
[718] *Рикёр П.* Конфликт интерпретаций. Очерки о герменевтике / Пер. с франц. И. С. Вдовиной. — М.: Канон-Пресс ц. Кучково поле, 2002, г. 304 (Вопрос о субъекте. Вызов семиологии).
[719] *Там же.* С. 305.
[720] *Там же.*

тифицировать себя до предела.[721] У автора «Идиота», отмечает Бахтин, «человек никогда не совпадает с самим собой. К нему нельзя применить формулу тождества: А есть А».[722] Более того, по Достоевскому, «подлинная жизнь личности совершается как бы в точке этого несовпадения человека с самим собою, в точке выхода его за пределы всего, что он есть как вещное бытие, которое можно подсмотреть, определить и предсказать помимо его воли, „заочно". Подлинная жизнь личности доступна только диалогическому проникновению в неё, которому она сама ответно и свободно раскрывает себя».[723] Известная ясность Декарта становится мифом.[724]

Мысль Габриэля Марселя, который противопоставлял «проблему» тому, что называл «тайной»,[725] помогает точнее уяснить, что в мире Достоевского Я знаю себя только как неизвестного, как тайну, и могу лишь себя выражать, но никогда не смогу выразить себя до конца, чтобы раз и навсегда закрыться в некоей окончательно познавательной формуле. Ещё Гераклит писал: «Идя к пределам души, их не найдёшь, даже если пройдёшь весь путь: таким глубоким она обладает логосом», — и это высказы-

---

[721] *Michałowski D.* Ambiwalencja i Tajemnica. Wokół antropologii filozoficznej Dostojewskiego. — Logos i Ethos. — Lublin, 2015, № 1, s. 7–24.

[722] *Бахтин М. М.* Проблемы творчества Достоевского. Проблемы поэтики Достоевского. С. 266.

[723] *Там же.*

[724] *Визгин В. П.* Декарт: ясен до безумия / *В. П. Визгин.* На пути к Другому. От школы подозрения к философии доверия. — М.: Языки славянской культуры, 2004, с. 162.

[725] «„Жизнь — это не проблема, которую нужно решить, а тайна, которую нужно прожить", — этот афоризм приписывают французскому философу-экзистенциалисту Габриэлю Марселю». — См.: *Марсель Габриэль.* О разбитом мире и смысле жизни. — социум, наука, новости технологий. https://ari.org.ru/gabriel-marsel-o-razbitom-mire-i-smysle-zhizni/ ср.: «я склонен отрицать подлинно философское качество за каждым произведением, в котором нельзя распознать то, что я называю „ожогом от реальности" (la morsure du reel)». — см.: *Марсель Габриэль.* Опыт конкретной философии. — М.: Республика, 2004, с. 52. см. также: *Marcel G.* od sprzeciwu do wezwania / Przeł. S. Ławicki. — W-wa: Instytut Wydawniczy PAX, 1965; *Podsiad A.* Gabriel Marcel, czyli próba chrześcijańskiego egzystencjalizmu / *A. Podsiad.* G. Marcel. Homo viator / Przeł. P. Lubicz. — W-wa: Instytut wydawniczy Pax, 1984, s. 299. Ср: «Я склонен отрицать подлинно философское качество за каждым произведением, в котором нельзя распознать то, что я называю „ожогом от реальности" (la morsure du reel)». — См.: *Марсель Габриэль.* Опыт конкретной философии. С. 52.

вание древнего мудреца можно считать кредо самого Достоевского.

Суммируя сказанное в этой главе, можно смело заявлять, что Достоевский в своём творчестве, независимо от *мастеров подозрений*, поставил проблему «ложного сознания», «фальшивого сознания». Одновременно с тем, однако, что невозможно найти у его западных последователей, он указал пути его «очищения».

ЗЕРКАЛО И ИКОНА

Человек Достоевского смотрит в себя, как в бездну, его определяет «открытость бездне», по словам Григория Померанца. Глядя в себя, он становится для себя известным и неизвестным. Сам у себя вызывает чувство изумления, восхищения и одновременно отвращения.

Именно такой — анатомический и вместе с тем психоаналитический смысл несёт в мире Достоевского мотив зеркала. Его герой смотрит в зеркало, но видит не себя, а лишь своё карикатурное отражение. Противоположным мотивом зеркалу, по мнению В. Подороги, выступает икона, которая затуманивает всегда непрозрачный для человека его собственный образ.[726] Зеркало, считает российский исследователь, уже в силу самой своей материальности обманывает, вводит в заблуждение, не говорит правду. Как пишет Подорога, «тот, кто смотрит на меня из зеркала, — не я, а Другой, „мой враг“, ибо он своим явлением разрушает порядок образов, какими я пытаюсь себя защитить, чтобы удержать телесную и психическую идентичность, не допустить раздвоения».[727]

Икона, как противоположное зеркалу, полагает Подорога, «это не просвет или „окно“, получающее транцендентальный статус благодаря позиции или точке зрения. Поэтому то, что в ней явлено, указывает путь к тому, что не явлено. Другими словами, икона делает видимым невидимое, открывая взгляду <...> созерцательную бесконечность светового пути. Взгляд, со-

---

[726] *Подорога В. А.* Рождение двойника... С. 482.
[727] *Там же.* С. 482.

зерцающий икону, <...> восходит к бесконечному, не задерживаясь в ощутимой плотности живописного образа».[728]

По мнению Бернгарда Вальденфельса, «зеркало всегда ставит нас перед образом, в котором мы себя узнаём и одновременно не узнаём: смотрящий не сливается с тем, на кого смотрит. Ужас от собственного вида в зеркале или на фотографии, который в исключительных случаях может довести до самоубийства, был бы не понятен, если бы „я" был просто „я", или „я" мог бы всегда к себе самому целиком вернуться. Я встречаю себя во взгляде Другого. Часто любят приводить высказывание Вергилия (Буколики, Эклога 4) „risu cognoscere matrem" — *„Мальчик, мать узнавай и ей начинай улыбаться"*,[729] что одновременно означает „cognoscere se ipsum" (*лат.*) — и начинай „познавать самого себя".[730]

Для иллюстрации своего тезиса Вальденфельс приводит событие, понимание которого поучительно в свете феноменологии Другого, а также Инаковости в мире Достоевского. Речь идёт о любопытном происшествии, случившемся с Эрнстом Махом. Эту историю он рассказывает так: «Однажды, после трудной ночной поездки по железной дороге я садился в омнибус, как в тот же момент с противоположной стороны в него поднимался другой человек. „Что за измученный профессор сюда заходит?", — подумал я про себя. „Так это же был я сам! А напротив меня — большое зеркало. Мой типичный вид профессора был мне знаком более, чем мой собственный"».[731] Выражаясь по-феноменологически, Эрнст Мах прежде чем разглядеть себя и своё «Лицо», увидел свой «вид» — то, как он выглядит социально, то есть то, на что смотрят, как на вещь, но не как на людей.

---

[728] *Там же.*

[729] *Вергилий.* Буколики. Георгики. Энеида / Перевод с лат. С. В. Шервинского. Коммент. Н. А. Старостиной. — М.: Художественная литература, 1979, строка 60.

[730] Цит. по укр. переводу: *Вальденфельс Бернгард.* Топографія Чужого. Студії до феноменології Чужого / Переклад з німецької В. І. Кебуладзе. — Київ: ППС-2002, 2004, с. 24–25.

[731] *Там же.* С. 24.

Описанное происшествие ещё раз подтверждает, что рикё-ровский «путь признания» всегда есть и путь встречи с Другим, Иным. Пример в случае с Эрнстом Махом в зеркале показывает, что за Другим я вижу себя как определённый «вид» с точки зрения стереотипа, эдакого «учителишки». Главная же проблема, представляется, в том, что Я не могу увидеть себя иначе, нежели «глазами Другого», Я вижу себя только «во взгляде Другого».[732]

Я И ДРУГОЙ: *ДВОЙНИК*

Заявленная тема великолепно представлена в повести Досто-евского «Двойник», её герой, титулярный советник Яков Петрович Голядкин, всё своё время посвящает тому, чтобы узнать, что думают о нём другие, к которым он, в силу своего высокого чиновничьего положения, привык относиться надменно. Его превосходство в отношении иных людей выражают используемые им пренебрежительные определения: «людишки» или «мальчишки».[733] Он упрекает их в том, что надевают на себя «маски». Его экзистенциальный парадокс состоит в том, что он может стать Собой не иначе, как посредством «других», «маленьких», то есть тех, кого он презирает.

В мире Достоевского человеческое сознание всегда идеологизировано, и это сохраняется в речи, обращённой к другому. По наблюдениям Бахтина, «рассказывает же повесть о том, как Голядкин хотел обойтись без чужого сознания, без признанности другим, хотел обойти другого и утвердить себя сам, и что из этого вышло».[734]

---

[732] «В зеркале я вижу себя не искажённо (как бы я мог измерить такую искаженность?), но я вижу себя глазами Другого. Идентичность, возникающая в отражениях, в итоге — в зеркале чужого взгляда, всегда будет оставаться разбитой идентичностью. Другой же видит меня там, куда мой взгляд не достигает. Он видит меня так, как я сам себя никогда не вижу». — *Там же.* С. 128.

[733] «И что всякий мальчишка, не только аптекарский, перед порядочным человеком нос задирает теперь». — *Достоевский Ф. М.* Двойник / Указ. соч. — Т. 1, с. 119.

[734] *Бахтин М. М.* Проблемы творчества Достоевского. Проблемы поэтики Достоевского... С. 116.

Запрещая правде в необходимости признания в глазах «другого», как бы вопреки себе самому, всем своим поведением он, получается, эту правду подтверждает: по сути, Голядкин, подобно герою «Записок из подполья»,[735] обнаруживает «невозможность избегнуть напряжённого отношения к чужому сознанию».[736]

Мысль о том, что о нём думают другие, следует за ним по пятам, как его собственная тень, приводя его к аутодеструкции, а защитные механизмы, какие он получает, оказываются не только недееспособными, но даже деструктивными, и прежде всего для него самого.

В конечном итоге, презирая других, он пренебрегает собой как человеком и сам же себя уничтожает, ибо только через других — сколь ни были бы они «мизерны», он вообще «есть». В мире Достоевского как бы ни было «мало» это Ты, оно всегда н а и б о л ь ш е е — только через не «е с т ь». Сущность моего человеческого бытования заключена в sursum — *выше,* а не в sum (*лат.*) — я. Такое именно значение, повторим ещё раз, имеет формула Достоевского: tu es ergo sum. «Быть» — значит быть в причастии, в диалоге. «В этом, считает Бахтин, Достоевский противостоит всей декадентской и идеалистической (индивидуалистической) культуре, культуре принципиального и безысходного одиночества. Он утверждает невозможность одиночества, иллюзорность одиночества. Само бытие человека (и внешнее и внутреннее) есть глубочайшее общение. Быть — значит общаться. <...> Быть — значит быть для другого и через него — для себя».[737] Чтобы быть, резюмирует диалогик, нужно быть для кого-то. Чтобы быть, «я не могу обойтись без другого, не могу стать самим собой без другого». Чтобы быть, «я должен найти

---

[735] Подобно тому, «как рассказ „Двойника" отражал внутреннюю речь Голядкина», у которого «разрушение своего образа в другом, загрязнение его в другом как последняя отчаянная попытка освободиться от власти над собой чужого сознания и пробиться к себе самому для себя самого — такова, действительно, установка всей исповеди человека из подполья». — *Там же.* С. 137.

[736] *Там же.* С. 448.

[737] *Бахтин М. М.* Проблемы творчества Достоевского. Проблемы поэтики Достоевского. С. 186–187.

себя в другом, найдя другого в себе» способом «взаимоотражения, взаимовосприятия».[738]

Именно на таких «зеркальных» примерах Достоевский демонстрирует, что человек явится себе самому сначала как неизвестный, и лишь потом как тот, кого он знает, ибо самопознание — процесс долгий, и его функционирование обязано исключительно общению с Другим. Иного пути в мире Достоевского для человека просто не существует. К самопознанию и самосознанию, более того — к Правде о себе, никогда не приводил одинокий взгляд вглубь себя, но лишь при посредничестве Другого. «Только в общении, во взаимодействии человека с человеком раскрывается и „человек в человеке“, как для других, так и для себя самого».[739]

Рисуя феномен Другого, или инаковости, Достоевский, однако, далёк от построения, если можно так выразиться, «гетерологической» утопии. Достоевский одновременно как бы обращает взгляд и на ту сферу, которую, согласно Сартру, можно было бы назвать адом других (тут подтверждается одновременно и сказанное старцем Зосимой из «Братьев Карамазовых», что «становлюсь врагом людей, чуть-чуть лишь те ко мне прикоснутся»[740]). Показывая же, что человек не может смотреть на себя самого иначе, чем «глазами другого», он в то же время видит, что подобная неизбежность может стать человеческим адом.

Проведённый Сартром анализ этого понятия в работе «Бытие и ничто» подтверждает открытие, сделанное Артюром Рембо: «ибо Я — это некто другой» (JE est un autre).[741] У сознания «я» не аутономическая, а гетерономическая (слабовольная) природа: «другой» — это не только «не Я», некто вне меня, «другой» — это и тот, кого я обнаруживаю в себе самом. Расщепление, или

---

[738] *Бахтин М. М.* Эстетика словесного творчества. Издание второе. — М.: Искусство, 1987, с. 330.

[739] *Бахтин М.* Проблемы поэтики Достоевского. С. 169.

[740] *Достоевский Ф. М.* Братья Карамазовы / Указ. соч. — Т. 14, с. 53.

[741] Высказыванию предшествует оговорка: «Став истинным поэтом, человек больше не волен не быть медиумом». См.: Письма ясновидца и «Пьяный корабль». Статьи «Артюр Рембо. Письма ясновидца и „Пьяный корабль“». http://www.litguide.ru/liconts-181–1.html

многообразие, «я», испытанное Голядкиным, которому, в итоге, является своё другое «я», его «Двойник» — как органичная часть его собственной личности — тема многих современных писателей. Обратился к ней, между прочим, Август Стринберг в драматической трилогии «Путь в Дамаск»,[742] и в автобиографических записках психофизического эпизода из «Инферно». Прибавим к этому, что «отец» *искусства подозрений* Ницше видел в «я», «индивидуальности», не только своего рода метафизическую ошибку, преувеличение философов-«догматиков», но и просто фикцию.[743]

ДРУГОЙ — ЭТО Я САМ?

В мире Достоевского человек — «существо пограничное»,[744] которое нуждается в определении, обозначении границ и их преодолении. Человек в таком понимании исполняется в зависимости от того, как он относится к тому, что есть Другое. Поставленный диагноз одновременно подтверждает мнение М. Фуко, что человек может представлять себя только посредством неуверенности и отличий, что наука о человеке, в итоге, оказывается неполной и незаконченной, на веки распятой между правдой и заблуждением, между тем, что помыслено и не помыслено.[745] Словом, человек — это не единство, а различия.

---

[742] «Говорит Незнакомец: „Я не смерти боюсь, но одиночества, ибо в одиночестве человек кого-то встречает. Не знаю, то ли я кого-то другого ощущаю, то ли себя самого, но в одиночестве, я не чувствую себя совершенно одиноким. Воздух густеет, воздух растёт, и начинают расти существа, их не видно, но чувствуется, что они живые"». Цит по: *Strindberg A.* Do Damaszku / *A. Strindberg.* Dramaty / Przeł. Z. Łanowski. — Wrocław: BN № 185, seria II, 1977, s. 349–350. «Я никогда не бываю менее одиноким, чем тогда, когда я один». (Высказывание приписывается Цицероном Катону Старшему). См. также: *Krasicki J.* Ślady Niewidzialnego / *J. Krasicki.* Przeciw nicości… S. 72.

[743] Цит. по: *Eagleton T.* Kultura a śmierć Boga. S. 160.

[744] Цит. по: *Waldenfels B.* Podstawowe motywy fenomenologii obcego. — W-wa: Oficyna Naukowa, 2009, s. 11.

[745] *Фуко Мишель.* Слова и вещи. Археология гуманитарных наук / Пер. с фр. Часть первая — В. П. Визгин. Часть вторая — Н. С. Автономова. — СПб.: A-cad, 1994, c. 333–363.

При этом, однако, следует помнить, что в мире Достоевского «другие» и «Другой» — две разные, не совместимые друг с другом и даже противопоставленные друг другу категории. «Другой» — что нельзя сказать о безличностной и аморфной массе «других» — это кто-то, а не что-то. Тот, к кому я могу обратиться лично, доверительно, именно, как к Ты. Тогда в таком значении «Другой» не только Чужой и Неприятель, но также и Друг, и неслучайно Жак Деррида обратил внимание на то, что только в русском языке «Другой» — это и друг.

Достоевский показал, что лишь при встрече с другим человеком мы открываем, что человек есть тайна, а встреча с Другим являет нам самим себе себя. И если Ницше писал, что «мы по необходимости остаёмся чуждыми себе, мы не понимаем себя, мы должны путать себя с другими, извечным пребывает для нас положение: „Каждый наиболее далёк самому себе“ — в отношении самих себя мы не являемся „познающими“»,[746] то в мире Достоевского вся сила правды обнаруживает себя не посреди «ледяных пик» (Ницше), но в произнесённом и при встрече.[747]

В свою очередь Макс Шелер, отмечая, как «глубоко сказано» Ницше — «Каждый наиболее далёк самому себе», добавляет: «Именно поэтому на практике он „себе самый близкий“»,[748] тогда как у Достоевского тем, кто мне самому как таковой являет себя, и есть в нас тот Другой, Ты, Иной.

В мире Достоевского Иной не только является мне передо мною самим, но и становится условием моего существования. Существовать для человека — это не только быть бытием, но быть в диалогическом соглашении, а потому диалог в мире Достоевского не есть, как говорил Бахтин, обычный сюжетный диалог. Это диалог экзистенциальный. Он пишет: «Я осознаю себя и становлюсь самим собою, только раскрывая себя для другого, через другого и с помощью другого. Важнейшие акты, конституирующие самосознание, определяются отношением

---

[746] *Ницше Фридрих.* К генеологии морали. Полемическое сочинение / *Фридрих Ницше.* Избранные произведения / Пер. с нем. К. А. Свасьяна. — СПб.: Азбука-классика, 2003, с. 595.

[747] *Węgrzecki A.* Wokół filozofii spotkania. — Kraków: Wydawnictwo WAM, 2014.

[748] Цит. по: *Scheler M.* Istota i formy sympatii /Przeł. A.Węgrzecki. — W-wa: Państwowe Wydawnictwo Naukowe, 1980, s. 375.

к другому сознанию (к „ты"). Отрыв, отъединение, замыкание в себя как основная причина потери себя самого».[749]

Диалог в мире Достоевского, подчёркивает Бахтин, основан на отказе от всякого рода идеализма и монадизма. Поэтому в мире писателя «никакие человеческие события не развёртываются и не разрешаются в пределах одного сознания». Здесь, по мнению Бахтина, и находится причина неприятия Достоевским таких мировоззрений, которые стремятся к «растворению сознаний в одном сознании»,[750] а таковым является сознание любого идеализма. Сознание индивидуалистично: одно сознание — contradictio in adiecto (*лат.*) — *внутреннее противоречие,* то есть, согласно Бахтину, «сознание по существу множественно» — pluralia tantum (*лат.*) — *только во множественном числе.*[751] «Не принимает Достоевский и таких мировоззрений, которые признают право за высшим сознанием брать на себя решение за низшие, превращать их в безгласные вещи».[752]

Словом, это не одно единственное всеобщее Сознание, одно — абсолютное Я, диалектика Я и не-Я[753] в стиле немецкого идеализма (Кант, Фихте, Гегель), а диалогически мне рав-

---

[749] *Бахтин М. М.* Проблемы творчества Достоевского. Проблемы поэтики Достоевского. С. 186.

[750] *Там же.* С. 187.

[751] *Там же.*

[752] *Там же.*

[753] По этой причине трудно согласиться с интерпретацией Бога у Достоевского, представленной И. И. Евлампиевым. Российский исследователь противопоставляет одна другой как бы две версии прочтения Евангелия: «исковерканную» — Павла и «неисковерканную» — Иоанна. Обе они воспринимают Бога в мире Достоевского через отнесение к традиции Иоанна Богослова, основанной на Фихте. Однако такое толкование приводит к тому, что Бог в сочинениях Достоевского становится неопределённой «божескостью» (Gottheit), но никак не диалогическим Ты, по существу, в терминологии немецкого идеализма, являет себя себе самому, (Selbstofferbarung). В таком понимании тщетно искать диалогику в библейском смысле, философии диалога, или бахтиновском, ибо Иным Бога есть Он Сам. Непросто говорить о диалогичном Явлении, которое учреждает Явление являющегося, или Того, которому Являющийся являет себя, и которое закладывает диалогическое Я и Ты (М. Бубер). Трудно также признать, особенно в свете работ Бахтина, к которым Евлампиев относится подчёркнуто отрицательно, что сам писатель согласился бы с подобной трактовкой своего произведения. — См.: *Евлампиев И. И.* Философия человека в творчестве Ф. Достоевского… с. 330 и далее.

ный Другой выводит меня из онтологической пустоты. Поэтому же и Другой, а не какое-то синтетическое сознание, вырывает меня из эгологического порядка, то есть одновременно порядка онтологического и монологического, и ведёт к порядку этическому. Это благодаря Другому возникает, в левинасовском значении, учреждённая единая в космосе установка — этическая установка. Такая установка одновременно учреждает мою субъектность, а также ответственность, которая, по сути, является ответственностью за Другого. Благодаря ей я выхожу за пределы онтологического порядка, просто оказываюсь «вне бытия».[754]

В этом смысле как же загадочно, а вместе с тем и неожиданно звучат приводимые выше слова, которые в одном из писем написал семнадцатилетний Рембо: «Я — это кто-то другой»[755]! Другой, писал Левинас, во мне возник раньше, чем встреча с ним. А потому не есть ли так, что он являет мне меня самого? И не тот ли он, которого я ещё не знаю и который всегда передо мной? Не есть ли так, что Достоевский, познавая нас с Другим, познаёт нас именно с самими собой, с нами самими, являет нам самих себя такими, какими мы себя не знаем? В таком случае Иной-Другой — не сам ли я как Тот, которого ещё не знаю? А если так, пришло время с Ним познакомиться.

---

[754] *Левинас Эммануэль*. От существования к существующему / *Эммануэль Левинас*. Избранное. Тотальность и бесконечное. С. 7. Ср.: «Платоновская формула, ставящая Благо вне бытия, (...) означает, что сама направленность существующего к Благу является не трансценденцией, (...) а исходом из бытия и описывающих его категорий, — экс-ценденцией» / Пер. с фр. Н. Б. Маньковской.

[755] *Rimbaud A.* Listy Jasnowidza. S.122–123.

Богословие «У-Бога»

БОГОСЛОВИЕ КАК ОТРИЦАТЕЛЬНОЕ БОГОСЛОВИЕ

Не существует, утверждает Бачинин, одной модели теологии Достоевского.[756] Что бы о ней, однако, ни говорили, нельзя оспаривать тот факт, что эта теология-богословие — явление специфическое, а точнее, как бы это выразиться, атеология (в православии — отрицательное богословие). Даже если учесть, что, по мнению Бердяева, Достоевский «беден в теологии, но богат лишь в антропологии. Бога раскрывает он лишь в своих антропологических исследованиях. Глубоко поставлен у Достоевского лишь вопрос о человеке».[757] Это мнение автора «Философии свободы» можно развернуть парадоксально — прямо наоборот: как Достоевский «беден» в теологии, он точно так же и богат теологически.

Бедность может быть и богатством. Бедность ведь бывает по нищете, и бедность — по выбору, и неслучайно Майстер Экхарт предостерегает, что теологический «Бог» может стать самым большим препятствием на пути... к Богу. И может быть поэтому в своей проповеди на тему слов, сказанных в Евангелии от Матфея о «нищих духом» (Beati pauperes spiritu, quoniam ipsorum est regnum caelorum, Мф 5:3), немецкий мистик просит Бога, чтобы Тот «освободил его от „Бога"»[758]: новым христианам даже возбранялось иметь Бога, ибо иметь Бога — это иметь что-то,

---

[756] *Бачинин В. А.* Теология, социология и антропология литературы (Вокруг Достоевского). С. 151.

[757] *Бердяев Н. А.* Откровение о человеке в творчестве Достоевского...

[758] *Экхарт Майстер.* Трактаты. Проповеди. — М.: Наука, 2010.

но не Его самого. Одновременно это и не быть действительно «бедным», то есть «у-богим», что значит — не быть «у-Бога», согласно народной этимологии польского слова «ubogi» («убогий», «бедный» по-русски).[759] Подобным образом выстраивается в целом «теология» Достоевского. Такой вот «у-Богий» его Бог.

Достоевский хоть и был «беден в теологии», как мало кто вник во впечатляющий смысл истины Воплощения. В творчестве автора «Идиота» образ человека представляется провокационным, однако писатель и не стремится создавать другой образ Бога. Зерно правды в том, что он никогда не отделяет одно от другого: и то, что божеское, не отделить у него от человеческого. Присутствие Бога в сочинениях писателя ощутимо, как ветерок, которого не видно, но мы им дышим. Он так близко, что Бог писателя кажется совершенно незаметным, будто Его и нет вовсе. Бог Достоевского слишком близко потому, что слишком далеко.

Откуда известно, что любимым Евангелием у писателя было Евангелие от Иоанна?[760] И однако это Евангелие в его сочинениях представляет собой не богословское евангелие, оно иначе, чем в традиции Церкви, показывает чудеса, и тот ошибается, кто станет искать Иисуса Достоевского в его вдохновенной, а иногда гностической символике.[761] Если же попытаться провести мысленный эксперимент и перенести писателя в евангельские времена, к удивлению и разочарованию многих мы его найдём не среди учёных Писания, а в толпе страждущих знака.

---

[759] Ср.: убóгий: *укр. убогий, др.-русск.* оубогъ (бедный, нищий, увечный), *старослав.* оубогъ, *греч.* πτωχός, *болг.* убóг, *сербскохорв.* ȳбог, *словен.* ubôg, *чеш.* ubohэ, *слвц.* úbohý, *польск.* ubogi. Синонимично *цслав.* небог, «бедный», образовано с приставкой u— (у). От утраченного *богъ* «богатство» исходно — «лишённый богатства». См. *Фасмер М.* Этимологический словарь русского языка в 4 тт. — М.: Прогресс, 1987, т. 4, с. 143. — *Прим. переводчика.*

[760] Известно, что Достоевский отмечал в Святом Писании особо важные для него места. «Число отметок, какие делал Достоевский во время чтения четвёртого Евангелия, Евангелия от Иоанна, — пишет Адам Безвиньский, — подтверждает его исключительное место в Православии, а также и тот факт, что писатель особо выделял это Евангелие. Относительно давно закрепилось убеждение, что Евангелие от Иоанна — «русское Евангелие», а, следовательно, Православие является «Иоанновым христианством». — См.: Nowy Testament Fiodora Dostojewskiego. S. 71.

[761] *Mędala S.* Chrystologia Ewangelii św. Jana. — Kraków: Instytut Teologiczny Księży Misjonarzy, 1993, s. 21 i nn/

Иисус Достоевского — Иисус из синоптических Евангелий, Иисус чудес, или, по словам С. Булгакова, «целитель человечества».[762] Тот Самый, кто для писателя был чудом из чудес с точки зрения истории человечества и мира, выше Которого, как писал он в письме к «очень религиозной» женщине,[763] жене бывшего декабриста, Наталье Фонвизиной, «нет ничего прекраснее, глубже, симпатичнее, разумнее, мужественнее».[764]

Сам писатель говорит об этом прямо: «На свете есть только одно положительно прекрасное лицо — Христос, так что явление этого безмерно, бесконечно лица уж, конечно, есть бесконечное чудо. (Всё Евангелие от Иоанна в этом смысле); он всё чудо находит в одном воплощении, в одном появлении прекрасного».[765]

Изображение чудес Иисуса, известных из Писаний синоптиков, было намечено и в «Братьях Карамазовых», в сцене первого чуда, какое продемонстрировал Иисус в Канне Галилейской, когда «Не горе, а радость людскую посетил Христос, в первый раз сотворяя чудо, радости людской помог...».[766] И сделал это не для «мира», а, читаем, на «радость, радость каких-нибудь бедных, очень бедных людей...» — тех, что жили в галилейском крае, где прошло Его детство.

Иисус Достоевского — скорее, из галилейских деревень, местечек, рыбацких посёлков берегов Генисарета, чем произносимый ex cathedra (*лат.*) — *с кафедры* Христос Иоанновых ...логий. В то же время, мы знаем, что учёные по сей день ведут споры по поводу установления канонов этого, столь реалистического, нарративного «богословия» синоптиков, сосредоточившихся не на теологических прокламациях, а на поступках Спасителя. Подобно этому и внимание писателя представляется сконцентрировано не на сглаживании богословских проблем, а на са-

[762] *Булгаков С. Н.* Софиология смерти / С. Н. Булгаков. Тихие думы. С. 297.

[763] *Достоевский Ф. М.* Письма. <Письмо 90. К Н. Д. Фонвизиной. Конец января — 20-е числа февраля 1854. Омск> / Указ. соч. — Т. 28, кн. 1, с. 176.

[764] *Там же.*

[765] *Достоевский Ф. М.* Письма <Письмо 332. К С. А. Ивановой. 1(13) января 1868 г. Женева> / Указ. соч. — Т. 28, кн. 2, с. 251.

[766] *Достоевский Ф. М.* Братья Карамазовы. Ч. 4. Кана Галилейская / Указ. соч. — Т. 14, с. 326.

мой фигуре Христа. Иисус из Назарета для него не был богословом. Если к кому из Евангелия и можно было бы отнести это определение, то это к тем, кто подвергал Христа испытаниям, — к фарисеям и ученым-законодателям. В этом смысле богословом для Достоевского является также и великий инквизитор из поэмы, перечёркнутой рукой Ивана Карамазова.

В синоптических Евангелиях мало богословия, но много жизни, повседневности, насыщенной реалиями еврейского Sitz im Leben (*нем.*) — *местечка в жизни*,[767] да и сам Достоевский видит Иисуса именно из синоптических Евангелий. Даже в сцене Каны Галилейской из романа «Братья Карамазовы» нет и намёка на богословскую лекцию, только реализм позиции Спасителя, оказавшегося в неловкой ситуации не столько по причине человеческой духовности, сколько материальной нищеты. Достоевский не забирается по ступеням богословских спекуляций, а, скорее, подчёркивает феномен смирения перед человеком Бога, склонившегося над ним, а если выражаться по-богословски — таков был Его кенозис.[768]

Поучительны здесь две реалистические сцены исцеления, отсылающие к Евангелию от Марка, которые предшествуют случившемуся и кончаются тем, что Христа ловят и увозят — в легенде о великом инквизиторе. Речь идёт об исцелении слепого в Вифсаиде (Мк 8, 22–26) и о воскрешении дочери Иаира. Эта

---

[767] См.: *Ratzinger Joseph*. Jesus von Nazareth. Beiträge zur Christologie. Band 6/2; Gnilka J. Jezus z Nazaretu / Przeł. z niem. J. Zychowicz. — Kraków: Znak, 2009; *Lohfink G.* Jezus z Nazaretu. Czego chciał. Kim był / Przeł. E. Pieciul-Karmińska. — Poznań, 2016; *Каспер Вальтер.* Бог Иисуса Христа (Серия: Современное богословие) / Пер. с нем. — М.: Библейско-богословский институт св. Апостола Андрея, 2005; *Каспер Вальтер.* Иисус Христос (Серия: Современное богословие). — М.: Библейско-богословский институт св. Апостола Андрея, 2005; *Мень Александр (протоиерей).* Сын Человеческий. — М.: Фонд имени Александра Меня, 1997; *Brandstaetter Roman.* Jezus z Nazarethu.. — Poznań: W drodze, tt.1–2, 3–4, 1996; *Флуссер Давид.* Иисус, свидетельствующий о себе / Пер. с нем. Константина Мамаева. — Челябинск: Урал LTD, 1999. — Книга написана по «живым источникам» профессором Иерусалимского ун-та.

[768] Кенозис — христианский богословский термин, взятый из Фил 2:7: «Уничижил [ἐκένωσεν] Себя Самого, приняв образ раба...». См.: *Копельников В. А.* Кенозис как творческий мотив у Достоевского / *В. А. Копельников.* Достоевский. Материалы и исследования / Ред. Н. Ф. Буданова, Г. М. Фридлендер. — СПб.: Наука, 1996, Т. 13. К 175-летию со дня рождения Ф. М. Достоевского.

сцена воссоздаётся показательно, с привлечением особо характерных цитат, придающих реализм ситуации, слов из арамейского оригинала, с какими совершающий чудо Христос обращался к той, что несли на носилках-катафалке: «талифа́ куми́», что значит: «девица, тебе говорю, встань» (Мк 5, 41).[769]

Поразительно и то, что Христос в сцене с великим инквизитором совершает чудеса в молчании. А говорить вскоре будет (причём, много и долго) некто другой, «это девяностолетний почти старик, высокий и прямой» и не «в великолепных кардинальных одеждах своих», в которые был облачён вчера, красуясь перед народом «ad majorem gloriam Dei» (*лат.*) — «*к вящей славе Господней*»,[770] а сегодня, когда он «в старой, грубой монашеской своей рясе».[771] «За ним в известном расстоянии следуют мрачные помощники и рабы его и „священная“ стража»,[772] все они наблюдают издали за действиями Христа, идут за Ним, не отступая от Него ни на шаг. Поразительно и то, замечает Данута Кулаковская, что в момент своего «появления» в Севилье пятнадцатого века Христос «подтверждает своё тождество повторением двух евангельских чудес»,[773] а не проповедуя своё учение. Радостное «Осанна!» в толпе и является спонтанным ответом на Его исполненные «в силе»[774] действия, а не на Его учение.

В свою очередь, в «Преступлении и наказании» приводится отрывок о чуде воскрешения Лазаря из 11-й главы Евангелия

---

[769] *Достоевский Ф. М.* Братья Карамазовы / Указ. соч. — Т. 14, кн. 5, глава 5 Великий инквизитор, с. 227.

[770] *Там же.* С. 226.

[771] *Там же.* С. 227.

[772] *Там же.*

[773] *Kułakowska D.* Dostojewski. Dialektyka niewiary. — W-wa: Książka i wiedza, 1981, s. 216.

[774] «Он появился тихо, незаметно, и вот все — странно это — узнают Его. Это могло бы быть одно из лучших сцен поэмы, то есть, почему именно узнают Его. Народ непобедимой силою стремится к Нему, окружает Его, нарастает кругом Него, следует за Ним. Он молча проходит среди них с тихою улыбкой бесконечного сострадания. Солнце Любви горит в Его сердце, лучи Света, Просвещения и Силы текут из очей Его и, изливаясь на людей, сотрясают их сердца ответною любовью. Он простирает к ним руки, благословляет их, и от прикосновения к Нему, даже лишь к одеждам Его, исходит целящая сила». — *Достоевский Ф. М.* Братья Карамазовы / Указ. соч. — Т. 14, с. 226–227.

от Иоанна, который читается Соней Мармеладовой, наставляющей «неверующего»[775] Раскольникова, как сама говорит о нём. И не это ли упорство, с каким он добивается чтения вслух данной евангельской сцены, как и его признание перед юристом и следователем Порфирием Петровичем в «буквальном» понимании воскрешения Лазаря,[776] станут знаком будущего воскресения Родиона Романовича Раскольникова?

Достоевского не занимает Евангелие от Иоанна в том смысле, в каком им занимаются богословы, «ученые-законодатели». Не занимается он и христологией. Писатель сосредоточен на самой личности Христа и Его поступках, он на стороне не богословов, а тех, кто «жаждет знаков», то есть остаётся в толпе, следующей за Спасителем, и, как она, сам следует за Иисусом. В сцене воскрешения Лазаря, увиденной глазами автора-повествователя, наблюдение опирается на «физическое доказательство»,[777] и это воздействует на слушателей Иисуса, среди которых нетрудно разглядеть самого писателя.

Совершенно очевидно, что в свете современной науки, в том числе и в области демифологизирующих понятий,[778] данная проблема не выглядит такой уж простой, как об этом рассказывает евангельский повествователь. И если, однако, Рудольф Бультман, говоря, например, об авторе четвёртого Евангелия, утверждает, что он «демифизирует Христа-чудотворца, показанного синоптиками»,[779] то Достоевский словно бы и не принимает этот тезис к сведению и как бы вопреки богословским и экзегическим знаниям упорно воспринимает Иисуса сквозь синоптическую модель.

---

[775] «— Зачем вам? Ведь вы не веруете?.. — прошептала она тихо и как-то задыхаясь. — Читай! Я так хочу! — настаивал он, — читала же Лизавете!». — *Достоевский Ф. М.* Преступление и наказание / Указ. соч. — Т. 6, с. 250.

[776] *Там же.* С. 201.

[777] S. Chrystologia Ewangelii św.Jana... S. 222.

[778] От религиозного понятия demityzacja (демифизация, лат.-греч. происхождения), означающего в старой библеистике тенденции, «очищающие» тексты Библии от мифов, с целью выявить их подлинность как явлений религии и истории. — См.: Leksykon PWN. — W-wa: Wyd-wo naukowe PWN, 1998, s. 350. — *Прим. переводчика.*

[779] *Mędala S.* Chrystologia Ewangelii św. Jana... S. 23.

В позиции Достоевского упор, следовательно, делается не столько на учение о Христе, сколько на Его Личность и экзистенциальную связь с Ним. Справедливо отмечает С. Булгаков, что «любовь ко Христу в Достоевском, как и в его героях, тверже и несомненнее даже, чем самая вера в Него».[780] Характерно, что в известном письме к Наталье Фонвизиной, написанном уже после окончания каторги в Омске, Достоевский говорит не о «вере», а о «жажде верить».[781] Вот почему он с просящими: «Господи, умножь нашу веру!», — а не с уверенными в своей вере. Для него сама вера ни о чём ещё не говорит, ибо, как сказал библейский автор: «Ты веруешь, что Бог един: хорошо делаешь; и бесы веруют, и трепещут» (Иак 2, 19). Для него, как и для ап. Павла, «больше всех любовь» (1Кор 13, 13).[782]

А потому у Достоевского даже если пламя веры раскачивается, то пламя любви к Христу остаётся спокойным и неподвижным. Его любовь горит ровным и ясным огнём. В самом его отношении к Христу любовь заметно опережает веру. Любовь, которую может символизировать бег Петра и Иоанна к пустому гробу Иисуса, для них «быстрее» веры, поскольку в соответствии с евангельским сообщением, апостол любви — тот, кого «любил Иисус», первым прибежал к пустому гробу. Только потому, что Пётр произнёс правду о вере в то, что Иисус есть Мессия, тогда как физически он в беге за своим возрастом не успевал.

«В посмертных заметках Достоевского значится, между прочим, план „написать книгу об Иисусе Христе". Мы не знаем, написал ли бы он такую книгу, но в известном смысле все его книги, особенно последних лет, написаны о Христе, во всех Он является истинным, хотя и незримым центром, иногда выступая открыто. Величайшее торжество гения Достоевского состоит именно в том, что он, сняв церковную позолоту и византийскую традиционность, по-новому, по-своему сумел в своих произведениях дать почувствовать живого Христа, он

---

[780] *Булгаков С. Н.* Русская трагедия / Указ. соч.. — Т. 2, с. 502.

[781] *Достоевский Ф. М.* Письма. <Письмо 90. К Н. Д. Фонвизиной. Конец января — 20-е числа февраля 1854. Омск> / Указ. соч. — Т. 28, кн. 1, с. 176.

[782] Библия. Современный русский перевод… С. 1278.

ставит Его как бы среди нас и, приближая его, научает любить Его».[783]

«ЭКСЦЕНТРИК И ПАРАДОКСАЛИСТ»

То, к чему приводит знание богословия вне экзистенциальной его связи с Иисусом, писатель демонстрирует, между прочим, на примере фигуры Ивана Карамазова. Иван для него — в чём-то даже символический показатель подлинной бедности теодицеи и всякой аргументированной диалектики вне личной и экзистенциальной связи с Христом. Он — воплощение позиции, свойственной многим героям автора «Идиота», т.е. такой, когда, как это точно определила Данута Кулаковская, «говорят о Боге», но «не разговаривают с Богом».[784] Не молятся.

Бог для Достоевского — мука, тогда как Христос — покой. В такого рода значимой привязке Бог появляется, например, в излияниях Кириллова («Бесы») или Дмитрия Карамазова («Братья Карамазовы»). Безумный инженер Кириллов признаётся: «Всякий думает и потом сейчас о другом думает. Я не могу о другом, я всю жизнь об одном. Меня бог всю жизнь мучил».[785] Дмитрий Карамазов, в свою очередь, говорит Алёше, что «брат Иван (...) таит идею. Брат Иван сфинкс, и молчит, все молчит. А меня бог мучит. Одно только это и мучит».[786]

Отношение Ивана к Христу находит своё выражение даже в специальной грамматической форме. В Великом Инквизиторе, считает Д. Кулаковская, «Иван тщательно избегает имени Христос, заменяя его местоимением Он».[787]

Примечательно, но прежде, чем сдвинется с места и будет осуществлена диалектика идеи Ивана и его «учеников», Смердяков убьёт старика Карамазова: в позиции Ивана богословское знание, как и богословское резонёрство, будут высмеяны.

[783] *Булгаков С. Н.* Венец терновый. Памяти Ф. М. Достоевского / Указ. соч. — Т. 2, с. 227.

[784] *Kułakowska D.* Dostojewski. Dialektyka niewiary. S. 89.

[785] *Достоевский Ф. М.* Бесы / Указ. соч. — Т. 10, с. 94.

[786] *Достоевский Ф. М.* Братья Карамазовы / Указ. соч. — Т. 15, с. 31–32.

[787] *Kułakowska D.* Dostojewski. Dialektyka niewiary. S. 216.

Да, Иван рассуждает о Боге, но при этом сам по себе его образ глубоко двусмысленный. И нет ничего удивительного в том, что в период, предваряющий в романе трагические события, его представляют как «симпатичного эксцентрика и парадоксалиста»,[788] блистающего в «здешнем, по преимуществу в дамском, обществе».[789] Своеобразного богослова и вольнодумца — из таких, по словам ап. Павла, «всегда учащихся и никогда не могущих дойти до познания истины» (2Тим 3, 7).

«ЗНАЮЩИЙ ВСЁ…»

Из философии и теории религии мы знаем, что у каждой религии своё богословие. И, однако, что поражает в случае с богословием Достоевского, это то, что у него как таковое богословие уступает место Христу. Исследователи правильно отмечают тот факт, что в известном кредо писателя 1854 года говорится не о Боге, а именно о Христе.

Через Достоевского озвучивается ортодоксия не доктрины, а человека. Вот почему суровый, византийский Бог Константина Леонтьева и других православных консерваторов не является, думается, Богом писателя. В центре его внимания находится понятие Бога, милующего человека, обращённого к миру и человеку с Ликом Второй Божественной Личности, где Бог — это сначала Филантроп (гр. Φιλάνθρωπος — Человеколюбец) и лишь потом — Судья, Владыка Вселенной (гр. Παντοκράτορας — Вседержитель).[790]

Чему же удивляться, если не богословы, а герои сочинений писателя при всей нравственной нищете и упадке становятся выразителями идей его христоцентрического богословия? Более того, все они по-своему теофоричны, то есть их имена так или иначе привязаны к имени Бога, а также и христофорич-

---

[788] *Достоевский Ф. М.* Братья Карамазовы /Указ. соч. — Т. 14, с. 65.

[789] *Там же.* С. 64.

[790] *Hryniewicz W.* «Bóg cierpiący». Rozważania nad chrześcijańskim pojęciem Boga / Bóg naszej nadziei. Szkice teologiczno-ekumeniczne (tom1–2). — Opole: Wydawnictwo św. Krzyża, 1989, s. 36.

ны,[791] и это они, а не «учёные Писания» в век «атеизма» (как гласит название ненаписанного Достоевским романа) — «если же кто духа Христова не имеет, тот и не Его» (по словам апостола Павла, Рим 8, 9). Они также при всей своей религиозной инертности и богословской невежде, если можно повторить за евангелистом, и *знают всё* (1Ин 2, 20), гнозис — *знание* (от греч. γνώση). Тут нет религиозной гностической эксклюзивности (например, гностическое тройное разделение на: гилику, психику, пневматику), ибо «все вы имеете помазание от Святого» (1Ин 2, 20).

В контексте изображаемого писателем *скандала* «бедное» богословие Достоевского заслоняет приведённые выше слова любимого ученика Господа и воспринимается совершенно ясно и понятно. У Достоевского без Христа богословия нет. Его Бог дал нам «всё во Христе» — даже богословие. И если Достоевский писал в своих Записках, что Христос «не знал науки»,[792] то в этом смысле его Христос также «не знал» и богословия.

Вот почему когда современный русский исследователь Карен Степанян говорит, что Бог может быть видимым у Достоевского исключительно «через человека»,[793] то это герменевтическое правило в его произведениях действует во всей своей полноте. Оно означает, что познавать Бога следует не с помощью богословских и философских систем, а посредством тех, к которым Он пришёл, и которым «плохо», то есть к таким, как «бедные люди» и «униженные и оскорблённые».

PHILOSOPHIA CHRISTUS

Нет ничего удивительного в том, что здесь мне хочется привести слова современного французского философа религии, иезуита Ксавьера Тильетта, который в своей книге, посвящённой философской христологии, во вступлении к разделу

---

[791] См.: Где в Новом Завете упоминается имя Бога?
https://chivchalov.blogspot.com/2013/01/blog-post_3.html

[792] Неизданный Достоевский. Записные книжки и тетради 1860–1881 гг. — М.: Наука, 1971, с. 446.

[793] *Степанян К. А.* Сознать и сказать... с. 322.

«Философия Христос» так пишет о позиции собрата в монашестве Анри де Любака: «Тёмная статья не ушла от внимания отца де Любака, который обнаружил в монастырской переписке Средних веков особо красноречивое выражение „философия Христос", эллиптическое уравнение, какое, строго говоря, не является синонимом христианской философии. Из контекста следует, что смысл тут опозиционный; акцент падает на слово Христос: наша философия есть Христос, нет у нас иной философии, кроме Христа; вдалеке разносятся звуки Керигмы Креста Павла. Филоософия, которая есть Христом или Христос, Который есть философия, — это гапакс (*др.-греч.* ἅπαξ λεγόμενον — *только раз названное*), что призывает, однако, в средневековом окружении вновь к радикализму начала христианства. В своём письме к монаху Симона Вейль высказывает предположение, что „наша философия", по словам бискупа Мелитона из Сарде, прямо означает Христа. Она нас переносит в ранние времена, когда для зарождающегося христианства Христос занимал место философии».[794]

Обращаясь к последнему предложению этого высказывания, можно сказать, что Достоевский своим отношением к Христу «переносит» нас не только «в ранние времена, когда для зарождающегося христианства Христос занимал место философии»,[795] но и «переносит» нас за пределы всякого времени и истории, когда каждая возможная теология стремилась сделать из Него идею, понятие, «чистого Духа», абсолютное Я, трансцендентальный нравственный взгляд и т.п. Словом, растворить Его Личность, как и духовно-телесную реальность, в некой бестелесной теологической системе или философской диалектике «чистого христанства» (Фихте), свободной от иудейских и павловских наслоений. И эта истина именно выражает упоминаемую уже средневековую формулу *философия Христа*, где, под-

[794] Цит. по:. Prolegomena do chrystologii filozoficznej / Przeł. A. Ziernicki. — Kraków: Studia Religiologica. Zeszyty Naukowe Uniwersytetu Jagiellońskiego, 1996, s. 42. На Симону Вайль ссылается и Рене Жирар, приводя её мнение: «Прежде чем быть „теорией Бога", теологией, Евангелия являются „теорией человека", антропологией». — См.: *Жирар Рене.* Я вижу сатану, падающего как молния / Пер. с фр. — М.: ББИ, 2015, с. 51 (серия: Философия и богословие).
[795] *Tilliette X.* Chrystus filozofów…

чёркивает Тильетт, акцент делается на слове *Христос*, а не на слове *философия*.[796]

Верно отмечает современная русская исследовательница Лиля Розенблюм, что образ Христа, к которому постоянно обращается писатель, дорог ему не только как религиозный образ и не как остраненный нравственный идеал, но и как «земное воплощение добра и самоотверженной любви к человечеству».[797] Отсюда следует, подчёркивает она, и упорное утверждение Достоевского, что надо верить в «реальное существование Христа»,[798] а не в идеал Христа, миф, либо Христа-человека, в котором нашла своё проявление божественность, Абсолют или абсолютный Дух.

А потому в подходе писателя доминирует не богословский идеализм, а реализм. И это реализм Воплощения, свойственный православной традиции, то есть в то же время пасхальной, транзитивной концепции человека. Человек в ней — существо «переходное»,[799] а цель его — не индивидуальное понимание Царства Божия, а «соборное» спасение и «обожение» всего человечества и Вселенной. Тем самым в своих глубинах богословие писателя по существу остаётся без каких бы то ни было изменений, таким же, как в русской религиозной мысли в целом[800] и в традиции Восточной Церкви, т.е. пасхальной — апокалиптической и эсхатологической.

Бог Достоевского — это «С нами Бог». Это не значит, что чужой, далёкий, нездешний Deus otiosus гностиков или, по выражению Бердяева, — «безумный страдалец», eros manikos византийских мистиков.[801] Бог как существо драматическое (греч.

---

[796] *Ibid.*

[797] *Розенблюм Л. М.* Творческие дневники Достоевского. — М.: Наука, 1981, с. 313.

[798] *Там же.*

[799] *Розенблюм Л. М.* Творческие дневники Достоевского. С. 310; Степанян К. А. Мы на земле существа переходные («реализм в высшем смысле» в романах «Бесы» и «Идиот») / Достоевский и мировая культура. Альманах № 12. — М.: Раритет-Классика Плюс, 1999, с. 99–109.

[800] *Krasicki J.* Depozyt Zmartwychwstania a religijna myśl rosyjska / *J. Krasicki.* Człowiek i Bóg w tradycji rosyjskiej.

[801] «„Безумная любовь" Бога к человеку стала центром мысли и молитвы Евдокимова», — пишет французский исследователь Оливье Клеман.

Δράμα — драма — «*продолжающееся*») и экзистенциальное,[802] реально входит в человеческую драму.[803]

С КАФЕДРЫ

Христос писателя — реалистичный, живой, из плоти и всегда несёт нищим и убогим «благую весть». Понятно, что такой образ Христа может показаться и неудовлетворительным, и недостаточным для читателя с высоким уровнем богословского и философского научного знания. Но в связи с этим возникает иная проблема — в чём оригинальность позиции писателя в отношении к Христу — в соблюдении верности богословию или в философских инспирациях, а может, в его собственном экзистенциальном опыте («и уже не я живу, но живёт во мне Христос», Га 2, 20)?

О том, что сама проблема не высосана из пальца, свидетельствует тот факт, что некоторые современные исследователи «гностической» (назовём это так) тенденции стремятся интерпретировать мысль Достоевского в первом из этих направлений.[804] Однако, имея в виду его «бедность» в качестве богослова, зададимся вопросом: а действительно ли обогащает это его?

И уточняет: «При сопоставлении отрицательного богословия, с такой силой выраженного Лосским, с темой безумной любви, ставшей центральной у Евдокимова, вырисовывается то, что можно было бы назвать *апофатической антиномией*. Слово „апофатическая" означает здесь восхождение разума к Непознаваемому, подобное восхождению Моисея на Синай». — См.: *Клеман О.* Другое солнце. Духовная автобиография... с. 419–423. https://religion.wikireading.ru/hqTHkIpz0N
См. также: *Evdokimov P.* Szalona miłość Boga / Przeł. M. Kowalska. — Białystok: Bractwo Młodzieży Prawosławnej, 2001.

[802] *Бердяев Н. А.* Экзистенциальная диалектика божественного и человеческого. — Париж: YMCA-PRESS, 1952.

[803] *Hryniewicz W.* Bóg ludzkiego dramatu — Bóg nadziei. — Znak. — Kraków, 1992, № 2.

[804] Итак, для примера обратим внимание на то, что один из известных современных русских исследователей И. И. Евлампиев поставил перед собой цель доказать правоту тезиса о том, что в своей христологии и богословии Достоевский остаётся должником философии немецкого идеализма, в основном, философии религии Фихте, а также его концепции так называемого чистого христианства, инспирированной главным образом интерпретацией Евангелия от Иоанна. Как пишет Евлампиев,

По нашему мнению, богословие Достоевского не свести к какому-то воображаемому «чистому христианству», построенному по богословско-философской модели Фихте или немецких идеалистических систем XIX века. Образ Христа у Достоевского — достоверный, насыщенный конкретикой жизни, а не идеалистический или трансцендентальный, как хотели бы тогс исследователи, толкующие о его богословии на богословских кафедрах в категориях офилософствованной гнозы немецкого идеализма.

Заметим, что именно в таком понимании это — гноза, поскольку тут всё опирается не на личные и экзистенциальные связи с Иисусом, а на знание и познание. Почему бы и Достоевского не причислить, наряду с «гностиками»XIX века и современными, к группе тех, кто нуждается не в спасении, а в знании, и его взгляды тогда — лишь слабая калька воззрений немецких идеалистов, главным образом Фихте.[805]

В свете сказанного в плане понимания богословия Достоевского проблема выглядит куда более далеко идущей, чем можно было бы предположить на основании первых идейных аналогий или сходств, и не позволяет свести её к одному лишь богословию или философским спекуляциям и классификациям. Гноза — наука о самоспасении, когда нет Спасителя в понимании христианского учения, и когда по мысли старой гностической формулы сам «спасаемый есть спаситель» (salvatus salvandus). Гноза — это ещё и языческое учение, и как таковое было проклято уже в посланиях Иоанна. В своём «Откровении», в обращении к Фиатирской Церкви он называет гнозу просто как «глубины сатанинские» (Откр Ин 2, 24).

По сути, толкование богословия писателем в категориях немецкого идеализма означает в более или менее закамуфлированном виде возврат к язычеству. Если же при этом указы-

---

Фихте был для Достоевского ведущей фигурой среди всех западных философов конца XVIII и начала XIX века, имевших многостороннее воздействие на русскую мысль, в том числе, разумеется, и на автора «Идиота». — См.: *Евлампиев И. И.* Поиски новых религиозных и философских оснований. Достоевский и Фихте / *И. И. Евлампиев.* Философия человека в творчестве Ф. Достоевского. — СПб.: Издательство Русской христианской гуманитарной академии, 2012, с. 329 и далее.

[805] *Там же.*

вается, что гноза была самой серьёзной опасностью для христианства с первых веков его существования, то на примере приведённой тут гностической интерпретации богословия Достоевского можно сказать, что такая опасность не исчезнет никогда. Она появляется, будто его тень, и следует за ним, точно Великий инквизитор за Христом в «поэме» Ивана.

В подобной ситуации становится очевидным, что писатель эту гностическую опасность со всей доскональностью уловил и воспроизвёл в знаменитой сцене с чёртом (глава «Чёрт. Кошмар Ивана Фёдоровича» из романа «Братья Карамазовы»), в которой тот издевается на глазах у Ивана над Воплощением и над тем, во что верит простая женщина (здесь это «купчиха»),[806] и всё это обретает значение символа. Из того, как чёрт произносит свою речь, становится видно, что писатель прекрасно отдавал себе отчёт в том, по какой высокой ставке идёт тут игра. Если же христианский Бог Спаситель, о котором говорит ап. Павел: «Ибо нет другого имени под небом, данного человекам, которым надлежало бы нам спастись» (Деян 4, 12), — человеку не нужен, то, по существу, нам, обычным смертным, «из плоти и крови», остаётся лишь высшее, хоть и недоступное «Знание».

Вопреки подобным тезисам мы убеждены, что Достоевский был верным стражем «депозита» Воплощения и Воскресения, и утверждаем, что позиция писателя в отношении Бога имеет не так уж много общего с философской позицией «язычников» давнего и нового века как античных времён, так и современных, во главе с концепциями немецкого идеализма: Канта, Фихте и Гегеля.

Исследование философских вопросов, связанных с одной из форм атеизма в романе Ф. М. Достоевского «Братья Карамазовы», — в центре монографии английского философа Стюарта Сатерленда.[807] Анализируя его высказывания, Т. Миллион-

---

[806] «Моя мечта это — воплотиться, но чтоб уж окончательно, безвозвратно, в какую-нибудь толстую семипудовую купчиху и всему поверить, во что она верит». — *Достоевский Ф. М.* Братья Карамазовы / Указ. соч. — Т. 15, с. 73–74.

[807] *Sutherland S. R.* Atheism and the rejection of God: Contemporary philosophy and «The Brothers Karamazov». — Oxford: Blackwall, 1977, 152 p. — (Talues a. Philos. Inquiry).

щикова[808] отмечает два момента, выделенных автором: 1) роль чувств в определении того, что можно считать атеизмом или верой; 2) применимость понятия «формы жизни» Л. Витгенштейна при исследовании философских аспектов романа. По мнению Сатерленда, концепция атеизма Достоевского требует более сложного определения: атеист Иван Карамазов «принимает Бога», однако создание этого образа не следует истолковывать как наивную ошибку или смешение философских понятий. Роман, скорее, напоминает читателю о существовании различных форм веры и атеизма. В главе «Братья знакомятся» Иван, «принимая Бога», говорит Алёше: «В окончательном результате я мира этого божьего — не принимаю... пойми ты это, я мира, им созданного, мира-то божьего не принимаю и не могу согласиться принять».[809] В главе «Бунт» Иван повторяет: «Не Бога я не принимаю, Алёша, я только билет ему почтительнейше возвращаю».[810] Такое «принятие Бога» с одновременным отрицанием созданного им «Божьего мира» выражает, по мнению Сатерленда, суть той формы атеизма, которая свойственна Ивану Карамазову. Её сущность обнаруживается в его спорах с Алёшей о вере и неверии. Здесь чувства Ивана не играют никакой роли, сама мысль о том, что можно испытывать религиозные чувства, проводя свободную «минутку» в трактире, — комична. Использовать фразу «я принимаю Бога» подобным образом означает отвергать веру в Бога. На этом уровне принятие Бога Иваном аналогично принятию Бога «русскими мальчиками». На другом уровне, когда Иван, ниспровергая различные концепции «Божьего мира», говорит о страдании невинных детей, его слова о принятии Бога являются выражением очень сильно-

---

[808] В 1970-е годы внимание англоязычных философов и литературоведов привлекают «Братья Карамазовы». В большинстве их односторонне преувеличено влияние субъективно-идеалистической философии на мировоззрение и творчество Достоевского, полемически акцентированы его религиозные искания, считает специалист по «англо-американскому» Достоевскому Татьяна Миллионщикова (ИНИОН РАН) — См.: *Миллионщикова Т.* Новое и старое о «Братьях Карамазовых» /Ф. М. Достоевский в современном литературоведении США / Гл. ред. и сост.: А. Н. Николюкин, В. Т. Олейник. — М.: ИНИОН АН СССР, 1980, с. 104 и далее.

[809] *Достоевский Ф. М.* Братья Карамазовы / Указ. соч. — Т. 14, с. 214.

[810] *Там же.* С. 223.

го чувства — морального негодования, перерастающего в бунт. По мнению английского философа, анализ атеизма героя Достоевского показывает, что некоторые формы атеизма и веры не могут быть охарактеризованы без обращения к роли чувств. В соответствии с таким подходом по Достоевскому можно верить в существование Бога, однако не испытывать при этом никаких чувств, т.е. не любить и не ненавидеть Его. Борьба Ивана со своими чувствами, часто завуалированная его иронией, была борьбой человека, раздираемого, с одной стороны бунтарством, с другой — неспособностью принять в качестве очевидного вывода тот факт, что сострадание и сочувствие к другим людям не совместимы с бунтом. Однако если цель пятой книги «Братьев Карамазовых» состояла в том, чтобы показать сущность атеизма Ивана, то в шестой книге («Русский инок») Достоевский стремился выдвинуть альтернативу атеизму. По мнению Сатерленда, мировоззрение писателя и мыслителя сближается со взглядами одного из представителей логического позитивизма, австрийского философа Л. Витгенштейна, использовавшего данные математической логики применительно к субъективному идеализму. Обращаясь к понятию «формы жизни» Л. Витгенштейна, английский философ приходит к выводу, что в качестве ответа на вызов Ивана вере Достоевский создал «художественную картину» сущности христианства.[811]

О Достоевском сказать можно много, но только не то, что в своих взглядах он был идеалистом и трансценденталистом. Наоборот, он был, как Вл. Соловьёв, «богоматериалистом»,[812] своеобразным «богословом материи» (фр. богослов и медиевист Мари-Доминик Шеню). Он был онтологистом и реалистом, и как таковой реально «переступает Канта».[813] Три кантовские категории цельности возможного опыта: мир, я и Бог, одновременно и бессмертие, не были для него, как для Канта, лишь идеями чистого разума. Совсем наоборот, они существуют для

---

[811] *Там же.* С. 109.
[812] *Krasicki J.* Bóg — człowiek — materia w filozofii W. Sołowjowa...
[813] *Brzoza H.* Przekroczenie Kanta. Wyzwolić Prawdę z niewoli Logosu / *Brzoza H.* Dostojewski. Między mitem...

него реально, и их познание, пожалуй, не является блужданием в сфере кантовского «мнимо трансцендентального».

Как пишет в монографии о Достоевском немецкий исследователь Райнхард Лаут, «Кант вывел идею бессмертия из нравственного закона только для того, чтобы это последнее служило основой для достоинства человека»,[814] тогда как для автора «Идиота», утверждает немецкий учёный, «если нет бессмертия, то и бытие не имеет смысла, как не существует и объективной нравственности».[815]

Иными словами, Достоевский обусловливает и обоснозывает объективную нравственность реальным существованием бессмертия, тогда как Кант развивает свою мысль в противоположном направлении, то есть «рай Христа» и существование бессмертия он сводит к... (не побоимся этого слова) нищенскому постулату практического разума, а то, что является ведущим догматом писателя, то есть реальную жизнь с Богом, приравнивает к сфере долженствования (Sollen — нем.).

«САМ ХРИСТОС!»

В «у-Богой теологии» (по выражению Бердяева) Достоевского, как и у Вл. Соловьёва, важнейшей фигурой является «сам Христос»,[816] а не Его философски или богословски заинтерпретированное учение, которое многажды одной рукой знание давало, а другой забирало то, что было самым ценным на свете для автора «Идиота», что было для него наиболее дорогим — «самого Христа». В «у-Богой теологии» Достоевского единственным нередуцированным смыслом (содержанием), без которого оно не стало бы тем, чем есть по существу, является личность Иисуса Христа. Это «сам Христос», — как писал Соловьёв,[817] не подлежит ни редуцированию, ни подмене.

[814] *Райнхард Лаут.* Философия Достоевского в систематическом изложении... С. 208.

[815] *Там же.* С. 112.

[816] *Красицкий Ян.* Бог, человек и зло...С. 348

[817] *Соловьёв В. С.* Три разговора / В. С. Соловьёв. Собр. соч. — Фототипическое издание. — Брюссель: Жизнь с Богом , 1966, Т. 10, с. 193.

Христос — «неповторим!», — говорил Иоанн Павел II, ссылаясь на апостола Павла, который «был глубоко уверен в том, что *Христос — совершенно особенный, неповторимый, таких больше нет*»,[818] подчёркивая: «Христос — Один, таких больше нет»[819]: никем другим Его нельзя заменить! В таком смысле Достоевский, пожалуй, богословом не был. Более того, эту роль у него берёт на себя Великий инквизитор, и когда Христос молчит, тот бросает по Его адресу обвинения, на которые и не получит ответа.

Это доказывает лишь одно, а именно, что даже в проблеме богословия, знания о Боге, по словам Рене Жерара, с чем Достоевский, без сомнения, согласился бы, «человек никогда не бывает жертвой Бога, Бог — всегда жертва человека».[820] В своём богословии «у-Бога» Достоевский и вправду молчит о Боге, но это молчание из таких, которые не допускают расхождений между давними и новыми «защитниками» Бога. Это как молчание Христа перед Пилатом или Великим инквизитором.

БОГОЧЕЛОВЕК И «ХОЗЯИН ПЕТЕРБУРГА»

Выше мы говорили о модели отрицательного богословия Достоевского. В связи с этим возникает вопрос о том, можно ли в таком ракурсе получить какие-либо знания от человека, богословски мало образованного, которому чужды мистические переживания, и имеющего плохую репутацию заядлого игрока, ревнивца своей жены... — именно так представляет писателя Дж. М. Кутзее в биографическом романе «Хозяин Петербурга» (*Coetzee J. M.* «The Master of Petersburg», 1994; рус. пер. «Осень в Петербурге»[821]). Более того, он отдаётся распут-

---

[818] *Иоанн Павел II.* Переступить порог надежды. При участии и под ред. Витторио Мессори / Пер. с польск. Аллы Калмыковой под ред. Натальи Трауберг. — М.: Истина и жизнь, 1995, с. 71.

[819] *Там же.*

[820] *Жирар Рене.* Я вижу сатану, падающего, как молния / Пер. с фр. А. В. Лукьянова, О. Хмелевской. — М.: ББИ, 2020, с. 201 (серия Философия и Богословие).

[821] *Кутзее Джон Максвелл.* Осень в Петербурге / Пер. с англ. С. Б. Ильина. — М.: Экмо-Пресс, 2010. Подробнее см.: https://www.livelib.ru/author/25573-dzh-m-kutzee

ству (о чём писал ещё и М. Страхов), его подозревают в растлении малолетней и педофилии. А Тургенев называл его «самым отвратительным христианином» из всех, кого знал. Человек, который не чуждался безверия и атеизма. Что всё это может иметь общего с богословием, Евангелием, Традицией, учением Церкви, с религией? И можно ли всерьёз воспринимать слова подобного человека и говорить о каком-либо вообще богословии? Разве такое не является оскорблением и даже святотатством?

Если принять христианство как проблему «чистых» людей, мы от Достоевского не научимся ничему или, по крайней мере, немногому. Но если всё же признать значительной идею Воплощения в творчестве писателя и в Восточной традиции, ответ не покажется столь же простым и очевидным. Само Воплощение — как раньше, так и теперь, остаётся «скандалом» и «возмущением», «глупостью» для мира, и именно таким, не знающим «меры», «скандальным»[822] и является богословие писателя. В подобном положении Достоевский со своими взглядами и биографией представляется не только разоблачителем ужасающих, отталкивающих и шокирующих многих «русскими глубинами»,[823] но и резонирующей с ними, правдой о Воплощении.[824] Правдой о Христе, о которую ломают свои копья, и которая свидетельствует о том, что, по выражению Иоанна Павла II, «в определённом смысле Он зашёл слишком далеко!.. <...> Именно потому, что Он называл Бога Своим От-

[822] *Седакова О.* Неудавшаяся Епифания: два христианских романа — «Идиот» и «Доктор Живаго» / Указ. соч. — с. 191. (Справедливости ради следует заметить, что в философскую антропологию первым понятие скандала ввёл Рене Жирар, характеризуя жертвоприношение и атмосферу вокруг него.)

[823] *Кантор В. К.* Фёдор Достоевский — центр русской философской мысли / В. К. Кантор. Судить Божью тварь... С. 25.

[824] С догматической и исторической точек зрения можно сказать, что суть религии Воплощения выражает одна буква — «i». Судьбы идеи человека в христианской цивилизации и культуре предопределили отказ в христологических спорах первых веков от этой единственной буковки. Иисус был тогда признан как omoousios (греч. ὁμοούσιος) — Единосущный Богу, а не homoiousios (греч. homos — той же и ousios — сущности) — подобный, напоминающий Его. Цит. по: *Kelly J. N. D.* Początki doktryny chrześcijańskiej / Przeł. J. Mrukówna. — W-wa: Instytut Wydawniczy Pax, 1988, s. 178–182; 190–201.

цом, потому что так полно явил Собою этого Бога, и возникало ощущение: „это уж слишком!..“». «*У этого могучего протеста есть названия: сначала — синагога, позже — ислам*», но были и выразители идей, которые сопутствуют христианскому учению на протяжении всей истории — от самого начала и до нынешнего времени. Этому «могучему протесту»[825] в религиях «без человеческого» Бога, таких как иудаизм и ислам, соответствует тот же «могучий протест» в философии Запада с заглавной мыслью немецкого идеализма и идеей «смерти Бога» (Гегель, Ницше[826]).

Достоевский идёт им навстречу, ни разу, однако, не предав человека перед лицом Бога (ему, например, чужд трансцендентализм Карла Барта, к идеям которого он так или иначе обращался[827]). Он упорно продолжает быть верным Богочеловеческому кредо, ибо знает, как и Соловьёв, что «Бог не имеет для нас действительности помимо Богочеловека Христа»,[828] и что помимо Него не только не имеет действительности для нас Бог, но и сам человек тоже.

Не означает ли это, что мы воспринимаем творчество писателя как remedium (*лат.*) — излечиваем болезненные вопросы и болячки нашего времени? Всё же, пожалуй, мы далеки от такой позиции. На различные колебания и сомнения ответим свидетельством. Это не правда свидетельства в смысле старохристианского мученика, «свидетеля веры», но в эпоху «затмения Бога» (М. Бубер), имевшую такую же силу, как свидетельство первых христиан, «мучеников веры». Её изложил современный шведский протестантский теолог и преданный иссле-

---

[825] *Иоанн Павел II*. Переступить порог надежды... С. 67–68.

[826] *Krasicki J.* «Śmierć Boga» i nowa Europa; Hegel i «śmierć Boga»; «Gdzie się Bóg podział?» / *J. Krasicki*. Po «śmierci Boga»...

[827] «В своём знаменитом комментарии „Послания к Римлянам“, написанном в 1926 г., Карл Барт чаще всего цитирует, кроме Достоевского, только Лютера. — Uniwersytet Śląski. **https://www.journals.us.edu.pl > article > view PDF, s. 28. .** См. также: *Guja J.* Koncepcja wiary w «Römerbrief» Karla Bartha, Kraków: Wydawnictwo A, 2009, s. 41 i passim. На рус. яз.: *Барт К.* Послание к Римлянам. — М.: Библейско-Богословский институт св. апостола Андрея, 2005.

[828] *Соловьёв Владимир*. Духовные основы жизни. 1882–1884. — Фототипическое издание. Брюссель: Жизнь с Богом, 1982, с. 16.

дователь творчества автора «Бесов» Ян Эриксон. В предисловии к изданию своей книги о Достоевском на русском языке он пишет: «Моя профессия — теология. Однако ни один теолог не сумел раскрыть для меня тайну *Человека* так, как сумел это сделать Ф. М. Достоевский. Его взгляд на человека, на Богочеловека, несомненно, является самым ценным вкладом России в духовную жизнь Запада».[829]

И добавим: не только Запада, не только той или иной части нашей планеты, данного времени и пространства, но также «теперь и навсегда»[830] — Nunc et in aeternum! (*лат.*).

---

[829] *Эриксон Я.* Лампада пред иконой / *Я. Эриксон.* «Кто-то посетил мою душу...»: духовный путь Достоевского... С. 11.

[830] *Jackson R. L.* Dostoevsky Today and for All Time / *R. L. Jackson.* Dostoevsky Studies. New Series. — vol. VI, 2002, s. 11.

В ЛАБОРАТОРИИ ИДЕЙ
(вместо заключения)

На творчество Достоевского смотрят с разных точек зрения, их немало, были попытки определить его ведущую идею, ухватить связующую нить, подогнать под общий идейный канон. Все эти действия редко достигали желаемого результата. А происходило так потому, что он, «писатель идеи», одновременно, как ни один другой, против них же и выступавший. Его творчество — своеобразная «лаборатория идей», в которой каждая из них прошла специальную лабораторную вивисекцию. Более того, такое вскрытие коснулось конкретного человека, даже можно сказать: живых людей. И Бахтин прав, когда (по адресу другого российского исследователя) утверждал, что «не идея сама по себе является „героиней произведений Достоевского" (…), а *человек идеи*».[831]

Феномен так понимаемой связи идеи и человека увязывают в творчестве писателя с феноменом болезни, патологии.[832] Од-

---

[831] *Бахтин М. М.* Проблемы творчества Достоевского. Проблемы поэтики Достоевского… С. 291–292.

[832] Приведём два характерных высказывания польских исследователей в их ответе на вопрос: «Патологичны ли герои Достоевского?» Первый ответ (Я. А. Клочовский) звучит следующим образом: «Патологичны ли? Но кто устанавливает нормы? Для меня тут не столько патология, сколько проблема взгляда на человека с некой перспективы. Достоевский проводит мысленный эксперимент, увеличивая до бесконечности одну из наблюдаемых им черт описываемого образа. У его героев явно нарушены пропорции, но они при этом не выглядят патологичными. Как бы повежливей выразиться, я боюсь их так называть, ибо слишком много в них я нахожу своего. Так что же — они „нормальные"»? И второй ответ (Е. Новосельский): «Очевидно, что патологичные. Но ведь пафос означает страдание. Достоевский был великим пророком страдания, великим певцом страдания. Все его герои патологичны. Думаю, всё, что есть ценного в человеческой жизни, и должно быть патологичным». См.: Dostojewski dzisiaj. Ankieta przygotowana przez Zbigniewa Podgórca… S. 27. Добавлю от

нако речь вовсе не идёт о болезни в физическом смысле, хотя и таких на страницах его романов предостаточно. Ипполит Терентьев из «Идиота» болен туберкулёзом, «человек из подполья» своё экзистенциальное повествование начинает словами: «Я человек больной…».[833] Но пусть нас только не обманывает больная печень героя «Записок…» — это всего лишь начало. У Достоевского все так или иначе больные. Его человек как таковой здоровым не бывает никогда, но если он болеет, то болит у него не только тело, но и душа. О Достоевском говорят, что многие его герои страдают душевными болезнями.[834] В их болезнях писателя интересует не психология, а, по глубокому определению Бердяева, «пневматология».[835]

Достоевский, говорит Георгий Флоровский, «описывал и изображал не душевную, но духовную реальность», указывая на «первореальность человеческого духа, его хтонические глубины, в которых Бог с дьяволом борется, в которых решается человеческая судьба».[836] Его волновали мысли и идеи, которые болят, мучают и вонзаются в голову, точно кольца «тернового венца», как пишет Сергей Булгаков в своей статье, посвящённой памяти Достоевского.[837]

себя: если исходить из понимания «реализма» в смысле, используемом писателем, и то, что Достоевский не столько описывает действительность, сколько проводит ряд антропологических экспериментов, выше приведённые ответы, несмотря на свою кажущуюся противоречивость, можно, скорее, воспринимать как дополняющие друг друга и лишённые противоречия.

[833] *Достоевский Ф. М.* Записки из подполья / Указ. соч. — Т. 5, с. 99.

[834] В польском языке не существует прилагательного от существительного «душа» — «dusza», только от слова «дух» — «duch» («духовный» — «duchowy»), тогда как русский язык является счастливым обладателем двух разных слов для различения того, что «духовное» и что «психологическое». То, что является относящимся к душе, выражает слово «душевный», тогда как «духовный» относится к слову «дух» и в целом «духовной области». Достоевский именно в этом, «духовном», смысле описывал и представлял внутренний мир человека.

[835] *Бердяев Н. А.* Миросозерцание Достоевского. Глава 1. http://az.lib.ru/b/berdjaew_n_a/text_1921_dostoevsky.shtml

[836] *Флоровский Г. Ф.* Религиозные темы Достоевского. См.: О Достоевском. М.: Советский писатель, 1990, с. 386–390. http://www.vehi.net/florovsky/dost.html.

[837] *Булгаков С. Н.* Венец терновый. Памяти Ф. М. Достоевского / *С. Н. Булгаков.* Указ. соч. — Т. 2, Избранные статьи, с. 222.

Называют его «писатель идеи», но в его мире нет ни одной идеи, которая принималась бы на веру, все они первоначально взвешиваются и рассматриваются под микроскопом. Ни в одной из них нет веры. Бердяев писал, что в своём творчестве Достоевский проводит специальные психологические и антропологические эксперименты, хотя создаётся впечатление, что ради них он многим жертвует. Ставя в неправдоподобные ситуации своих героев, писатель как бы на втором плане оставляет художественное мастерство и в погоне за правдой о человеке ведёт себя уже не как «художник-реалист, а экспериментатор, создатель опытной метафизики человеческой природы. Всё художество Достоевского есть лишь метод антропологических изысканий и открытий».[838] При таком подходе страдает художественная сторона его прозы. Ситуации представляются малореальными, и мёртвые (трупы) «густо стелются», как дым, в его произведениях. Убийства и самоубийства здесь норма.[839]

Не слишком ли высока цена за психологические и антропологические эксперименты? Настолько высока, что напрашивается вопрос: «А можно ли это считать литературой?» И тем не менее, видно, что литературное ремесло для него является не целью самой по себе, а медиумом, посредником в направлении к высшей правде. Вот почему не реализм ситуаций, событий и образов занимает тут первое место, но «реализм в высшем смысле», в том значении, о каком писатель говорил. Достоевский — великий экспериментатор, который стремится узнать о человеке что-то ещё большее, и готов за это заплатить действительно высокую цену. Некий вид одиночки, мученика мысли и идеи, который, подобно мученику науки девятнадцатого века, ставит эксперимент над собой, прежде чем дать ход ему в свете Божьем.

Когда вместе с женой они четыре года жили за границей, вспоминает Анна Григорьевна, не считая походов в залы, где шла игра в рулетку, прогулок и часов, проведённых в музеях, за чтением газет в публичных библиотеках, случайных встреч

---

[838] *Бердяев М. А.* Откровение о человеке в творчестве Достоевского. С. 40.
[839] *Michalska-Suchanek M.* Samobójcy Fiodora Dostojewskiego. — Katowice: Wydawnictwo Uniwersytetu Śląskiego, 2015.

с российской эмиграцией, писатель практически оставался без контактов с внешним миром. Ну да, у него были родина и друзья в России, но с ними он поддерживал отношения исключительно эпистолярные. В подобных обстоятельствах возникли «Идиот» и «Бесы». Замкнутый в своей лаборатории, он последовательно ставил эксперименты.

Как отмечает Николай Лосский в очерке под знаменательным названием «Больное и здоровое у Достоевского», писателя интересовало не то, что было в человеке типичным, но что было индивидуальным и неповторимым. Не человеческие типы и характеры как таковые, а человеческая личность в целом.[840] Его занимают не столько известные формы духовной жизни, сколько «моменты борьбы добра и зла, переоценка ценностей, драматические столкновения»,[841] а самой его великой темой была «борьба дьявола с Богом за человеческое сердце».[842] О Достоевском принято говорить, что многие его герои страдают душевно, но это были не душевные недуги, а всего лишь неврозы,[843] борьба же шла духовная, и Лосский прав, когда не соглашается с психиатрическим тезисом, согласно которому само якобы «творчество Достоевского имело болезненный характер».[844] Не зря же говорят о феномене русской религиозной философии, но тогда можно говорить и о феномене «русской духовной философии»,[845] в которой он, как и Гоголь до него, на своём «духовном пути»[846] заполнил немало страниц.

В «Предисловии» к изданной в США Антологии, куда вошли отрывки из сочинений Гоголя и Достоевского, составители Присцилла Мейер и Стефан Руди подчёркивают недостаточность в изучении вопросов преемственности Достоевского с го-

---

[840] *Лосский Н.* Достоевский и его христианское понимание / *Н. Лосский.* Бог и мировое зло. — М.: Республика, 1994, с. 201.

[841] *Там же.*

[842] *Там же.* С. 202.

[843] *Там же.*

[844] *Там же.*

[845] Именно в таком смысле современный русский исследователь Корольков А. А. назвал свою книгу: Русская духовная философия. — СПб.: Изд-во РХги, 1995.

[846] *Мочульский К.* Духовный путь Гоголя. — Paris: YMCA-Press, 1934.

голевским наследием в англоязычной критике.[847] Концепция человеческого достоинства у Достоевского выступает как «мотивирующий фактор» в последних великих романах писателя. Перед альтернативой: гордость или унижение — поставлены герои «Петербургских повестей» Гоголя — Поприщин и майор Ковалёв. Однако факторы, влиявшие на чувство человеческого достоинства, исследуемые Гоголем с внешней стороны, Достоевский изучал «с точки зрения самого чиновника». Татьяна Миллионщикова замечает, что в американском литературоведении особо устойчив тезис, согласно которому Достоевский в числе других русских писателей «вышел» «из гоголевской „Шинели“».[848] В самом названии своей монографии «Шинель литературы: Русская литературная культура и вопрос философии» («Fiction's overcoat: Russian literature culture and the question of philosophy») Э. У. Клаус перефразировала приписываемое Достоевскому известное высказывание: «Все мы вышли из гоголевской шинели».[849] Этот «миф» о русской литературе опровергает профессор Питтсбургского университета Елена Дрыжакова, подчёркивая, что Достоевский, вспоминая Гоголя и отдавая должное его таланту, никогда не причислял себя к его *отрицательному* направлению. Только Пушкин, по мнению Достоевского, сказал «настоящее новое слово» в русской литературе.[850]

Если смотреть на духовный и творческий путь Достоевского с перспективы веры, тогда он свидетельствует о том, что для Духа нет патологии, нет и болезни. Дух не боится ничего, всё исследует, не только человеческие глубины, как говорится в Писании, «ибо Дух всё проницает, и глубины Божии» (1Кор 2, 10).

---

[847] *Meyer P., Rudy S.* Introduction / P. Meyer. Dostoevsky and Gogol. Texts and criticism. — Ann Arbor (Mich.), 1979, p. 5–39.

[848] *Миллионщикова Т.* Этнический колорит в русск. классике XIX в: Восприятие литературоведением США. Аналитический обзор / Отв. ред. Е. А. Цурганова. — М.: ИНИОН РАН, 2018, с. 18 (серия: Теория и история литературоведения).

[849] В действительности эти слова принадлежат французскому критику Эжену Вогюэ, опубликовавшему в «Revue des deux Mondes» (1885, № 1) статью о Достоевском, что доказал С. А. Рейсер. См.: Рейсер С. А. «Все мы вышли из гоголевской „Шинели“» / Вопросы литературы, 1968, № 2, с. 184-187.

[850] *Дрыжакова Е. Н.* По забытым следам Достоевского. — СПб.: Издательско-торговый дом «Скифия», 2016, с. 253.

Abyssus abyssum invocat (*лат.*)....[851] Этот фрагмент 42-го Псалма, пожалуй, лучше всех выражает суть не только русской литературы, но и творчества Достоевского, в частности. Ни об одном писателе не были сказаны столь правдивые слова, как жившим в эмиграции русским православным священником и богословом Александром Шмеманом, записанные им в его Дневнике (от 19 ноября 1974 года): «Русская литература — ничего не боится! Прёт напролом, лезет на самый верх или в преисподнюю, карабкается, падает, снова карабкается. Невероятные удачи — добрались, доползли, и невероятное падение. Отсюда у некоторых (...) инстинктивный страх перед нею».[852]

«Бездна бездну призывает...» Бездна его героев призывает другую глубину — Божью или демоническую, но так или иначе глубину. Из неё возникают многие идеи и мысли писателя. Он не бесстрастно трактует свои идеи, но парадоксальным образом остаётся в неизменной борьбе с тем, на чём вырастает его гений, — с идеями и мыслями. А потому его мысли и идеи — не из справочной литературы по философии: ни один академический философ так не философствует.

Да, Достоевский отдавался идеям с не меньшей страстностью, чем игре в рулетку, но вместе с тем, не найти большего их противника. То, что он учинил в сфере романа идеи, было чем-то совершенно невероятным: свои идеи он не оставлял в покое, вводя их в жизнь и выявляя их разные, но и деструктивные стороны. Показывая влияние идеи на человеческую личность и на всё общество, он оставался приверженцем и защитником того, что есть индивидуальное, а не «общее» (всеемство[853]), идея же, какой бы тонкой она ни была, всегда остаётся общей. Он ненавидел такие идеи, как деньги, но в то же время не мог без них

---

[851] «Бездна бездну призывает /голосом водопадов Твоих;/ все воды Твои и волны Твои/ прошли надо мною» (Пс 42, 8).

[852] *Шмеман Александр (прот.).* Дневники 1973–1983.

[853] У этого понятия есть своё место в философии: «Как Кант находит в категорическом императиве формулу морали, так Левинас находит в Достоевском: „Мы виноваты, один перед другим, и я более всех других“ — формулу своей этики». («As Kant finds in the categorical imperative the formula of morality, so Levinas finds in Dostoevsky's „We are guilty, the one toward the other, and I more than all the others“ the formula of his ethics») — *Vak Maksim.* Reading Dostoevsky After Levinas. — Academia.edu, 2006, p. 1.

обойтись, без денег. Odi et amo (*лат.*) — *Ненавижу и люблю.* Он отвергал их, подвергал деконструкции, чтобы как в зал игры в рулетку, вернуться к ним. Разрабатывая отдельный план для каждого романа, он понимал его, как никто другой, но одновременно знал, что в жизни человека ведёт то, что общее, а не индивидуальное и неповторимое, экзистенциальное.

Достоевский, — резюмирует свои размышления об «откровении человека» Бердяев, — «таков, какова Россия, со всей её тьмой и светом. И он — самый большой вклад России в духовную жизнь всего мира».[854] Вот почему, нависая над человеческой пропастью, он старался схватить что-либо постоянное и прочное, вроде как вынудить действительность на страховку и гарантии, несмотря на то, что знал: таких страховок и гарантий не существует. Он — непроизвольный и вместе с тем сознательный раб идеи, начинает с отрывка и им же завершает.

Достоевский, писал Владимир Кантор, — творец «русской глубины».[855] Точно Россия, он раскачивается над пропастью, и мы вместе с ним. «Как зачарованные, мы все ещё стоим и глядим в жуткую и бездонную глубину, которую раскрыл нам Достоевский <...> и не можем отойти от неё и овладеть ею...».[856]

То, что он дал миру, — литература, которая являет собой подлинную лабораторию идей: мастерская высоких температур. И работает круглосуточно.

---

[854] *Бердяев Н. А.* Откровение о человеке в творчестве Достоевского / *Н. А. Бердяев.* Смысл творчества... С. 61.

[855] *Кантор В. К.* Фёдор Достоевский — центр русской философской мысли / *В. К. Кантор.* Судить Божью тварь. С. 25.

[856] *Зеньковский В. В.* Критика европейской культуры у русских мыслителей. Ф. М. Достоевский. Владимир Соловьёв. Н. А. Бердяев / *В. В. Зеньковский.* Русские мыслители и Европа. — М.: Республика, 1997, гл. IX, с. 115.

Справка о цитируемых авторах

Интерес к творчеству Ф. М. Достоевского не ослабевает в мире до сих пор и, наверное, будет вызывать интерес в будущем не только у философов, писателей, психологов и учёных разных специальностей. Нам показалось, что читателям книги будет любопытно хоть немного познакомиться с биографиями, трудами, и временем, в котором жили цитируемые авторы. А потому в подготовленной справке (автор идеи — Елена Левицкая) мы не стали повторять работы, на которые ссылается профессор Красицкий.

Елена Левицкая
Елена Твердислова

АВГУСТИН ЛЕШЕК (1971) — польс. д-р гуманит. наук, философ, проф. Ягеллон. ун-та. Широко представлен как автор и редактор.: История жизни, сила религии: Станислав Бжозовский о католическом модернизме // Разум, человек, история (2018, с. 317–340) и др.

АГАМБЕН ДЖОРДЖО (1942) — итал. философ. Обл. интересов: совр. и полит. философия, эстетика. Реконструирует генеалогию доктрины «чрезвычайное положение» (восходящую к временам Римск. республики), выявляя эволюцию «чрезвычайного правления», делавшего исключение правилом. Работы: Идея прозы (1985); Профанации (2005); Царство и слава / пер. Д. С. Фарафонова (гл. 1–8), Е. В. Смагина (приложение).

АДЛЕР АЛЬФРЕД (1870–1937) — австр. психолог, психиатр и мыслитель, создатель системы индивидуальной психологии.

Адорно Теодор Людвиг Визенгруд (1903–1969) — нем. философ, социолог, композитор, музыковед. В центре внимания — рецессив. социально-антропологич. изменения, связанные с развитием массовой «индустрии культуры».

Андрусевич Анджей (1940) — польс. историк, политолог, проф., спец. в обл. истории польско-руссских отношений. Работы: История Димитриад, 1602–1614, т. 1: Надежды и ожидания, т. 2: На перекрёстке истории (1990); Миф России: исследования истории и философии российских элит, т. 1–2, (1994); Третий Рим. Из истории русского национализма (2019) и др.

Арцыбашев Михаил Петрович (1878–1927) — рус. писатель, драматург, публицист. Протестовал против «вериг моральных, политических и иных установлений, сковывающих свободу человека», а также исследовал социально-психологические причины расового поступка.

Бальтазар Ханс Урс фон (1905–1988) — швейцар. теолог и катол. священник-иезуит. Проф., член-корреспондент Британ. акад., иностран. член Фр. акад. моральн. и политич. наук. Автор около 80 книг, свыше 500 статей. Гл. интерес в истолковании наследия патристики. В центре его богословской феноменологии — Христос как ключ к пониманию бытия, истории и человека.

Бальцежан Эдвард (1937) — польский учёный, писатель, литературовед, лит. критик, переводчик и исследователь польс. поэзии XX в.

Барсотти Диво (1914–2006) — итал. богослов, мистик, литератор. Специалист в обл. Восточ. монашества. Автор свыше 150 книг, в основном о Христе и его влиянии на писателей.

Барт Карл (1886–1968) — швейцар. теолог-реформатор, догматик, один из создателей диалектич. теологии, возродив догматику, повлиял на формирование нового теологич. мышления. Его учение христоцентрично. См.: Церковная догматика: тт. 1–9, (1932–1955) и др.

Баур Фердинанд Кристиан (1792–1860) — нем. протестант. теолог и историк, основоположник тюбинген. школы. См.: Символика и мифология древних религий (1824–1825). В его трудах обосновывается связь первых христиан с иудаизмом: Христианское учение о примирении (1838) и др.

Бачинин Владислав Аркадьевич (1949) — рус. социолог д-р социолог. наук, спец. в обл. истории религии и культурологии. См. Достоевский: метафизика преступления. Художественная феноменология русского протомодерна (2001); Византизм и евангелизм: генеалогия русского протестантизма. Очерки исторической социологии религиозно-гражданской жизни (2003).

Безвиньский Адам (1941) — польс. проф. ун-та Казимежа Великого в Быдгоще и Ин-та восточнославян. филологии Ягеллон. ун-та. Спец. по рус. лит., тв-ву и религиоз. взглядам Достоевского.

Бенедиктович Витольд (1921–1983) — президент Польс. Экуменич. Совета, протестант. теолог, служил пастором в Варшав. Методист. костёле, проф. теолог. наук, академич. преподаватель, гл. суперинтендант (директор) методист. костёла в Польше (1969–1983), проф. Христианской акад. теологич. в Варшаве. См.: Экумения, мир, примирение (1988); Что мы должны делать. Очерк евангелической этики (1993).

Бергсон Анри (1859–1941) — фр. философ, сторонник интуитивизма и философии жизни, сосредоточил внимание на психич. стороне личности, лауреат Нобелевской премии по литературе 1927 г.

Бердяев Николай Александрович (1874–1948) — рус. религиоз. и политич. философ, социолог; представитель рус. экзистенциализма и персонализма. Автор концепции философии свободы и нового средневековья: Судьба человека в современном мире (К пониманию нашей эпохи) (1934); Русская идея (Основные проблемы русской мысли XIX века и начала XX века) (1946) и др.

Берман Маршал (1940–2013) — амер. философ-марксист, политолог, лит. критик и урбанист. Ввёл понятие модерности как феномена интеллектуальн. жизни. Осн. соч.: Приключения в марксизме (1999); В городе: сто лет спектаклю на Таймс-сквер (2006); Модернизм на улицах: жизнь и времена. Эссе под ред. Дэвида Маркуса и Шелли Склан (2017).

Бёме Якоб (1575–1624) — нем. христиан. мистик, теософ, родоначальник Западной софиологии — учения о «премудрости Божией».

Бжоза Халина (1935–2017) — польс. проф. гуманистич. наук, спец. в обл. рус. лит. XIX и XX вв. Автор работ: Поэтика как средство изложения содержания и метода философии: (К характеристике творчества Достоевского) / т. 11, вып. 4, 15 мая 1982, с. 361–375; Достоевский: просторы движущегося сознания (1992); Проза Ф. М. Достоевского и И. А. Бунина как отражение философии слова М. М. Бахтина (1998, с. 164–176) и др.

Биллингтон Джеймс Хедли (1929–2018) — амер. историк, 13-й директор биб-ки Конгресса США (1987–2015). Автор работ: Михайловский и русское народничество (1956); Лики России (2001); Россия в поисках себя (2005) и др.

Биффи Джакомо (1928–2015) — итал. кардинал и архиепископ Болоньи, религиоз. исследователь, в том числе жизни и восприятия Иисуса Христа.

Бохун Михал (1970) — польс. философ, проф. Ягеллонского у-та (Ин-та философии), историк идей, спец. в обл. рус. мысли и её проблем, философии XIX–XX вв., социальной философии, общественной и политической мысли, переводчик с рус. яз. Работы: По живым следам Достоевского: факты и размышления (2008); Фёдор Достоевский и идея упадка европейской цивилизации (1996); Фёдор Достоевский. Очищение бурей (1996).

Бонхёффер Дитрих (1906–1945) — нем. лютеранский пастор, теолог, участник антинацистского заговора, символ лютеранского мученичества XX в. Казнён в концлагере Флоссенбюрг.

Бочаров Сергей Георгиевич (1929–2017) — рус. литературовед, был научным сотрудником ИМЛИ РАН, лауреат премий фонда «Литературная мысль» (1995), журнала «Новый мир» (1999), Новой Пушкинской премии (2006), лит. премии Александра Солженицына (2007). Автор более 350 науч. работ, см. О художественных мирах. Сервантес, Пушкин, Баратынский, Гоголь, Достоевский, Толстой, Платонов (1985).

Бриггс Кэтрин Джейн (1898–1980) — амер. исследовательница проблем воспитания, отношения к детям, взаимоотношений учителя и ученика. В рамках совр. феминист. теологии рассматривает тв-во Достоевского в его отношении к женщине и Евангелию.

БУБЕР МАРТИН (1878–1965) — евр. экзистенциальн. философ, теоретик сионизма и философии диалога. См.: Хасидские истории. Первые учителя (2006); Я и Ты (1923) и др.

БУЗДАЛОВ АЛЕКСАНДР (1972) — рус. культуролог и богослов. С 2013 публицист церковно-богословской направленности, автор «Русской народной линии» и «Богослов.ру». Более 50 выступлений также на ресурсах: «Благодатный огонь», «Аминь.су», «Православие.ру».

БУЛГАКОВ СЕРГЕЙ (СЕРГИЙ) НИКОЛАЕВИЧ (1871–1944) — рус. философ, богослов, православ. священник, экономист. Один из основателей и проф. Свято-Сергиев. богослов. ин-та в Париже. Автор учения о Софии Премудрости Божьей. Стоял у истоков экуменич. идеи. Работы: От марксизма к идеализму (1903); Философия хозяйства (1982); Una Sancta (Основания экуменизма) / «Путь», № 58, с. 3–14 (1938) и др.

БУЛЬТМАН РУДОЛЬФ КАРЛ (1884–1976) — нем. лютеран. теолог, один из основоположников диалектич. теологии. Известен «демифологизацией» Нового Завета, считал, что миф подлежит рационалистич. критике, а «возвещение» — экзистенциалистич. осмыслению. Работы: Новый завет и мифология. Проблема демифологизации новозаветного благовестия (1941); Теология Нового Завета (1953) и др.

БУРСОВ БОРИС ИВАНОВИЧ (1905–1997) — рус. литературовед, лит. критик, д-р филолог. наук, проф. Ленинградского гос. ун-та и Ленинградского педагогич. ин-та им. Герцена. Автор около 30 книг о рус. писателях. Роман-исследование Личность Достоевского (1922–1991) — интеллектуальный бестселлер.

ВАЙЛЬ СИМОНА (СИМОНА ВЕЙЛЬ) (1909–1943) — фр. религ. мыслитель и философ, комм., в 1938 вошла в христиан. движения, в знак солидарности с евреями против нацизма, ограничила себя в еде, что привело к преждеврем. смерти. Работы опубликованы посмертно: Илиада, или Поэма о силе / пер. Кэтрин Темерсон и Александра Суконика. Вступ. слово С. Аверинцева. Послесловие А. Суконика / «Новый мир», № 6, с. 249–260 (1990); Любовь к Богу и несчастье / пер. и примеч. Петра Епифанова / «Континент» № 141 (2009), Личность и священное / пер. П. Епифанова (2019) и др.

Валицкий Анджей Станислав (1930–2020) — проф., действ. член Польс. акад. наук. Гл. интерес — история польс. и рус. мысли в их взаимосвязях от Эпохи Просвещения до XX в. в философ. и полит. контексте Польши и России. Труды: В кругу консервативной утопии, структура и изменения русского славянофильства (1964); Россия, католичество и польский вопрос (пер. с польс. Е. Твердисловой) (2012), Очерк русской мысли. От просвещения до философско-религиозного ренессанса (2005) и др.

Вальденфельс Бернхард (1934) — нем. философ-феноменолог, проф. в Рурс. ун-те. Автор около 30 книг. С 1975 издаёт журнал «Философское обозрение» и книжную серию «Переходы: Тексты и исследования в области действия языка и жизненного мира» (совм. с Р. Гратхоффом). См.: Повседневность как плавильный тигль рациональности (1991); Мотив чужого (1999) и др.

Ветловская Валентина Евгеньевна (1940) — литературовед, теоретик и историк рус. лит. Её книга Роман Ф. М. Достоевского «Братья Карамазовы» (2007) объединяет исследования, посвящённые роману и опублик. в различ. изданиях с нач. 1970-х гг.

Винсент Леринский (из Лерина) (ум. в 450 г.) — галльский монах, автор раннехристиан. соч., выразитель полупелагианства, стремился дать общее правило отличать католич. веру от ереси; отстаивал звание Марии, матери Иисуса как Богородица.

Витгенштейн Людвиг Йозев Иоганн (1889–1951) — австр. философ в обл. логики, философии математики, философии разума и философии языка.С 1929 по 1947 гг. преподавал в Кембридж. ун-те. Его «Философские исследования» считают важнейшими по философии XX в. «Единственный перекрёстный шедевр философии XX в.»

Власкин Александр Петрович (1952) — рус. филолог, литературовед, культуролог. Спец. по рус. классич. лит., рус. религ. культуре, творчеству Ф. М. Достоевского. Д-р филол. наук, проф с 1995. Зав. кафедры рус. лит. Магнитогор. гос. ун-та, член Междунар. об-ва Ф. М. Достоевского (1985–2014). См.: Идеологический контекст в романе. (1987); Искания Ф. М. Достоевского в 1870-е гг. (1991); Творчество Достоевского и народная религиозная культура (1994) и др.

Власова Ольга Александровна (1958–2020) — рус. литературовед, востоковед, африканист и переводчик с арабс. языка. Основатель и член редколлегии научно-практич. журнала «Аутизм и нарушения развития».

Водзиньский Цезарий (1959–2016) — польс. философ, историк философии, эссеист, переводчик и писатель. Круг интересов: рус. философия и теология, нем. философия, религ. философия, феноменология, герменевтика, философия диалога, трансцендентальная философия, философия языка, философия существования, метафизика, онтология, аксиология. Преподавал в Варшав. и Ягеллон. ун-тах; читал лекции в Стокгольме и Москве. Работы: Св. Идиот. Проект апофатической антропологии (2000); Философия как искусство мышления (1993).

Волицкая-Вольшлегер Эльжбета (1937–2013) — польс. философ, историк ис-ва, художница, эссеистка, переводчица, проф., д-р гуманистич. наук. См. труды: Миф — развитый символ: в кругу платоновской герменевтики мифов (1989); Философские опыты: в кругу избранных проблем «вечной философии» и совр. антропологии (1997); Рассуждения вокруг Канта: пролегомена к философии культуры как критики власти субъекта (2002) и др.

Галкин Александр Борисович (1961) — рус. литературовед, д-р филол. наук, член Всерос. об-ва Достоевского. Автор статей и книг по рус. лит.: Темы русской классики (2000), статей о Гоголе, Достоевском и Гончарове (Энциклопедия литературных героев) (1997); о Лермонтове, Гоголе, Толстом и Достоевском («Вопросы литературы» 1991–1996) и др.

Ганочы Александре (1928) — венг. проф., католич. богослов и писатель. См.: Молодой Кальвин: Бытие и эволюция его реформаторского призвания (1966) и др.

Гарофало Рафаэле (1831–1954) — итал. криминолог, последователь Ч. Ломброзо. Ввёл его учение в антропологию. Основатель теории «естественного преступления». Работы: Социологические и политические идеи Данте, Ницше и Толстого: исследования материалов конференции невежества и преступления в правительстве Парижа в 1871 г. (1907); Образовательные методы латинской и британской цивилизаций (1911).

ГВАРДИНИ (ГУАРДИНИ) РОМАНО (1885–1968) — нем. философ и катол. богослов (итал. происхождения), в трудах по философии антропологии и философии культуры опирался на тв-во Достоевского. См.: Человек и вера (1994); О Церкви (1995).

ГЕРИК ХОРСТ-ЮРГЕН (1937) — нем. проф. рус. лит. и общего литературоведения в ун-те Гейдельберга. Соучредитель Международного об-ва Достоевского. Гл. интерес — восприятие Достоевского в Германии: Места преступления Достоевского (2010) и др.

ГЕССЕ ГЕРМАН (1877–1962) — швейцар. писатель. Романы: Игра в бисер (1943); Степной волк (2022) и Сиддхартха (1922). Выступления о Достоевском: («Vossische Zeitung», 22 марта, 1925); Магия книги. Эссе о литературе (1922).

ГИРО ПЬЕР (1912–1983) — фр. лингвист, стоял у истоков текстовой статистики и анализа данных текста, в частности о Достоевском: Проблемы и метод статической лингвистики, с. 7–8 (1960).

ГОФМАН ИРВИНГ (1922–1982) — амер. социолог работал на стыке различных гуманитар. дисциплин: психологии, философии, психиатрии. Наиболее известна книга: Представление себя другим в повседневной жизни (2000).

ГРАБНЕР-ХАЙДЕР АНТОН (1940) — австр. философ, культуролог, писатель, журналист и проф. религ. философии ун-та Граца. Работы: Структуры мифа (1990); Семиотика и теология (1980); Эротика и религия (2015) и др.

ГРОССМАН ЛЕОНИД ПЕТРОВИЧ (1988–1965) — рус. литературовед, писатель, д-р филол. наук, проф. Для серии «Жизнь замечательных людей» написал биографии Пушкина (1939) и Достоевского (1952). Автор романа «Достоевский за рулеткой» (1932) и др.

ГУРЧИНЬСКАЯ-САДЫ КАТАРЖИНА (1968) — проф., д-р гуманитаристики, рук. Ин-та философ. антропологии и социальн. философии в Кракове. Труды: Человек как слово и тело: в поисках новой концепции субъекта (2013); Субъект как открытое бытие. Проблематика субъективности в поздних произведениях Витгенштейна (соавт. Сады Войчех, 2007).

Гуссерль Эдмунд Густав Альбрехт (1859–1938) — нем. философ, создатель совр. феноменологии философ. направления, включающей три феноменологии: дескриптивную, трансцендентальную и генетическую. Гл. работы: Логические исследования. Исследования по феноменологии и теории познания / пер. В. И. Молчанов, т. 3 (2001); Картезианские размышления / пер. Д. В. Скляднез (2001) и др.

Деррида Жак (1930–2004) — фр. философ, создатель концепции деконструкции. В центре внимания философия и её традиций, языка, литературы, эстетики в аспекте их деконструкции. См.: Голос и феномен и другие работы по теории знака Гуссерля / пер. С. Г. Калинина и Н. В. Суслова; Серия Gallicinium (1999); О почтовой открытке от Сократа до Фрейда и не только (1999); Позиции / пер. В. В. Бибихин (2007) (Философские технологии); Поля философии / пер. Д. Кралечкина (2012).

Джексон Роберт Луис (1923–2022) — амер. славист, один из основателей и президент (1977–1983) Международ. Общ-ва Достоевского. Автор монографий: Подпольный человек Достоевского в русской литературе (1958), Достоевский: поиск формы. Изучение его философии и искусства (1966), Искусство Достоевского. Бред и ноктюрны (1984), Диалоги с Достоевским. Послание и вопросы (1993) и др.

Джонс Малкольм В. (1943) — почётный проф. рус. яз. в Ноттингем. ун-те (Англия), один из основателей и почёт. президент Международного об-ва Достоевского. Исследует тво-во Достоевского: Достоевский после Бахтина (1998); Достоевский и динамика религиозного опыта (2022).

Добешевский Януш (1955) — д-р философ. наук, проф. Ин-та философии и социологии Варшав. ун-та. В центре внимания — славян. вопрос, история и социальн. философия, философия религии. Интерес сосредоточен на наследии Соловьёва, Толстого, Достоевского. Работы: Владимир Соловьёв. Исследование философской личности (2002); Абсолют и история. В кругу русской мысли (2012); Синтезы и нюансы. Исследования и очерки по русской философии (2019) и др.

Древняк Томаш (1972) — д-р гуманитар. наук, проф. Польской Гос. Академии прикладных наук в Нысе. Рук. Исследований гуманитар. наук, секретарь изд. ПВШП. Обл. интересов: феноменология, философия дионисийская, языка, политики, архитектуры, история философии, семиология. Автор работ: Дионис и дионисийское: мифы, искусство, философия, наука (2009); Эпистемология фикции. Историко-системное исследование (2011) и множества статей.

Дрыжакова Елена Николаевна (1931) — амер. проф. Питтсбург. ун-та. Сфера интересов: культурология, языкознание, биографии и мемуары. Автор работ о рус. лит., её традициях и новаторстве: Первый экзистенциальный конфликт в русской литературе // «Новый Журнал», 2004; «Вышел» ли Достоевский из гоголевской шинели? // «Новый Журнал», 2007; По живым следам Достоевского: факты и размышления (2008) и др.

Евдокимов Павел Николаевич (1901–1970) — рус. православ. богослов и обществ. деятель. Исследователь иконы. Внёс вклад в распространение Православ. во Фр. и в других франкоязыч. странах. Автор работ об иконе и творчестве рус. писателей. См.: Достоевский и проблема зла (1942); Гоголь и Достоевский, или Сошествие во ад (1961) и др.

Евлампиев Игорь Иванович (1956) — рус. историк философии, спец. по философии культуры. Анализируя произведения рус. писателей, включая Достоевского как форму художественного философствования, видит в них важную часть истории рус. философии. Противник теории Бахтина о полифонии романов Достоевского. См: История русской философии (2002); Художественная философия Андрея Тарковского (2001); Русская философия в европейском контексте (2017) и др.

Епископ Афанасий Евтич (В миру Зоран Евтич) (1938–2021) — архиерей Сербской Православ. Церкви. Главные темы: положение Сербской церкви и народа в Косове и Метохии, разыскания и подготовка к печати документов о сербских новомучениках. См.: Страдания сербов из-за Косово и Метохии с 1941 по 1990 (1990); Хлеб богословия (2004); Жизнь во Христе: Христианская нравственность, аскетическое предание Церкви и вызовы современной эпохи: VI Международная Богословская Конференция Русской Православной Церкви (15–18 ноября 2010).

Жакевич Збигнев (1933–2010) — польс. русист, писатель, автор романов, книг для детей автобиографич. прозы: Россия. Россия... Заметки о путешествиях. Люди. Прочитанное. 1964–2002 (2006).

Жаковская Магдалена (1979) — польс. проф. на Кафедре теории и истории международ. отношений, д-р гуманистич. наук в обл. политики и администрации. В центре научн. интересов проблемы пограничья политики и культуры преимущественно в Центральной и Зосточной Европе: Хлопоты с медведем. Россия в медиадискурсе с Германией, Австрией и Швейцарией с XIX по XXI вв. (2020) Культурная программа немецких «поздних переселенцев» из России и Польши (2011).

Жерар Рене Ноэль Теофил (1923–2015) — фр. философ, культуролог, литературовед. В центре внимания — тема институциализации ритуального жертвоприношения как процесса, кот. легла в основу концепции происхождения религии. К религии и общественнсй жизни он применяет категорию миметич. желания. Анализируя греческую трагедию, видит в ней ослабленную жертву жертвоприношения; фрейдистскую концепцию сводит к генезису обществ. отношений. См.: Ложь романтизма и правда романа (1961); Достоевский. Критика из подполья, с. 42–133 (2012); Достоевский: от двойственности к единству / пер. Г. Куделич (2013); Насилие и священное / пер. Г. М. Дашевского (2000, 2010) и др.

Зандер Лев Александрович (1893–1964) — рус. филссоф, деятель международ. экумених. движения, исследователь православия на материале икон и творчества рус. писателей, в частности С. Булгакова. См.: Бог и мир: Миросозерцание отца Сергия Булгакова в 2-х тт (1948); Тайна добра: Проблема добра в творчестве Достоевского (1959). Автор исследования религиозных взглядов Достоевского: Книга о Достоевском как введение в православное мировоззрение / «Путь», № 8, с. 152–153 (1927).

Зеньковский Василий Васильевич (1881–1962) — рус. религиоз. философ, богослов, культуролог и педагог. Протопресвитер в юрисдикции Западно-европейского экзархата русских приходов Константинопольского патриархата. В основе мировоззрения лежит христианский мистицизм. Автор работ: Россия и православие (1915); О чуде (1928); Проблема красоты в миросозерцании Достоевского // «Путь», № 37, с. 36–60 (1933) и др.

Зёрнов Николай Михайлович (1898–1980) — рус. философ, богослов, исследователь православ. культуры, обществ. деятель рус. эмиграции, писатель, проф. богословия в американ. ун-тах, почётный д-р Оксфорд. ун-та. Работы: Три русских пророка (Хомяков, Достоевский, Соловьёв) (1944); Русские писатели в эмиграции: Биографические сведения и библиография их книг по богословию, религиоз. философии, истории Церкви и православ. культуре (1973) и др.

Зыхович Юлиуш (1924–2014) — польс. катол. деятель и переводчик (с нем., чеш., словац., рус., итал.) книг Ханса Урса фон Бальтазара, Юзефа Бенедикта Ратцингера и др., в том числе: Юзеф Бор. Терезиньский реквием (1978); Арно Анзенбахер. Введение в философию (1987); Мартин Бубер. Два типа веры (1995); Дитрих фон Гильдебранд Метафизика сообщества: размышления о сути и ценности сообщества (2012) и др.

Иванов Вячеслав Иванович (1866–1949) — рус. поэт-символист Серебряного века, философ, драматург, переводчик, лит. критик, педагог, исследователь дионисийства, идеолог символизма. Образование получил в Моск. и Берл. ун-тах. Испытал влияние мистико-религиозных идей В. С. Соловьёва, славянофильства Хомякова и философии Ницше. Знаменитый петербург. салон «Башня» (совместно с женой Л. Д. Зиновьевой-Аннибал) посещали младосимволисты, будущие акмеисты, полит. деятели, композиторы и художники (Мейерхольд, Сологуб, Ремизов, Мережковские, Гершензон, Луначарский и др.). Идеолог мистико-религиозной концепции создания на эротической основе всемирной церкви. С 1924 преподавал в Италии рус. яз. и лит. в ун-те Павии и др., переводил Данте, Петрарку. Автор книг: Кормчие звёзды (1902); Борозды и межи (1916); Прометей (трагедия в стихах) (1919) и др.

Исупов Константин Глебович (1946) — направление исследований — история и теория мировой лит., история философии и культуры, эстетика, судьбы рус. философско-религиоз. мысли. Работы: Достоевский: Эстетика и поэтика: Словарь-справочник (1997); Л. Н. Толстой: pro et contra: Личность и творчество Льва Толстого в оценке рус. мыслителей и исследователей: Антология (2000).

КАМЮ АЛЬБЕР (1913–1960) — фр. философ, экзистенциалист, писатель, драматург, журналист, публицист, лауреат Нобелевской премии по лит. 1957 г. Автор романов «Посторонний», «Чума» и др.

КАНТОР ВЛАДИМИР КАРЛОВИЧ (1945) — рус. философ, писатель, ученый-литературовед, д-р философ. наук, проф. Высшей школы экономики. Автор работ, в том числе о Достоевском: «Братья Карамазовы» Ф. Достоевского (1983); Судить Божью тварь. Пророческий пафос Достоевского: Очерки. (2010); Две родины Достоевского: попытка осмысления (2021) и др.

КАРАСЁВ ЛЕОНИД ВЛАДИМИРОВИЧ (1956) — рус. д-р филос. наук, специалист по эстетике и герменевтике худ. текста и философии культуры. Основная обл. интересов: история и философия смеха. Автор работ: Метафизика сна // Сон — семиотическое окно (1994); Философия смеха (1996); Достоевский и Чехов. Неочевидные смысловые структуры (2016).

КАРЯКИН ЮРИЙ ФЁДОРОВИЧ (1930–2011) — рус. литературовед, писатель, публицист, обществ. деятель. Книги: Достоевский. Очерки (1984); Бес смертный. Приход и изгнание (2011) и др.

КИРПОТИН ВАЛЕРИЙ ЯКОВЛЕВИЧ (1898–1997) — рус. литературовед, критик, д-р филол. наук. С 1956 г. возглавлял Кафедру истории рус. лит. Литератур. ин-та Союза писателей СССР (1956–1981). Исследовал преимущественно рус. лит.: Н. Г. Чернышевский и марксизм (1930); Наследие Пушкина и коммунизм (1936); Достоевский и Белинский (1960); Разочарование и крушение Родиона Раскольникова: книга о романе Ф. М. Достоевского «Преступление и наказание» (1970) и др.

КЛЕМАН ОЛИВЬЕ МОРИС (1921–2009) — фр. богослов, историк, проф. Свято-Сергиев. Православ. ин-та в Париже, популяризатор православ. в Западных странах. Экуменист, сторонник единства христиан и диалога с нехристиан. религиями. Его ценили христиане, иудеи и мусульмане. См.: Истоки / пер. Г. В. Вдовина (1994); Отблески света. Православное богословие красоты / пер. Бикбау (2004); Рим. Взгляд со стороны / пер. Протоиерей Алексий Гостев (2006) и др.

Клочовский Ян Анджей (1937) — польс. религиоз. деятель, доминиканин, теолог, проф. философии, по образованию историк искусства (млад. брат историка Ежи Клочовского). В 1980-е гг. был акад. свящ. в Кракове и на свои воскресные «философские проповеди» (так называемые «двенадцать» — в 12 дня) собирал огромные толпы краковчан. Осн. книги: Человек — богом человека: философский контекст понимания религии в «христианской сущности» Людвика Фейербаха (1979); Пути мистического человека (2001); Доверять правде (2006) и др.

Ковальчык Станислав (1932) — польс. катол. священник, митра, проф., д-р наук теодицеи. В его исследованиях обозначены три обл.: метафизика теодицеи, религиоз., а также социально-антропологич. и аксеологич. философия, подразумевающая философию культуры. Стиль характеризуется им как реалистическо-динамический персонализм. Автор более 20 книг, см.: Современная философия Бога (1970); Тело человека в философских размышлениях (2009); Течения персонализма. От Августина до Войтылы (2010) и др.

Колаковский Лешек (1927–2009) — польс. философ, сторонник, затем критик марксизма. С 1970 проживал в Англии, где специализировался по философии Гуссерля: См.: Гуссерль и поиск достоверности (1975), Разговоры с дьяволом / пер. Ю. Чайников (2019)

Копалинский Владислав (1907–2007) — польс. лексикограф, журналист, переводчик, энциклопедист, издатель, автор работ: Словарь иностранных слов и фраз (1967); Книга цитат из польской художественной литературы с XIV по XX век (совместно с П. Хертцем) (1982) и др.

Коплстон Фредерик Чарлз (1907–1994) — британский историк философии, католический священник Ордена иезуитов. Член Британской академии. Автор трудов по всем разделам истории западноевропейской философии (фундаментальная девятитомная История философии включает периоды от античности до XX в). См.: A History of Philosophy (9 volumes reissued) — История философии (переиздано 9 тт.) (1993–1994); От Фихте до Ницше / пер., вступ. ст. и примеч. д.ф.н. В. В. Васильева (2004) и др.

КОТАБРИНСКИЙ ТАДЕУШ (1886–1982) — польс. философ, логик (львовско-варшавская школа). Автор работ: Элементы теории познания, формальной логики и методологии наук (1963); Лекции по истории логики (1963).

КУЛАКОВСКАЯ ДАНУТА (1931) — польс. литературовед, д-р гуманитарных наук, проф., работает в ведущих филологич. журналах Польши, русистка, много лет занимается творчеством Толстого и Достоевского, сравнительным анализом их творчества, вопросами «полонофобии» Достоевского и др. См.: Достоевский: Антиномии гуманизма согласно «Братьям Карамазовым» (1987); Достоевский: Диалектика неверия (1981) и др.

КУТЗЕЕ (КУТСИ́) ДЖОН МАКСВЕЛЛ (1940) — южноафрикан. писатель, критик, лингвист. Лауреат Нобелевской премии по литературе (2003). В основе романа о Достоевском (1994, пер. С. Ильин) Осень в Петербурге (2019) реально описанные, но вымышленные события. Автор мастерски перемешивает биографические факты Достоевского с придуманными, но точно передающими его стиль письма.

КЬЕРКЕГОР СЁРЕН (1813–1855) — датский теолог, философ, поэт, религиоз. писатель, его считают первым философом-экзистенциалистом.

ЛАЗАРИ АНДЖЕЙ ДЕ (1946) — польс. литературовед-русист, филолог, историк идеи, проф. Ун-та Николая Коперника (Лодзь), рук. кафедры Центральной и Восточной Европы Ин-та международ. исследований Лодзинского ун-та. Автор исследований по русско-польским и европейским связям: Идеи в России... Русско-польско-английский Лексикон (сост. и ред. тт. 1–5, 1999–2003); В кругу Фёдора Достоевского. Почвенничество./ пер. М. В. Лескинен, Н. М. Филатова (2004) и др.

ЛАКАН ЖАК МАРИ ЭМИЛЬ (1901–1981) — фр. психоаналитик, философ (фрейдист, структуралист, постструктуралист) и психиатр, авторитет в науке психоанализа. См.: Функция и поле речи и языка в психоанализе (1995); Инстанция буквы в бессознательном или судьба разума после Фрейда (1997) и др.

ЛАУТ РАЙНХАРД (1919–2007) — нем. исследователь считал трансцендентальную философию научной концепцией, противоположной догматизму (реализму или идеализму) и историческому релятивизму в смысле идей Декарта, Канта и Фихте. См.: Философия Достоевского в систематическом изложении (1996) и др.

ЛЕВИНАС ЭММАНУЭЛЬ (1906–1995) — фр. этический философ, проф. Сорбонны. В центре его исследований — этическая проблематика, артикулированная парадигмальной фигурой Другого. В диалоге видит форму трансцендентального: единственный мыслимый гарант для моего Я — это Другой. Работы: Время и другой. Гуманизм другого человека / пер. А. В. Парибка (1998); Путь к Другому / пер. Е. Бахтина (2007) и др.

ЛЕВИ-СТРОСС КЛОД (1908–2009) — франко-бельгийский этнолог, социолог, этнограф, философ и культуролог, создатель структурной антропологии, в основе понимание культуры, независимой от естественных наук. См.: Печальные тропики / пер. Г. А. Матвеева (1984); Раса и история (2000) и др.

ЛЕОНТЬЕВ КОНСТАНТИН НИКОЛАЕВИЧ (1831–1891) — рус. философ, публицист и писатель, поздний славянофил. Рассматривал «византизм» (церковность, монархизм, сословная иерархия) и союз России с Востоком охранительным средством от революции, считая либерализм с его «омещаниванием» быта и культом всеобщего благополучия главной опасностью современности. Его работы: Византизм и славянство (1875); Записки отшельника (1992) и др.

ЛЕУШИНА ОЛЬГА ВЛАДИМИРОВНА — доцент кафедры бизнеса в сфере услуг в Новосибирском гос. ун-те экономики и управления. Ведущая тема: «Креативный город и технологии креативных индустрий в сфере туристско-гостиничного бизнеса: на пересечении бизнеса и искусства» Исследует также роман «Идиот». См.: Образ князя Мышкина: христологический контекст романа Ф. М. Достоевского «Идиот» (2019).

ЛИБКНЕХТ КАРЛ ПАУЛЬ ФРИДРИХ АВГУСТ (1871–1919) — нем. политик, адвокат, теоретик герман. марксизма, один из основателей Компартии Германии. Был убит.

ЛОМБРОЗО ЧЕЗАРЕ (1835–1909) — итал. психиатр, преподаватель, родоначальник концепции антропологии в криминологии и уголовном праве. Гл. идея — о прирождённом преступнике.

ЛОССКИЙ НИКОЛАЙ ОНУФРИЕВИЧ (1870–1965) — рус. религиоз. философ, один из основателей интуитивизма, разрабатывал онтологические положения. См.: Обоснование интуитивизма (1906); Мир как органическое целое (1917); Учение о перевоплощении (1992) и др.

ЛОШАКОВ РУСЛАН АНАТОЛЬЕВИЧ (1959) — проф. Свободного ун-та (Латвия), читает курс лекций по философии с античной эпохи и до наших дней. Работы: Отношение разума и веры в новоевропейской метафизике (1998); Различие и тождество в греческой и средневековой онтологии (2007). Живёт в Стокгольме.

ЛУКАЧ ДЬЁРДЬ (ГЕОРГИЙ ОСИПОВИЧ ЛУКАЧ) (1885–1971) — венг. философ-неомарксист, лит. критик, основатель будапешт. школы марксизма. Создал систему марксист. эстетики, развивал марксову теорию отчуждения индивида в индустриальном обществе.

ЛЮБАК (ЛЮБЕК) АНРИ-МАРИ ЖОЗЕФ СОНЬЕР ДЕ (1896–1991) — фр. кардинал-дьякон с титулярной диаконией Санта-Мария-ин-Домника, иезуит, катол. богослов. Его труды: Средневековая экзегеза. Четыре смысла Св. Писания (4 тт, 1959–1965); История и дух: Понимание Писания согласно Оригену (1950); Встреча буддизма с Западом (3 кн., 1952); документ о Церкви, принятый на II Ватиканском Соборе: Мысли о церкви (1953) и др.

ЛЮКСЕМБУРГ РОЗА (1871–1919) — нем. теоретик марксизма, философ-экономист, публицист, деятель рёв. соц-демократии. Была убита.

МАЙСТЕР ЭКХАРТ (1260–1328) — нем. теолог Средневековья, философ, один из крупнейших христианских мистиков. Труды: Духовные проповеди и рассуждения (2016); Об отрешённости (2001) и др.

МАНН ПАУЛЬ ТОМАС (1875–1955) — нем. писатель, эссеист, мастер эпичес. романа, лауреат Нобелев. премии по лит. (1929).

МАНИКОВСКИЙ МАЧЕЙ (1966) — польс. теолог и филолог, доц. философ. ф-та Вроцлав. ун-та. Работы: Исследования философской традиции христианства (1998); Философия в защиту догмата. Антитритеистические доводы Григория Нисского на фоне традиции (2002) и др.

МАРИОН ЖАН-ЛЮК (1946) — фр. философ феноменологич. направления, катол. богослов. Основн. сферы интересов — Декарт, феноменологич. проблемы видимости и данности, христианская теология и этика.

Марков Борис Васильевич (1946–2013) — рус. философ. Д-р философ. наук, проф., зав. Кафедры философ. антропологии Ин-та философии СПбГУ. Гл. интерес — в обл. философ. и культ. антропологии, методологии и теории познания. Автор свыше 30 книг: Разум и сердце: история и теория менталитета (1993); Очерки социальной антропологии (1995); Знаки бытия. (Слово о сущем) (2001) и др.

Маркс Карл (1818–1883) — нем. философ, социолог, экономист, писатель, поэт, обществ.-полит. деятель, журналист, лингвист, историк. Самые известные его работы: Манифест Коммунистической партии и Капитал; К критике политической экономии.

Марсель Габриэль Оноре (1889–1973) — фр. философ-экзистенциалист, драматург, театральный и музыкальный критик. Член Академии моральных и политических наук. См.: Метафизический дневник (пер. В. Ю Быстрова (2005), Опыт конкретной философии (2004).

Мах Эрнст (1838–1916) — австр. физик, механик и философ-позитивист. Член Венс. Император. академии наук. В обл. философии физики предложил принцип, согласно которому наличие у тела инертной массы является следствием гравитационного взаимодействия его со всем веществом Вселенной (принцип Маха).

Мейер Присцилла (1942) — проф. Ун-та Уэлсли (США). Автор более 50 науч. статей и книг, входит в советы дир-ов Славян. и Восточно-Европ. журналов, Международ. набоковского об-ва. См.: Как русские читают французов: Лермонтов, Достоевский, Толстой (2008); Найдите, что спрятал матрос: «Бледный огонь» Владимира Набокова /пер. Маликова М. Э. (1988, 2007) и др.

Мелетинский Елеазар Моисеевич (1918–2005) — рус. филолог, историк культуры, основатель исследоват. школы теоретич. фольклористики. Д-р филол. наук, проф. Один из авторов-сост. энциклопедич. изданий: Мифы народов мира и Мифологический словарь. Обл. интересов: движение повествоват. традиций во времени и их генезис; метод исслед.:

сравнительно-типологич. и структурно-семиотич. анализ, выявление фольклорных архетипов. С этих позиций рассматривал творчество Пушкина, Достоевского. Автор трудов: Поэтика мифа (Серия «Исследования по фольклору и мифологии Востока») (1976); Достоевский в свете исторической поэтики. Как сделаны «Братья Карамазовы» (1996) и др.

МЕНДАЛА СТАНИСЛАВ (1935) — польс. ксёндз, миссионер св. Винцета Павла, проф. теологич. наук, библеист, переводчик Священного Писания.

МЕНЬ АЛЕКСАНДР ВЛАДИМИРОВИЧ (1935–1990) — рус. правосл. богослов, историк христианства и других религий, исследовал основы христиан. вероучения, православ. богослужения, проповедовал экуменизм. Один из зачинателей христиан. самиздата. См.: История религии «В поисках пути, истины и жизни» в 7 тт. (тт. 1–6, 1970–1983); Сын человеческий (1968); Как читать Библию? (1981); Библиологический словарь (около 1840 терминов) (2002) и др.

МЕРЕЖКОВСКИЙ ДМИТРИЙ СЕРГЕЕВИЧ (1865–1941) — рус. писатель, поэт, лит. критик, историк, религ. философ. В трудах и соч. превалирует религ.-философ. подход. Писал романы, ист. прозу, поэзию и т.п. См.: Л. Толстой и Достоевский (1903); Пророк русской революции. К юбилею Достоевского (1906); Трилогия Христос и Антихрист (1906) и др.

МЕРЛО-ПОНТИ МОРИС (1908–1961) — фр. философ, представитель экзистенц. феноменологии, обращённой к философии Гуссерля и Хайдеггера. Его влияние заметно в герменевтике, структурализме и постструктурализме, теории символа. Работы: Феноменология восприятия (1945); Видимое и невидимое / пер. Шпарага О. Н. (2006) и др.

МИКИЧУК (МИКИЦУК) ЭЛЬЖБЕТА (1971) — д-р, проф. Гданьского ун-та (Филолог. ф-т Ин-та польс. филологии, Отд. Драмы, Театра, Постановок), спец. по вопросам зрелищного выражения лит. образа, в частности, на материале соч. Достоевского написана книга: Прочтение иконы: в кругу литературы, театра и кино (2020)

МИЛЛИОНЩИКОВА ТАТЬЯНА МИХАЙЛОВНА (1948) — ст. научн. сотрудник ИНИОН РАН, отдел Литературоведение. Сфера интересов: история рус. литературы XIX — нач. XX вв.; литературы рус. зарубежья; лит. взаимосвязи; имагология как раздел сравнит. изучения литератур; стиховедение, худож. перевод. Спец. по амер. литературоведению, преимущественно о Достоевском. Автор критич. исслед., аналитич. обзоров, в том числе: Икона и молитва в образной системе романов Ф. М. Достоевского: Исследования литературоведения США (РЖ. Сер. 7. 2019. № 2).

Милош Чеслав (1911–2004) — польс. поэт, переводчик, эссеист. Лауреат Нобелевской премии по лит. (1980). Израильс. мемориальный центр Яд ва-Шем причислил его к праведникам мира за помощь евреям во время Холокоста.

Михайловский Николай Константинович (1842–1904) — рус. публицист, переводчик, литературный критик. Прославился книгой о Достоевском «Жестокий талант». См.: Полное собр. соч. Ф. М. Достоевскаго (1882, тт. 2 и 3, с. 63–153).

Михальская-Суханек Мирослава (1962) — польс. филолог, д-р, сотрудник Отделения Истории рус. лит. Ин-та Восточнослав. филологии Силез. ун-та. Спец. по истории рус. лит., преподаванию чужого языка с учётом специфики спец. языков (язык бизнеса), категория настроения в лит. произведении, проблемы психики и суицидальные. Автор множества статей и книг: Феномен самоубийства (2011); Самоубицы Фёдора Достоевского (2015) и др.

Мочульский Константин Васильевич (1892–1948) — рус. критик и литературовед первой волны эмиграции, проф. Свято-Сергиев. богослов. православ. ин-та в Париже. Труды о рус. писателях: Александр Блок. Андрей Белый. Валерий Брюсов /сост., авт. предисл. и коммент. В. Крейд (1997); Гоголь. Соловьёв. Достоевский /сост., авт. предисл. и коммент. В. Крейд (1995). 1917–2009 Нем. славист, теолог, историк церкви, переводчик, автор трудов по рус. истории, литературе и культуре, рус. религии. Внимание уделял идеям и философии Вл. Соловьёва, Достоевскому см.: Достоевский. Его жизнь — его творчество — его наследие (источники и исследования по русской интеллектуальной истории) (1982).

Наживин Иван Фёдорович (1874–1940) — рус. бытописатель деревни, сподвижник Л. Н. Толстого; после революции эмигрировал, умер в Брюсселе. Прославился историч. и фантаст.

прозой, публицистикой. Большая часть книг издана в России до революции: Убогая Русь (1901); Собр. соч. (вышло 5 тт) (1911–1917) и др. В эмиграции: Записки о революции (1921); Среди потухших маяков. Из записок беженца (1922); Расцветший в ночи лотос. Роман из времён Моисея (1935)

НАПЮРКОВСКИЙ АНДЖЕЙ (1962) — польс. ксёндз, проф. теолог. наук на теолог. ф-те ун-та Иоанна Павла II в Кракове. Работы: Оправдание грешника (1998); Божеский хлеб человека (2018) и др.

НАСЕРОВСКИЙ ТАДЕУШ (1953) — д-р мёд. наук, преподаватель в Медиц. психиатрич. академии в Варшаве. Гл. темы: рус. и польс. история, духов. опыт в широком смысле, в обл. медицины и лечения душевных болезней. Работы: Когда ум спит, а в мышцах идёт разрушение. О жизни и болезни Вацлава Нижинского (2000); Иван Петрович Павлов. Советская наука в оковах сталинизма (2002); Разрушение личности с психическими расстройствами в оккупированной Польше. Начала людоедства (2008) и др.

НАТОРП ПАУЛЬ ГЕРХАРД (1854–1924) — нем. философ идеализма. Неокантианец. Кантовская вещь в себе трактуется как побудительное начало. Представитель Марбургской школы.

НЕМО ФИЛИПП (1949) — фр. философ, политолог и историк. Эмерит-проф. ESCP Europe. Д-р словесности и гуманитар. наук. Выдвинул тезис о «глубокой аморальности» социальной справедливости, превалирует интерес к истории политических идей: Иов или избыток зла (1978) и др.

НОВАК ПЁТР (1966) — польс. философ, проф. Белосток. ун-та. исследует разнообраз. проблемы философии: древней, политич., лит., религии. Переводчик с европ. яз. соч. Ханны Арендт, В. Одена, Б. Пастернака, С. Франка, В. Розанова и др. См.: Тетрадь для эскизов мизантропа (2023); Философь (в трёх словах) (2022); История политической философии, ч. 2 (2016); Умираю, значит я есть! (2016) и др. — свыше 40 исследований и переводов.

НОВОСЕЛЬСКИЙ ЕЖИ (1923–201) — польс. худ.-иконописец, проф Академии изящных ис-в (1962–1993). С 1950-х гг. занимается настенной живописью, изучает православ. богословие, перешёл из католич. в православ. Д-р honoris causa. Настенные росписи есть в катол. и православ. храмах Польши.

Носсоль Альфонс (1932) — проф. теологич. наук, катол. священник, епархиальный епископ Ополе (1977–2009), архиепископ ad personam (с 1999), старш. архиепископ Опольской епархии (с 2009). См.: Человеку нужно богословие (1986) и др.

Оболевич Тереза (1974) — польс. проф., зав. Кафедры рус. и визант. философии в Папском ун-те Иоанна Павла II в Кракове. Руководит регулярно созывающейся Международ. конференцией по рус. и польс. философии «Krakow Meetings». Обл. интересов: история рус. религ. философии и проблема взаимоотношений веры и знания, архивные изыскания, пример чему книга: Мирра Лот-Бородина. Историк, литератор, философ, богослов (2020) — имя русского поэта, исследовательницы мировой лит., ориг. философа и богослова Оболевич буквально вытащила из небытия. См. также: От имяславия к эстетике. Концепция символа Алексея Лосева. Историко-философское исследование / пер. Елена Твердислова (2011); Семён Франк в европейской и эмигрантской культуре (2023). Сюда же относятся её работы о Н. Лосском, Л. Карсавине, С. Гессене и др.

Папроцкий Хенрик 1946) — польс. д-р богословия, священник (1981). Преподаёт на Кафедре православ. богословия Белосток. ун-та, а с 1981 — в Высшей православ. духов. семинарии в г. Яблечно. Автор книг и статей по православ. богословию. См.: Восприятие русской религиозной мысли в Польше // ЕΛΠΙΣ, № 11–12, 2005, с. 193–203.

Подгужец Збигнев (1935–2002) — польс. журналист и переводчик с рус. яз., спец. по рус. культуре и православию. Перевёл соч. Достоевского, Гоголя, Л. Толстого, Зощенко, Шаламова, «Воспоминания» А. Достоевской. «Среди героев рассказов Достоевского симпатии вызывают главным образом люди простые, из народа. В них писатель видел опору по защите главных ценностей русского народа — веры, традиции, праведности», — писал он, комментируя одну из книг своих переводов.

Подзяво Томаш (1906–1975) — белорус. кат. священник визант.-славян. обряда, марианин, принял монаш. постриг в 1927 г, д-р философии. Прошёл через аресты НКВД, в 1948 был сослан в Читу, в 1949 — приговорён к 25 годам ссылки, отбывал наказание в Сибири и Казахстане. В 1955 депортирован в Польшу. Жил в монастырях мариан (Варшавы, Вроцлавека и др.). Наряду с педагогич. и священнич. деятельностью, писал о характере восточ. духовности и в этом русле — о Достоевском. В 1969 выехал в Рим, оттуда в Лондон, где и скончался. «Его очерк о религиозности Достоевского стал одним из важнейших в ПНР на эту тему, да ещё написанный священником», — писал Т. Сухарский в книге «Восприятие Достоевского польской послевоенной гуманистикой», с. 63 (2018). См. также: «Достоевский (дискуссионные замечания)», — «Знак». № 12, с. 1590–1594 (1959) и др.

ПОДОРОГА ВАЛЕРИЙ АЛЕКСАНДРОВИЧ (1946–2020) — рус. философ-постмодернист, д-р философ. наук, проф., философ-антрополог, худ. критик, приглашённый проф. научно-гуманитар. центра Cornell (США), Страсбург. и Лейпциг. ун-тов. Соч.: Метафизика ландшафта (1993), Простирание или география «русской души» (1994), Словарь аналитической антропологии (1999) и др.

ПОМЕРАНЦ ГРИГОРИЙ СОЛОМОНОВИЧ (1918–2013) — рус. философ, культуролог, писатель, эссеист. Вёл полемику с Солженицыным по вопросам ценностей духовной независимости личности вопреки «почвенническому утопизму» и, шире — национализму писателя. Одно из самых цитируемых высказываний Померанца посвящено воздействию социальной полемики на общество. Автор работ по широкому кругу проблем, в том числе о Достоевском: Открытость бездне: этюды Достоевском (1989); Открытость бездне. Встречи с Достоевским (1990); Дороги духа и зигзаги истории (2008); Великие религии мира (1995) и др.

ПОМЯН КШИШТОФ (1934) — польс. и фр. философ-эссеист, историк европейс. культуры, политич. публицист. С 2001 — науч. дир. Музея Европы в Брюсселе. Автор работ по полит. философии, философии истории и истории философии, по истории европейс. мысли, культуры и искусства, изданных на польс. и фр. языках. См.: Прошлое как объект науки (1992); Масштабы польского конфликта: 1956–1981 (1985) др.

Попович Иустин (1894–1979) — сербский архимандрит (в миру Благое Попович), священнослужитель сербск. Прав. Церкви (канонизирован в 2010), д-р богословия, один из основателей Сербс. философ. об-ва (1938). Духовный писатель. См.: Догматика Православной Церкви (Православная философия истины) (1978); Осуждённые на бессмертие / Московская Патриархия № 4, с. 74–76 (1999) и др.

Поспишил Казимеж (1938) — польс. психиатр, проф. гуманитар. наук, многолетний дир. Ин-та психологии Ун-та Марии Кюри-Склодовской в Люблине. См.: Отец и развитие ребёнка (1980); Нарцисизм и безвыходные пути собственной любви (1995); Семейные драмы в мифах и сказаниях (2013) и др.

Поссенти Витторио (1938) — итал. основатель и дир. Межведомствен. Исследоват. центра по правам человека Венециан. ун-та; директор Ин-та философ. исследований в Милане (1975–1981); спец. по политич. философии. Лауреат международных премий. См.: Теоретический нигилизм и «смерть метафизики» (1996); Религия и гражданская жизнь (2002) и др.

Пружинин Борис Исаевич (1944) — сов. и рус. философ. Д-р философ. наук., гл. ред. журнала «Вопросы философии». Проф. Кафедры онтологии, логики и теории познания ф-та философии НИУ ВШЭ. Автор более 100 статей и книг: Рациональность и историческое единство научного знания: гносеологический аспект (1986); Воображение и рациональность: опыт методологического анализа познавательной функции воображения (в соавт. с Л. С. Коршуновой) (1989); Ratio serviens? Контуры культурно-исторической эпистемологии (2009) и др.

Пруст Марсель (1871–1922) — фр. выдающийся. писатель, новеллист и поэт, романист, представитель модернизма в литературе. Сопоставляя его с Достоевским, Т. Манн оставлял приоритет за рус. писателем.

Пушкарёва Наталья Львовна (1959) — рус. историк, культур-антрополог, стояла у основ истор. феминологии и гендерной истории в сов. и рос. науке. Д-р ист. наук (1997), проф., рук. Центра гендерных исследований РАН, президент Российской ассоциации исследователей женской истории. Работы: Женщины Древней Руси (1989); Частная жизнь женщины в доиндустриальной России. X – нач. XIX в. Невеста, жена, любовница (1997); Гендерная теория и историческое знание (2007) и др.

ПШЕБИНДА ГЖЕГОЖ (1959) — польс. спец. в обл. истории идей в России, старой и новой рус. культуры, д-р гуманитар. наук, проф., автор около 300 публикаций на польс., рус., укр., англ. и фр. языках, посвящённых рус. философ. мысли, рус. духовной культуре, истории и нынешнему положению России и Украины. В наст. время зав. Каф. культуры восточ. славян в Ин-те восточнославян. филологии Ягеллон. ун-та в Кракове. См.: Закоулки Мастера Воланда (2000), Кто есть, кто в России после 1917 года (в соавторстве с Ю. Смагой, 2000), Между Римом и Москвой. Религиозная философская мысль в России в XIX и XX вв. (2003), Ад с видом на небеса. Встречи с Россией 1999–2004 (2004), Между Краковом, Римом и Москвой. Русская идея в новой Польше (2013).

ПШИБЫЛЬСКИЙ РЫШАРД (1928–2016) — польс. филолог, эссеист, историк польс., рус. и мировой культ. и лит., переводчик рус. поэзии (Мандельштам), проф. Ин-та лит. исследований Польской Академии Наук; писал о классич. традиции в польс. лит. Лауреат гос. премий: трижды лит. «Ника». Автор работ: Достоевский: Проклятые вопросы (2010). Вечная Россия. Мандельштам в 1917 году (2012) и др.

РАТЦИНГЕР ЮЗЕФ АЛОИЗ (1927–2020) — 265-й Папа Римский Бенедикт XVI. Нем. д-р богословия. Епископ Римско-катол. церкви (с 2005 по 2013). Научн. специальность — догматич. богословие. Вёл нучн. и преподав. работу. Труды: Принципы христианской морали (1975); Принципы католической теологии (1982); Иисус из Назарета (2007) (на рус. яз. 2009) и др.

РАССЕЛ АРТУР УИЛЬЯМ БЕРТРАН (1872–1970) — британ. философ, логик, математик, обществ. деятель. Внёс вклад в мат. логику. Прославился трудами по эстетике, социологии, педагогике.

РЕМБО ЖАН НИКОЛЯ АРТЮР (1854–1891) — фр. поэт — один из основателей символизма. Его творчество дало мощный импульс для авангарда: стёр границу между поэзией и прозой; стоял у истоков теории верлибра во Франции.

РЕЙСЕР СОЛОМОН АБРАМОВИЧ (1905–1989) — сов. проф., д-р филол. наук, библиограф, литературовед, спец. в обл. палеографии нового времени, текстолог. Основные труды: Летопись жизни и деятельности Н. А. Добролюбова (1936); Революционные демократы в Петербурге. По памятным местам жизни и деятельности В. Г. Белинского, Н. А. Некрасова, Н. Г. Чернышевского, Н. А. Добролюбова (1957); Палеография и текстология нового времени (1970) и др.

РЕНАН ЖОЗЕФ ЭРНЕСТ (1823–1892) — фр. философ, писатель, историк религии, семитолог. В книге «Жизнь Иисуса» (1863) называет переход от язычества к христианству «главным событием» древнего мира. Книга вызвала большую полемику, но и резкую критику со стороны Катол. Церкви, учёных концепцией «человеческого» происхождения Христа.

РИКЁР ПОЛЬ (1913–2005) — фр. философ, герменевтик, в опоре на феноменологию. См.: Герменевтика. Этика. Политика (1995); Время и рассказ. т. 1, 2 / пер. Т. В. Славко (2000); Я-сам как другой (2008).

РОБИНСОН ДЖОН АРТУР ТОМАС (1919–1983) — англикан. епископ, философ и библеист. Сторонник учения о всеобщем спасении. Исследователь Нового Завета. Труды: Быть честным перед Богом. / перев., биогр. ст., коммент. Н. Балашова (1993).

РОЗАНОВ ВАСИЛИЙ ВАСИЛЬЕВИЧ (1856–1919) — рус. религиоз. философ, лит. критик, публицист и писатель. Совместно с П. Д. Первовым осуществил первый в России перевод «Метафизики» Аристотеля. Автор книг: Легенда о великом инквизиторе Ф. М. Достоевского: опыт критическаго комментария В. Розанова (1894); Л. Толстой и русская церковь (1912); Литературные изгнанники (1913) и др.

РОЗЕНБЛЮМ ЛИЯ МИХАЙЛОВНА (1922–2011) — рус. филолог, текстолог, одна из составителей 31-томного собр. соч. Достоевского, куда вошли все черновики. Автор монографии Творческие дневники Достоевского (Записные книжки и тетради) (1981). Заметная роль в издании серии «Литературное наследство»: материалов по жизни и творчеству Маяковского, Блока, Луначарского, Горького; публикации документов, записей и черновиков из архива Достоевского: Ф. М. Достоевский в работе над романом «Подросток» (1965); Неизданный Достоевский (1971); Ф. М. Достоевский: Новые материалы и исследования (1973) и др.

Романюк Казимеж (1927) — польс. катол. прелат, проф. библеистики, почётный епископ епархии Варшава — Прага (с 2004). В 1991 получил награду Товарищества польс. переводчиков, в 2005 — гл. награду Товарищества катол. издателей Феникс.

Романюк Радослав (1975) — польс. эссеист и лит. критик, выпускник Отделения полонистики Варшав. ун-та. Автор работ: Религиозная драма Толстого (2004); Талант жить. О Марии Каспрович (2008); Другая жизнь. Биография Ярослава Ивашкевича (т. 1, 2012, т. 2, 2017) и др.

Рябов Олег Вячеславович (1962) — д-р философ. наук, проф. Ивановского гос. ун-та. Обл. интересов: национализм, культура Холодной войны, гендерные исследования, история рус. философии, визуальные исследования. См.: Мать и мачеха: материнский символ России в легитимизации присоединения Крыма к РФ — в Женщина в российском обществе 2014 № 4, с. 40–50; «Матушка Русь»: Опыт гендерного анализа поисков национальной идентичности России в отечественной и западной историософии (2001) и др.

Сараскина Людмила Ивановна (1947) — рус. литературовед и лит. критик, исследователь творчества Ф. М. Достоевского, А. И. Солженицына, рус. лит. XIX–XXI вв. См.: Не мечем, а духом (Русская литература о войне и мире) (1989); Фёдор Достоевский. Одоление демонов (1996); Александр Солженицын (2008) и др.

Сатерленд Стюарт (1927–1998) — анг. философ, автор теоретич. и эмпирич. работ в обл. сравнит. психологии, особенно в отношении визуального распознавания образов и обучения дискриминации. См.: Психология зрения (1980) Иррациональность: враг внутри (1992) — руководство непрофессионала по психологии когнитивных предубеждений и типичных ошибок человеческого суждения; Открытие человеческого разума (1983) и др.

Седакова Ольга Александровна (1949) — рус. поэтесса, прозаик, переводчица, филолог и этнограф, почёт. Д-р богословия Европ. гуманитар. ун-та. См.: Собр. соч. в 4-х тт. (2010).

САЛЬВЕСТРОНИ СИМОНЕТТ (1948) — итал. проф. истории кино и анализа фильма в ун-те Кальяри. Интересы: твор. итал. писателей (Э. Луссо, Т. Лампедуза), семиотика культуры (Ю. М. Лотман, М. М. Бахтин). Работы о Ф. М. Достоевском и Б. Пастернаке в их связи с христианством. См. также: Фильмы Андрея Тарковского и русская духовная культура (2007).

СКЭНЛАН ДЖЕЙМС ПАТРИК (1927) — амер. русист и историк, спец. по рус. философии (а также рус. марксизму), пост-сов. философ. мысли, Достоевского и Толстого, переводчик рус. философ. литературы. Работы: Русская философия/ ред. Дж. П. Сканлан, Дж. М. Эди и М. Б. Зельдина при участии Г. Л. Клайна (1965); Нужна ли России русская философия? /»Вопросы философии», № 1 (1994) и др.

СЛОТЕРДАЙК ПЕТЕР (1947) — нем. философ, обл. интересов — онтология, психоанализ. Сфера — идея о сфере как символе, ставшей связующей идеей его концепций: Бога, космоса, чел. психики. См.: Сферы / пер. К. Лощевский (2005–2010): Сферы: Микросферология, т. 1 Пузыри. / вступ. ст. Б. В. Маркова (2005); Сферы: Макросферология, т. 2 Глобусы (2007); Сферы: Плюральная сферология, т. 3 (2010). А также: Критика цинического разума / пер. А. В. Перцев (2021).

СОССЮР ФЕРДИНАНД ДЕ (1857–1913) — швейцар. выдающийся лингвист, заложивший основы семиологии и структурной лингвистики, которые повлияли на изучение языка как предмета, литературоведения и восприятие текста. Идеи «отца лингвистики XX в.» пробудили структурализма в широком масштабе. Гл. труд «Курс общей лингвистики» опубликован посмертно (1916).

СТЕПАНЯН КАРЕН АШОТОВИЧ (1952–2018) — рус. литературовед, критик, редактор, вице-президент Рос. об-ва Достоевского. Исследует преимущественно творчество писателя: Достоевский и язычество (Какие пророчества Достоевского мы не услышали и почему? (1992); Явление и диалог в романах Ф. М. Достоевского (2010); Шекспир, Бахтин и Достоевский: герои и авторы в большом времени (2016) и др.

СТИВЕН РУДИ (1949–2003) — амер. проф. совр. языков и глава азиат. исследований в ун-те Сан-Франциско, д-р наук, магистр восточноазиатских исследований Принстон. ун-та (1990), сосредоточен на выявлении институциональных изменений в пересечении с лит. выражением в позднетрадиционном Китае и Японии. См.: О понятии субъекта в эргативных языках — в книге Чарльза Н. Ли и Сандры Томпсон (ред.): Предмет и тема, с. 1–23 (1976); Морфологические изменения; Лингвистика: Кембриджский обзор, т. 1, с. 324–362 (1988) и др.

Столович Леонид Наумович (1929–2013) — рус. и эстон. философ. Спец. в обл. аксиологии, эстетики и истории философии. Разработал социокультур. концепцию ценности, в частности ценности эстетич. Работал в Тартус. ун-те. Автор трудов: Природа эстетической ценности (1972); Философия. Эстетика. Смех. (1999); Евреи шутят. Еврейские анекдоты, остроты и афоризмы о евреях, собранные Леонидом Столовичем (2003) и др.

Страхов Николай Николаевич (1828–1896) — рус. философ, публицист лит. критик. Высшей формой познания считал религию. Первый биограф Ф. М. Достоевского: Воспоминания о Ф. М. Достоевском (Биография) // Биография, письма и заметки из записной книжки Ф. М. Достоевского (Достоевский Ф. М. Полн. собр. соч. т. 1 (1883); Критические статьи об И. С. Тургеневе и Л. Н. Толстом (1901); Философские очерки (1895) и др.

Стриндберг Юхан Август (1849–1912) — швед. писатель и публицист, основоположник совр. швед. лит. и театра, представитель швед. натурализма, под воздействием кот. сформировался его стиль. Романы: Исповедь безумца (1888); Одинокий (1903); Автобиограф. Книги: Ад, Легенды (1897) и др.

Сухарский Тадеуш (1959) — польс. проф. Поморск. ун-та в Слупске, докторант Гданьск. ун-та, д-р. диссертация.: Достоевский Херлинга-Грудзиньского (2002). Автор работ: Достоевский и другие. Литература — идеи — политика (2016); специалист по славян., в частности, рус.-польс. культур. связям, проблемам восприятия: Польские поиски «Другой» России. О русском течении в литературе Второй Эмиграции (2008); От Парандовского до Стасюка. Россия в польской литературе последнего столетия (2023).

Тильетт Ксавье (1921–2018) — фр. философ, историк философии и теолог, член Общества Иисуса (1938) и заслуж. проф. Катол. Церкви. Автор свыше 250 работ. См.: Существование и литература, Дескле де Брауэр (1962); Христос философов. Три выпуска (1974–1977); Исследование интеллектуальной интуиции, от Канта до Гегеля (1995); Иисус-романтик (2002) и др.

Тишнер Юзеф Станислав (1931–2000) — польс. священник, философ и публицист. Первый капеллан профсоюза Солидарность, нравствен. авторитет в польс. общ-ве в период антикоммун. выступлений. Тесно общался с Иоанном Павлом I, вместе с младшим коллегой, философом Кшиштофом Михальским. Тишнер подчёркивал влияние на него идей фр. философа Эмануэля Левинаса, его философии Другого. См.: Избранное. т. 1. Мышление в категориях ценности. т. 2. Философия драмы. Спор о существовании человека (серия «Книга света») / пер. Е. Твердислова (2005)

Топоров Владимир Николаевич (1928–2005) — рос. лингвист и филолог, д-р филол. наук, интересы в обл. славистики, индологии, балтистики и индоевропеистики. Один из основателей моск.-тартуск. семиотич. школы. См.: Неомифологизм в русской литературе начала XX века: Роман А. А. Кондратьева На берегах Ярыни (1990); О «блоковском слое» в романе А. Белого «Серебряный голубь» (1996); Святость и святые в русской духовной культуре (1995–1998); Из истории петербургского аполлинизма: его золотые дни и его крушение (2004); Дхаммапада / пер. с пали, предисл. и коммент. (сер. «Памятники литературы народов Востока») (1960) и др.

Трубецкой Сергей Николаевич (1862–1905) — рус. религ. философ, публицист и общест. деятель, проф. и ректор Император. Моск. ун-та. Последователь В. С. Соловьёва, внимание сосредоточено на соотношении и взаимосвязи философии и религии; обосновании христиан. Вероучения (вопросы бессмертия). См.: Учение о логосе в его истории (1906); История древней философии (т. 1, 1906, т. 2, 1908) и др.

Углик Яцек (1976) — польс. поэт и философ, дир. Ин-та философии ун-та Зелёной Гуры. Интерес к рус. и нем. философии XIX в. См.: Философия отрицания Михаила Бакунина (2007); Дискурс о человеке Александра Герцена, или проект русской открытой философии (2016); «Надо бы как-то умереть» (2017).

УРБАНКОВСКИЙ БОГДАН (1943–2023) — польс. писатель, поэт и философ, создатель и теоретик Нового романтизма. Автор свыше 50 книг — пьес, эссе, поэзии, монографий: Юзеф Пилсудский: мечтатель и стратег (1997); Тремя дорогами надежды. Сказание о странствованиях Кароля Войтылы (2002); Мицкевич: Тайна веры, любви и смерти (2016): Достоевский: Драма гуманизмов (1978) и др.) и др.

ФЕЙЕРБАХ ЛЮДВИГ АНДРЕАС ФОН (1804–1872) — нем. философ-материалист. Стоял на позициях атеизма. Избранные философские произведения в 2 т. (1955); История философии в 3 т. (1974); Сочинения в 2 тт. (1995).

ФЕРРИ ЭНРИКО (1856–1929) — итал. полит. деятель, криминолог, последователь учения Чезаре Ломброзо в обл. криминалистики, антропологии и других областях. См.: Социализм и позитивистская наука; Дарвин, Спенсер, Маркс (1894); Позитивистская школа криминологии (1901); Исследование о преступности (1901) и др.

ФИХТЕ ИОГАНН ГОТЛИБ (1762–1814) — нем. философ, представитель нем. идеализма и один из основателей направлений в философии, развивавших идеи Канта. Проблема объективности — исходная точка размышлений. За работы по полит. философии назвали отцом нем. национализма. См.: Сочинения в 2-х тт. (1993); Речи к немецкой нации /пер. А. А. Иваненко (2009); Ясное, как солнце, сообщение широкой публике о подлинной сущности новейшей философии. Попытка принудить читателей к пониманию (2016) и др.

ФЛОРОВСКИЙ ГЕОРГИЙ ВАСИЛЬЕВИЧ (1893–1979) — протоиерей, правосл. богослов, философ, историк; деятель экуменич. движения, один из основателей Всемир. совета церквей, декан Свято-Владимир. правосл. семинарии в Нью-Йорке, проф. Гарвард. и Принстон. ун-тов, догматич. богословия патрологии и пастыр. богословия, д-р богословия honoris causa Ун-та Св. Андрея в Эдинбурге. См.: Достоевский и Европа (1922); Пути русского богословия (1937); Догмат и история (1998) и др.

ФОРСТНЕР ДОРОТЕЯ (1884–1969) — приняла монашеский постриг в 1905 г. в Бенедиктин. монастыре Св. Гавриила в Праге (в 1919). Справочник Мир христианских символов (продолжение работы Ренаты Бехер, впервые издан в 1959), был переработан в Новый лексикон христианского символизма (1991).

Франк Семён Людвигович (1877–1950) — рус. философ, религ. мыслитель и мистик, полагал, что в религии будущее с прошлым живут в настоящем, исходя из того, что любые соц. связи берут начало в религии. Он стремился к синтезу рац. мысли и религ. веры в традициях апофатической философии и христиан. платонизма. Труды: Предмет знания. Об основах и пределах отвлечённого знания (1915); Душа человека. Опыт введения в философскую психологию (1917); Непостижимое. Онтологическое введение в философию религии (1939) и др.

Фрейд Зигмунд (1856–1939) — австр. психолог, психоаналитик, психиатр и невролог, основатель психоанализа, оказал воздействие на развитие психологии, медицины, социологии, антропологии, также на литературу и искусство XX в.

Фридан Бетти (1921–2006) — амер. писательница-феминистка и активистка женского движения в США. Книги: Загадка женского (2022); Безымянная проблема (2001) и др.

Фридлендер Георгий Михайлович (1915–1995) — рус. литературовед, д-р филол. наук, академик РАН, почётный д-р Ноттингем. ун-та. Спец. по теоретич. проблемам лит., эстетики и поэтики. Исследователь рус. лит. IX в., подготовил полное акад. собр. соч. Достоевского (тт. 1–30, 1972–1990); Летопись жизни и творчества Ф. М. Достоевского (тт. 1–3, 1993–1995); Пушкин. Достоевский. «Серебряный век» (1995) и др.

Фудель Сергей Иосифович (1900–1977) — правосл. богослов, философ, духовный писатель, литературовед. Не раз был репрессирован по политическим мотивам. Его жизнь и деятельность сосредоточена вокруг рус. Православ. церкви и идей христианства как мученичества. Рукопись: Наследство Достоевского готовили к печати Л. Сараскина и Н. Струве. См. также: собр. сочинений в 3 тт. / сост. и комм. прот. Н. В. Балашов и Л. И. Сараскина; предисл. прот. В. Н. Воробьёв (2001, т. 1, 2003, т. 2, 2005, т. 3).

Фуко Поль Мишель (1926–1984) — фр. философ, теоретик культуры и историк. Создатель первой во Франции кафедры психоанализа. Один из представителей антипсихиатрии.

Книги Фуко — о социальных науках, медицине, тюрьмах, проблеме безумия и сексуальности. См.: Слова и вещи. Археология гуманитарных наук / пер. В. П. Визгин и Н. С. Автономова (1994); Использование удовольствий. История сексуальности т. 2 / пер. В. Каплун (2004); Психическая болезнь и личность / пер., предисл. и коммент. О. А. Власова (2010) и др.

ФУРЬЕ ШАРЛЬ (1772–1837) — фр. философ, социолог, сторонник утопич. социализма, автор термина «феминизм», стоял у истоков системы фурьеризма. См.: Избранные соч. в 3-х тт.(т. 1 — Теория четырёх движений и всеобщих судеб) (1938) и др.

ЦАТ-МАЦКЕВИЧ СТАНИСЛАВ (1896–1966) — польс. юрист, писатель и публицист, премьер-министр правительства Польши в изгнании (1954–1955). Автор: Книга моих разочарований (1939), История Польши с 11 ноября 1918 г. до 17 сентября 1939 г.); Ключ к Пилсудскому (1943) и др.

ХОРУЖИЙ СЕРГЕЙ СЕРГЕЕВИЧ (1941–2020) — рус. физик-теоретик, математик, философ, богослов, переводчик (перевёл на рус. яз. роман Дж. Джойса «Улисс»), автор исследований аскетич. практики исихазма. См.: К феноменологии аскезы (1998); Миросозерцание Флоренского (1999); Фонарь Диогена. Критическая ретроспектива европейской антропологии (2010) и др.

ХОРНИ КАРЕН (1885–1952) — амер. психоаналитик и психолог, ведущий представитель неофрейдизма. Уделяла внимание воздействию окружающей среды на формирование личности. См.: Собр. соч. в 3 тт. (1997); Психология женщины (2009); Невротическая потребность в любви (2011) и др.

ХРЫНЕВИЧ ВАЦЛАВ (1936–2020) — польс. священник Римско-кат. церкви, член Конгрегации миссионер. облатов Непорочной Девы Марии, теолог, сторонник экуменизма, проф., зав. Кафедры Прав. теологии Катол. ун-та в Люблине, один из основателей Экуменич. ин-та (там же). Автор работ по теологии в рамках сближения религий с привлечением идей рус. мыслителей: Бог возникает в диалоге (2015), Бог всем во всех: эсхатология без дуализма (2005) и др.

ЧАПИНЬСКИЙ ПШЕМЫСЛАВ (1962) — проф., лит. сотрудник Ин-та Польс. филологии ун-та Адама Мицкевича в Познани.

Рук. Лаборатории Лит. критики (при Отделении Польс. филологии УАМ), член-корр. ПАН. См.: Тадеуш Конвицкий (1994); Эффект пассивности. Литература в нормальное время (2004); Взбудораженная карта (2016) и др.

Чоран Эмиль (1911–1995) — румын. и фр. философ-эссеист, «пророк нигилистической эпохи». Темы сочинений — абсурд, танатология, этика, эстетика. Испытал влияние Достоевского и Розанова. См.: После конца истории: Философская эссеистика (2002); Признания и проклятия (2004) и др.

Шелер Макс (1874–1928) — нем. философ и социолог, один из основателей философской антропологии, под кот. понимал раскрытие сущности человека. См.: Человек и история // Человек: образ и сущность: (Гуманитарные аспекты) (1991); Формы знания и общество: сущность и понятие социологии культуры / пер. А. Н. Малинкин (1996); Ресентимент в структуре моралей / пер. А. Н. Малинкин (1999) и др.

Шеню Мари-Доминик (1895–1990) — фр. доминикан. богослов и медиевист. Один из инициаторов неотомистского движения в Европе. Поборник гармонии веры и разума. Последователи Фомы (неотомисты) с убеждением в естественный разум (науку) и божественное откровение (религию). В центре рассуждений — богословие «воплощает» Слово Божие в категориях человеч. мысли, отвечая «знамениям времени». Понятие вошло в понятийный аппарат богословия. См.: Св. Фома Аквинат и теология (1959); Люди Божии в мире (1966); Жак Дюкен задаёт вопросы отцу Шеню: богослову на свободе (1975) и др.

Шестов Лев Исакович (1866–1938) — рус. философ-экзистенциалист. В центре внимания — критика человеч. разума, кот. призван защитить человека от осознания т.н. «данности» как некоего основания бытия за пределами категорий разума. См.: Добро в учении гр. Толстого и Ницше (философия и проповедь) (1900); Кирхегард и Достоевский // «Путь», № 48, с. 20–37 (1935); Преодоление самоочевидностей. (К столетию рождения Ф. М. Достоевского) / «На весах Иова» с. 27–93 (1929) и др.

Шёнфлис Беньямин Вальтер Бенедикт (1892–1940) — нем. философ, теоретик культуры, эстетик, лит. критик, эссеист и переводчик. Стоял у основ теории фотографии и массмедиа. Автор книг и статей, в том числе: Произведение искусства в эпоху его технической воспроизводимости. Избранные эссе (1996); Озарения / пер. Н. М. Берновская, Ю. А. Данилова, С. А. Ромашко (2000); Люди Германии. Антология писем XVIII–XIX вв. / пер. А. Глазова, М. Лепилов, С. Ромашко, А. Ярин (2015) и др.

Шиллер Иоганн Кри́стоф Фридрих фон (1759–1805) — нем. поэт, философ, теоретик искусства и драматург, проф. истории, военный врач, представитель направления «Буря и натиск» и нем. романтизма. Последние семнадцать лет дружил с Гёте, период вошёл в историю как «веймарский классицизм». Автор поэт. соч. и драм, многие из кот. положены на музыку. Архив его и Гёте хранится в Веймаре.

Шкловский Виктор Борисович (1893–1984) — рус. писатель, литературовед, критик, киновед, сценарист. Одна из ключевых фигур рус. формализма, от кот. со временем отказался. См.: Гамбургский счёт: Статьи, воспоминания, эссе (1914–1933) (1990); Заметки о прозе Пушкина (1937); О теории прозы (1925) и др.

Шмеман Александр Дмитриевич (1921–1983) — д-р богословия, проф., священнослужитель Правосл. Церкви в Америке, протопресвитер, преемник Г. Фроловского в Свято-Владимир. духовной семинарии. Автор работ: Исторический путь православия (1954); Введение в литургическое богословие (1961); О Солженицыне (1975) и др.

Шпет Густав Густавович (1879–1937 расстрелян) — рус. философ, психолог, теоретик искусства, переводчик, знал 17 яз. Исходил из стержневого понятия философии искусства как «структуры слова», которая охватывает не только форму и содержание слова, но и связь между значением и предметом. Слово есть многозначное понятие, поэзия не истолковывает мир, но преобразует язык. Поэзия образует культуру, которая есть предмет искусства. Последняя его работа — перевод Феноменологии духа Гегеля. Ныне издаётся его собр. соч. (вышло 12 тт.), вводятся неопублик. работы. Хронику жизни и полную библиографию см.: Густав Густавович Шпет (ред. Т. Г. Щедрина) (2014).

ШПИДЛИК ТОМАШ (1919–2010) — чешс. кардинал, иезуит, богослов, спец. по правосл. Автор свыше 30 книг. См. на тему Восточных церквей: Духовное учение Феофана Затворника: Сердце и дух (1965); Духовность христианского Востока (1978); Русская идея. Другой взгляд на человека (1995); Великие русские мистики (1977) и др.

ШТЕЙНБЕРГ ААРОН ЗАХАРОВИЧ (1871–1975) — рус.-евр. философ, публицист, критик, писатель, переводчик и деятель международ. евр. движения. На протяжении жизни испытывал интерес к Достоевскому, наряду с теоретич. исследованиями философии. Автор пьесы (повесть в четырёх действиях) Достоевский в Лондоне (1932). См. также Достоевский и евреи //»Скифы» № 3 (1928) и др.

ШТРАУС ДАВИД ФРИДРИХ (1808–1874) — нем. философ, историк, теолог, публицист считал, что Евангелия содержат элементы ненамеренного мифотворчества, возникшего после смерти Иисуса. См.: Жизнь Иисуса (1836).

ЩЕДРИНА ИРИНА ОЛЕГОВНА (1992) — канд. философ. наук, старш. науч. сотрудник Междунар. лаборатории исследований рус.-европейс. Интеллект. диалога; работы по проблемам нарратологии и культур. кодов языка, философ. осмысления совр. интеллекта. См.: Историческая память и нарратив: экологические контексты (2022) и др.

ЩЕДРИНА ТАТЬЯНА ГЕННАДЬЕВНА (1970) — д-р философ. наук, проф. каф. философии Ин-та социально-гуманит. образования Моск. пед. гос. ун-та, каф. Философии Дальневосточ. федерального ун-та. Разрабатывает метод историко-филос. реконструкции «архива эпохи» как расшифровка и интерпретация черновых набросков и эпистоляр. наследия рус. философов. Автор философ. трудов, работает над архивом Шпета: подготовилеа к изданию свыше 12 тт. его трудов и писем, начиная с 2005.

ЭБНЕР ФЕРДИНАНД (1882–1931) — австр. философ, видный представитель диалогической философии, исходил из понимания личности как индивид., конкрет. человека, неотрыв. от «Ты». Отмечал фундамент. значимость слова в формировании духовной реальности. См.: Значение слова (собр. соч., т. 2, 1952); О грамматике экзистенциального высказывания (собр. соч. т. 3, 1952) и др.

ЭЙНШТЕЙН АЛЬБЕРТ (1879–1955) — амер., нем. и швейцар. физик-теоретик, философ науки, обществ. деятель-гуманист, один из основателей совр. теоретич. физики. Лауреат Нобелевской премии по физике 1921 г.

ЭНГЕЛЬС ФРИДРИХ (1820–1895) — нем. политик, учёный, историк, соавтор Маркса, один из основоположников и деятелей марксизма.

ЭМЕРСОН КЭРИЛ (1944) — амер. славистка, проф. славян. языков Принстон. ун-та (1988–2015), лит. критик и переводчица рус. лит., в том числе Бахтина, автор комментариев к его работам: Проблемы поэтики Дэстоевского и Диалогическое воображение: четыре очерка о М. М. Бахтине (1984); Сотворение прозаики (1990) и Первые сто лет Михаила Бахтина (1997), Гаспаров о Бахтине («Вопросы литературы» № 2, с. 12–47, 2006) и др.

ЭРИКСОН ЯН (1940) — шведский протестант. теолог, пастор, исследователь твор-ва Достоевского в ракурсе его поисков человека. В книге «Кто-то посетил мою душу»: духовный путь Достоевского (2010) рассматривается сквозь призму соч. писателя, воссоздающего свой духовный опыт как путь Богопознания.

ЭРИУГЕНЫ ИОАНН СКОТТ (815–877) — ирланд. философ, богослов, поэт и переводчик, видный мыслитель Каролингского возрождения. (Жил и творил при дворе франкского короля Карла Лысого). Переводы: из «О божественном предопределении» / Знание за пределами науки (фрагменты) (1996); Гомилия на Пролог Евангелия от Иоанна (1995) и др.

ЮНГ КАРЛ ГУСТАВ (1875–1961) — швейцар. психолог, психиатр, педагог, основатель аналитической психологии. С 1907 по 1912 гг. близкий соратник З. Фрейда, считал задачей аналитической психологии толкование архетип. образов, возникающих у пациентов в недрах опыта. Архетип. ядро не подчиняется сознательному контролю и определяется как комплексы. См.: Психологические типы (2019); Архетип и символ (1991); Структура и динамика психического (2008) и др.

ЯКОБСОН РОМАН ОСИПОВИЧ (1896–1985) — рус. и амер. лингвист, педагог и литературовед, крупнейший лингвист XX в., участник и исследователь рус. авангарда. Автор трудов по общей теории языка, фонологии, морфологии, грамматике, рус.

яз. и лит., поэтике, славистике, психолингвистике, семиотике. См.: Сдвиги (предисл. С. Глебова) //Формальный метод: Антология русского модернизма / сост. С. Ушакин (т. 3, с. 221–500, 2016); Библиография его сочинений (1990) и др.

ЯКУБЕЦ МАРИАН (1910–1998) — польс. писатель, проф. Вроцлав. ун-та, литературовед, историк славянских литератур, русист, ред. журнала «Literatura rosyjska». Автор работ о польс.-рус. лит. связях, славянском фольклоре, южно-славянских лит., в том числе укр. и югослав. См.: Пушкин в Польше (1939); Русская литература в парижских лекциях Мицкевича (1956); Украинская литература (1963) и др.

Именной указатель

SUMMARY

This book aims at presenting and elucidating the most important themes in the work of Fyodor Dostoyevsky. This is done neither through a critical interpretation of his texts nor a reconstruction of Dostoyevsky's *Weltanschauung* but through a detailed analysis of philosophical and metaphysical motifs permeating his novels. Accordingly, Dostoyevsky's works emerge as strongly dramatic insofar as their artistic form is not something inferior to the order of ideas but is itself the way in which the latter exists. One can also see in them a laboratory of ideas where the writer conducts a sort of vivisection of the fundamental human concepts and principles.

For Dostoyevsky, concepts and values do not constitute a sphere of ready answers and settled formulas but rather a sphere of contradictions and a perpetual dialectic of conflicting beliefs and points of view. As a matter of fact, he may be seen as an anthropological experimenter who establishes his own paradigmatic knowledge of man. The author of *The Idiot* was neither idebted nor held hostage to the vibrant philosophical and theological doctrines of his age; on the contrary, he posed his own questions and answered them in his own original way. Importantly, Dostoyevsky is presented not as a passive observer of ideas but someone who in his existential experience was their witness and sometimes even victim.

Thus viewed, his *oeuvre* reveals its strongly creative potential, with the novelist developing a positive vision of man — the vision which, contrary to the contemporary dicta of posthumanism, approaches man as a still unanswerable enigma to himself.

ЯН КРАСИЦКИЙ (1954 г.р.) — польский учёный, доктор философии, окончил Вроцлавский университет по специальности «польская филология» и докторантуру Варшавского университета по философии. Основными областями его исследований являются философская антропология, философия религии и культуры, главным образом в области русской, польской и немецкой мысли последних двух столетий.

Им опубликованы, в частности, следующие книги: «Эсхатология и мессианизм. Исследование мировоззрения Мариана Здзеховского» (Вроцлав, 1994), «Против небытия. Эссе» (Краков, 2002), «Бог, человек и зло. Исследование философии Владимира Соловьёва» (Вроцлав, 2003, русский перевод вышел в свет в Москве, в 2009 году), «После «смерти Бога». Эсхатологические очерки» (Краков, 2011), «Бердяев и другие (в кругу мысли русского религиозно-философского ренессанса)» (Варшава, 2012), «Разум и Другой. Опыты по русской и европейской мысли» (Санкт-Петербург, 2015). Он автор более ста статей, опубликованных в стране и за рубежом.

ЕЛЕНА ТВЕРДИСЛОВА. Окончила филологический факультет МГУ им. Ломоносова, работала в ИНИОН АН СССР (1972–1992) в отделе литературоведения за рубежом. Кандидат филологических наук (1984). С 2013 года живет в Израиле (Иерусалим, Цур-Адасса).

Писатель, литературовед, переводчик более двадцати книг с польского языка — философии, поэзии и прозы (Иоанн Павел II, Р. Ингарден, Ю.Тишнер, А. Валицкий, Т. Оболевич и др.); автор трех книг стихов и трех книг прозы (о своеобразии творчества Иоанна Павла II, о Чингизе Гусейнове, фотографичности Иосифа Бродского), в том числе двух романов. Ей принадлежит более ста статей по проблемам истории и теории литературы, культуры, русской философии (о поляке Мареке Хласко, Фридрихе Горенштейне, Владимире Соловьеве, Марине Цветаевой, Михаиле Пришвине, Иосифе Бродском и др), опубликованных в России, Израиле, Польше, Америке, Турции.